陕西省考古研究院田野考古报告　第 77 号

贾里村西周遗址

陕西省考古研究院　编著

文物出版社

北京 · 2017

图书在版编目（CIP）数据

贾里村西周遗址 / 陕西省考古研究院编著. --北京：
文物出版社，2017.12

ISBN 978-7-5010-5493-0

Ⅰ.①贾… Ⅱ.①陕… Ⅲ.①文化遗址—考古—西安
—西周时代 Ⅳ.①K878

中国版本图书馆CIP数据核字（2017）第290647号

贾里村西周遗址

编　　著：陕西省考古研究院

责任编辑：黄　曲
封面设计：程星涛
责任印制：陈　杰

出版发行：文物出版社
社　　址：北京市东直门内北小街2号楼
邮　　编：100007
网　　址：http://www.wenwu.com
邮　　箱：web@wenwu.com
经　　销：新华书店
印　　刷：中国铁道出版社印刷厂
开　　本：889mm×1194mm　1/16
印　　张：15.25　插页2
版　　次：2017年12月第1版
印　　次：2017年12月第1次印刷
书　　号：ISBN 978-7-5010-5493-0
定　　价：240.00元

Field Archaeological Report N0.77, Shaanxi Provincial Institute of Archaeology

The Western Zhou Site at Jialicun

(With an English Abstract)

by

Shaanxi Provincial Institute of Archaeology

Cultural Relics Press

Beijing · 2017

内容简介

  2006 年至 2008 年，陕西省考古研究院（原为陕西省考古研究所）对贾里村西周遗址进行了两次抢救性发掘，发掘总面积约 500 平方米。先后清理出西周时期灰坑 6 座、陶窑 1 座、墓葬 30 座以及秦汉时期陶水管道遗迹 1 处、唐代墓葬 1 座、清代墓葬 2 座。

  这次发掘收获以西周文化遗存为主，依据出土陶器形制变化，可认识到该遗址的使用年代，从西周早期成王、康王时代一直延续到西周晚期的宣王初年。这处西周墓地的东西向墓较多，但不是单一家族的墓地。一些墓葬带有腰坑，随葬的一些陶器也具有殷墟陶器的特征，居址单位出土的矮领瓮数量特别多，墓葬与居址遗存有着打破关系，种种迹象表明很可能有商文化系统的移民及其后代入葬该墓地。进而可知，这处周人小聚落可能是西周王朝安置殷商移民的一个居民点。

  凭借贾里村和周原、丰镐以及附近少陵原相关遗址的考古资料，可以对史书记载的周人处置殷商遗民的具体情况获得比较清楚的认识。不同的西周聚落因其所处位置的文化背景原因、或居民的来源差异，面貌上会出现多多少少的不同。其他时期的遗址如有类似现象存在，都应属正常。这应是贾里村西周遗址发掘的意义所在。

Abstract

Two rescue excavations at the Jialicun site were conducted by the Shaanxi Provincial Institute of Archaeology from 2006 to 2008. A total area of around 500 square meters were excavated. Six ash pits, one kiln and 30 burials of the Western Zhou period were unearthed. Other finds include a Qin-Han period drainage facility consisting of several ceramic pipes, one Tang-dynasty tomb and two Qing-dynasty tombs.

Majority of the archaeological remains are dated to the Western Zhou period. According to the relative chronology reconstructed based on pottery typology, the site was occupied from the Early Western Zhou period during the reign of King Cheng and King Kang to the Late Western Zhou period during the reign of King Xuan. Most of the Western Zhou burials had a westerly or easterly orientation (referring to the direction of the head of the deceased) and did not belong to a single family. Several burials had a waist pit, which was normally placed in the middle of the burial underneath the deceased. Some of the ceramic vessels found in the burials displayed distinctive Yinxu (late Shang) characteristics. A large number of weng short-collared storage jars were found at the residential area. Some of the residential features were cut by the burials. The stratigraphical evidence and characteristics of the pottery assemblage suggest that the site was used as a cemetery by the Shang-lineage immigrants to the Guanzhong region after its initial occupation by the local people. Furthermore, it could be surmised that this site was one of the relocation settlements controlled by the Zhou regime to relocate the Yin (late Shang) people.

The corpus of the archaeological data from the Jialicun site, the Zhouyuan site complex, the Fenghao site complex and nearby sites on the Shaolingyuan area provide a relatively clear understanding of how the Zhou people dealt with the Shang people after their conquer of the Shang. Some of the details were also recorded in historical documents. The archaeological remains of different Western Zhou settlements would demonstrate different characteristics due to their diverse cultural backgrounds and demographic configurations. Such an archaeological phenomenon has also been identified in the archaeological assemblages of different cultural periods. The excavation at the Jialicun site further illustrates the significance of this important archaeological phenomenon to our understanding of the Western Zhou society.

目　录

插图目录

彩版目录

第一章　前　言

一　遗址概况

贾里村是西安市长安区王曲街道办事处的一个大型村落，村民多达 8000 口人，北距长安区韦曲街道办事处（长安区政府曾经驻地）十字约 5 千米，坐落于神禾原西端南侧、滈河北岸二级阶地。神禾原属秦岭北麓的一道狭长的黄土台塬，东南起太峪沟口势连秦岭，西北至杜永村一带融入平川，原面大体平坦，长约 18 千米，宽约 2~3 千米，高出原下河床约 20~50 米。八水绕长安的滈河、潏河（古称樊川）两水，自东南向西北夹原流过（图一）。

2000 年，时陕西省考古研究所工作人员在长安、户县南部相邻地区调查时，于贾里村东部的台地上采集到西周时期的陶片，经查访，了解到村东北部的断崖上早年曾出土过青铜尊等文物，故判断为商周遗址[1]。遗址地势开阔，依原傍水，其南缘距离滈河现在的河道约 300 多米。

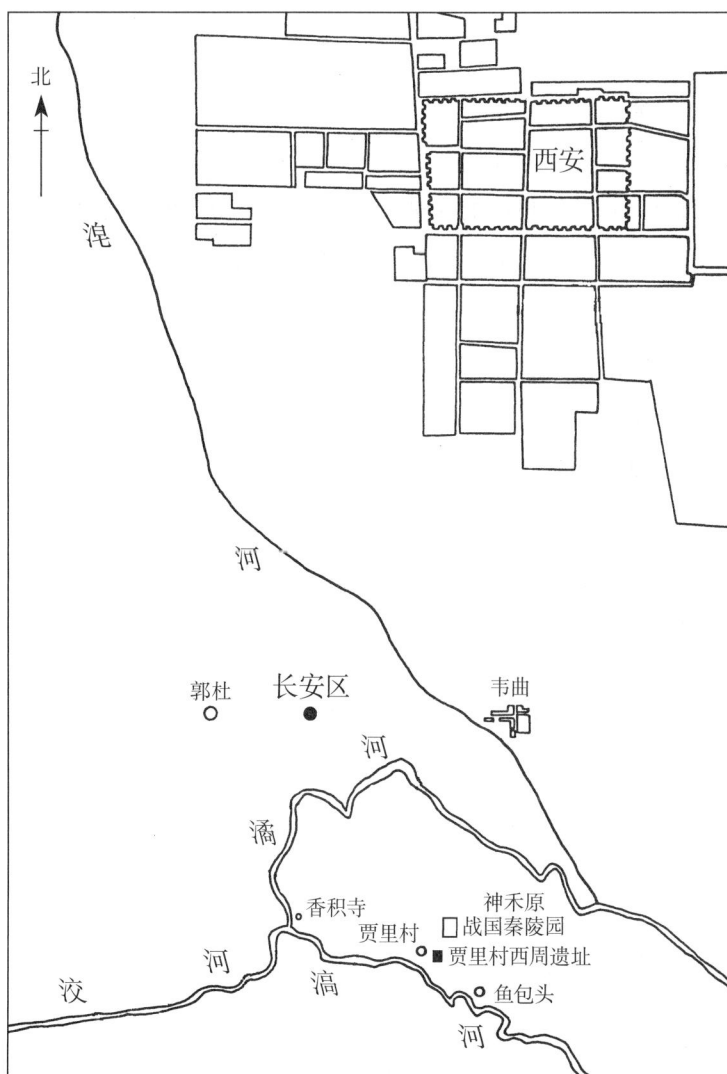

图一　贾里村西周遗址位置示意图

---

[1] 陕西省考古研究所：《2000 年长安、户县古遗址调查简报》，《考古与文物》2002 年先秦考古增刊。

图二　贾里村西周遗址位置示意图

　　滈河历史悠久，西周时已经存在，周王朝的都城镐京便是因处滈河下游西岸而得名。西汉时在该河道设御宿苑后，此河又有御宿川之称。其上游发源于秦岭终南山段的石砭峪，西北向流经神禾原下。傍河的原边或二级阶地上，调查发现有鱼包头、贾里村等仰韶、周代及秦汉时期的遗址多处。河水至香积寺西侧与人工改道的潏河汇合而称为洨河，再西流，至五星乡和迪村东北处汇入沣河。原来的河道自周家庄以下早已淤塞，只能从挖沙场及调查发现的古遗址分布情况了解到滈河大体仍呈东南—西北走向。

　　2004~2008 年，陕西省考古研究院对位于西安财经学院长安校区内的神禾原战国秦陵园进行发掘，组建的神禾原考古队驻地就位于贾里村村东，比邻财经学院长安校区西南界域。考古队所住的居民住宅附近被当地规划为新宅基地，2006 年村民在整理场地过程中挖出了不少灰坑、墓葬等遗迹，考古队及时与村委会联系沟通，住房建设暂缓。

　　考古队随即进行调查勘探，确认出现的遗迹正处于当年调查的贾里村商周遗址范围内。该遗址自 2006 年发现地点的区域向西延伸至贾里村东南部一带，向东延伸至西安财经学院长安校区的西南区域。早年村民农田建设及建房时也在这一带挖出过灰土、陶片等。由此确认，该遗址东西长约 380 米，南北宽约 250 米，总面积约 10 万平方米（图二）。

二　历史沿革

　　贾里村所属的长安区，原为西安市所辖的长安县，2002 年 6 月 2 日，国务院批准（国函〔2002〕45 号）撤销长安县设立西安市长安区，以原长安县区域为长安区的行政区域。县、区政府驻地均在韦曲镇区域（因唐代名门望族韦氏家族世居于此而得名）。

长安区属地历史上为《禹贡》九州的雍州之域，终南毓秀，地灵人杰。早在 7000 多年前，北首岭下层类型文化的前仰韶时期先民的足迹，已出现在沣河中游的东大镇郭村遗址[1]。6000 ~ 5000 年前的仰韶文化遗存，则广泛分布在客省庄（开瑞庄）[2]、大羊村、鱼包头等遗址。4000 多年前的龙山文化遗存，见于花楼子[3]、郭村、客省庄等遗址。郭村出土的客省庄文化晚期的陶鬲，则有可能为夏代初期的遗物，年代约为 4000 年前或略晚。商代中期的文化遗存，在羊元坊、北里王村都有发现。《史记·周本纪》记载，商代末期周文王迁都于丰，考古研究确认丰都处于长安沣西的马王村、张家坡一带。该区域的先周文化遗存分布范围约 2.5 平方千米，并发现大量墓葬、房址、灰坑等遗迹和各类文物[4]。

西周初年，周武王迁都于镐（《史记·周本纪》），中心约在沣东斗门镇一带，沣河两岸均成为宗周都城的范围，总面积近 18 平方千米。考古发现有大型建筑及大量房址、灰坑、大中小型墓葬、青铜器窖藏等[5]，显示了西周都城的崇高地位。长安区域自此成为畿内重地，沣河、滈河、潏河等河流沿岸成为西周遗址分布的密集区。五星镇的兆元坡等地出土过辅师嫠簋[6]、祖辛父乙方鼎[7]等青铜器，河迪村发现过西周早期的铜器墓[8]，申店乡徐家寨出土过著名青铜器吴虎鼎[9]，杜曲镇东杨万村的少陵原曾发掘过 400 余座西周墓葬[10]。据传，韦曲镇杜城村为西周杜伯的封邑所在，村南确有一处西周遗址，似乎不能说完全没有关系。

《史记·秦本纪》记载秦武公"十一年（前 697 年），初县杜、郑。"至此长安区一带为秦所有，隶属杜县，时在春秋早期晚段。杜县故址在今杜城村西北至雁塔区沈家桥一带。杜城西北一带为一东周、秦汉时期的大型遗址，附近的茅坡村一带曾发现过近千座的战国、秦汉墓葬[11]，沈家桥出土过著名的杜虎符[12]。古潏河旁著名的阿旁宫自不待言。黄良镇的古城村亦有一处战国遗址。贾里村东塬等地发现有战国晚期秦的建筑遗址和瓦当等建筑材料。贾里村东北的神禾原战国秦陵园，极可能是秦始皇祖母夏太后的葬地[13]。文献记载韦曲镇有皇子陂，陂北塬上有秦皇子墓[14]。

[1] 陕西省考古研究所：《2000 年长安、户县古遗址调查简报》，《考古与文物》2002 年先秦考古增刊。以下未单独注明的遗址均见此。

[2] 苏秉琦：《西安附近古文化遗存的类型和分布》，《考古学通讯》1956 年第 2 期。涉及客省庄者均同此。

[3] 郑洪春、穆海亭：《陕西长安花楼子客省庄二期文化遗址发掘》，《考古与文物》1988 年第 5、6 期合刊。

[4] 中国社会科学院考古研究所、陕西省考古研究院、西安市周秦都城遗址保护管理中心：《丰镐考古八十年》第 50~57 页，科学出版社，2016 年。

[5] 中国社会科学院考古研究所、陕西省考古研究院、西安市周秦都城遗址保护管理中心：《丰镐考古八十年》第 11~40 页，科学出版社，2016 年。

[6] 郭沫若：《辅师嫠簋考释》，《考古学报》1958 年第 2 期。

[7] 长安博物馆：《长安瑰宝》第一辑第 20 页，世界图书出版公司，2002 年。

[8] 郑洪春：《长安县河迪村西周墓清理简报》，《文物资料丛刊》（5），文物出版社，1981 年。

[9] 穆晓军：《陕西长安出土西周吴虎鼎》，《考古与文物》1998 年第 3 期。

[10] 陕西省考古研究院：《少陵原西周墓地》，科学出版社，2009 年。

[11] 西安市文物保护考古所：《西安南郊秦墓》，陕西人民出版社，2004 年。报告介绍的秦墓为 300 多座，汉墓未介绍，还有相当一部分因故未曾进行发掘。

[12] 黑光：《西安南郊发现秦国杜虎符》，《文物》1979 年第 9 期。

[13] 张天恩、侯宁彬、丁岩：《陕西长安发现战国秦陵园遗址》，《中国文物报》2006 年 1 月 25 日第 1 版。

[14] 刘庆柱辑注：《三秦记辑注、关中记辑注》，第 104 页，三秦出版社，2006 年。"（韦曲）在皇子陂之西。"注：《十道志》云："皇子陂因'秦葬皇子起冢陂北原上，故以为名。'"水经注渭水云："皇子陂在樊川。"《太平寰宇记》卷二十五载："皇子陂启夏门南五十里，陂北原上有葬皇子冢，因以名之。隋文帝改为永安陂，周回九里。"

西汉高祖五年（前 202 年）因秦之长安乡而置长安县，为京兆尹治。《三辅黄图》记载："长安，本秦乡名。"高祖七年（前 200 年），定为国都，治今西安市区西北汉城一带。长安区地仍属杜县，但在汉武帝扩大上林苑后，一度成为苑区的一部分。《汉书·东方朔传》记："举籍阿城以南，周至以东，宜春以西，提封顷亩，及其价值，欲除以为上林苑，属之南山。"将周至、杜、户诸县及后世曲江一带的宜春苑、蓝田鼎湖宫等皆纳入，昆明池也建于其中。长安境内遂多见秦汉宫殿遗址，贾里村附近即有贾里村西、贾里村东塬、鱼包头等汉代宫殿遗址，鱼包头曾出土过带"宫"字的西汉瓦当等；潏河沿岸因有汉初名将樊哙封地，故有樊川之名；杜陵乡有汉宣帝杜陵及陵园；在凤栖原考古发掘并确认了西汉大司马卫将军张安世及其家族墓园[1]。

后秦于今杜曲镇附近设山北县（因地处终南山北，故名），属京兆郡。北周明帝二年（558 年）分长安、霸城、山北三县置万年县，并治京城。天和三年（568 年）撤销山北县，地属长安、万年二县。隋开皇二年（582 年）于长安城东南龙首原南侧营建新都，次年迁都于此，称为大兴城，东西分设大兴、长安二县（直到 1944 年，长安县治均在今西安市区）。唐武德元年（618 年）改大兴县为万年县，天宝七年（748 年）改名咸宁县。在唐代一直是宰相世家韦氏、杜氏家族的聚居之地，故有韦曲、杜曲等地名流传至今。长安神禾原、少陵原、洪固原、南里王村，多有韦氏、杜氏家族的墓葬发现。此后屡经改名，五代梁改长安为大安，后唐复名长安。1912 年省咸宁县入长安县。1928 年析长安县城郊区置西安市，后县、市始分。1944 年长安县移治大兆镇（今大兆街道驻地）。

1949 年 5 月长安县移治大兴善寺，7 月迁韦曲区域，属咸阳分区。1950 年直属陕西省。1954 年西安市区周围的部分县地划入西安市后保持地域至今，建制改区后亦未变更。

三　工作过程

鉴于遗址区域跨至西安财经学院长安校区西南区域，为避免村民建房活动给遗址造成更大破坏，也为再次了解遗址内涵和基本情况，我院报请上级文物管理部门后，神禾原考古队即对新规划宅基地范围内和西安财经学院长安校区西南区域内的西周遗址，进行抢救性发掘。

发掘工作分两个阶段进行，发掘总面积约 500 平方米（图三）。

第一阶段为 2006 年 12 月和 2007 年 3 月，主要是在本次发掘区域北部，即对村民宅基地占用区域的文化遗存进行抢救发掘，先后清理灰坑 6 座、陶窑 1 座、墓葬 11 座和与建筑有关的陶水管道遗迹 1 处。

第二阶段从 2007 年 11 月开始，到 2008 年 2 月结束，主要是在本次发掘区域的南部和东部，即对宅基地南侧和西安财经学院区域的遗存进行发掘，共清理墓葬 22 座。

因早年水土流失、取土和耕作等原因，致使遗址该区域原始地貌遭到严重破坏，故未能发掘到较清楚、完整的文化层堆积。一般在揭去表土后便可见到相关遗迹。这次发掘的文化遗存以西周时期为主，共发掘西周时期的灰坑 6 座，陶窑 1 座，墓葬 30 座（附表一、二）。

---

[1] 陕西省考古研究院：《西安凤栖原西汉墓地田野考古发掘收获》，《考古与文物》2009 年第 5 期。

北

M12 M11

住宅

围墙

H1 M1 M2
M3
M5 M7 M4
M8

T0102 T0103

T0202
M14 T0203

M9 T1
H6
M6 Y1 T0302
H4
H3

H2 T0402 M15 西安财经学院
陶水管 M16 建筑材料堆积

T0502

住宅

道

M17

路

H5
M18 M23 M34
M19
M21 M24
M20 M22 M25
M27 M26

道 M29 M30
M28

路

M31

M32

M33

M13

道

路

0 20 米

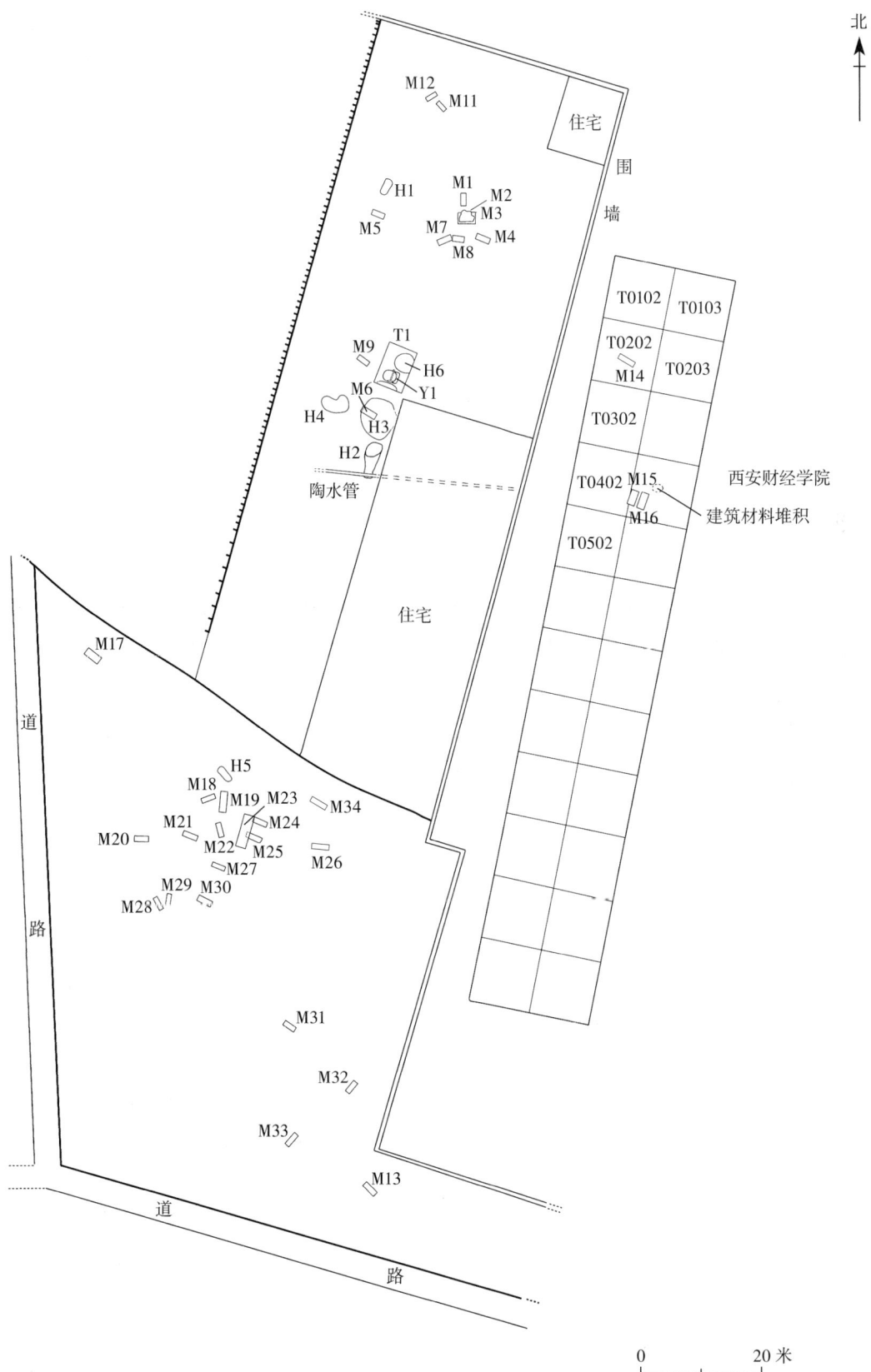

图三 贾里村西周遗址遗迹分布图

此外还清理出秦汉时期的陶水管道 1 段，以及唐代墓葬 1 座和清代墓葬 2 座（附表三）。

贾里村遗址的发掘领队是张天恩研究员，参加发掘的工作人员有丁岩、马金磊、刘峰、杨产亮、史吾善、史全平、郑文斌、郑小洲、张德平、石勇、朱志伟、高社科、杜红艳以及时在读的西北大学硕士研究生雷少等。西北大学陈靓副教授、时在读的中国科学院研究生院科技考古系硕士研究生尉苗在发掘现场鉴定了出土的墓主骨骸。长安区博物馆副馆长梁安幼同志负责现场协调事宜，卓有成效。贾里村王连民同志提供过很多帮助。

发掘工作的间隙，考古队就开始对发掘资料进行了初步的整理。西北大学研究生雷少参加了部分资料的初步整理工作。后因近年考古发掘项目较多，相关人员忙于不同的田野工作，致使考古报告延缓了数年之久，直到 2015 年 3 月，报告编写始得列为本院的研究课题。张天恩、丁岩负责该报告的整理和编写工作，史全平、杨久明等进行了资料的初步梳理。西北大学 2014 级文化遗产学院硕士研究生王素花、陕西师范大学 2015 级历史文化学院硕士研究生刘娟参加了部分插图整理工作。

四　文化层堆积概况

（一）文化层基本情况

此次抢救性清理发掘区域的位置，已经处在贾里村商周遗址东北区域的边缘地带，本来的文化层堆积就不够丰富，加之早年的平地、取土和农田耕作等人为作用，致使许多地方已丧失了完整的地层关系。更由于发掘之前新宅基地的规划，村民再次对各自院落范围内的地表平整，导致许多墓葬、灰坑等古代遗存仅残余底部，特别是发掘区域的北部，不少遗迹已被破坏，所存迹象上部的原始堆积也已荡然无存。

发掘区南部的情况虽略好一些，但此区地层堆积也是异常的简单，偶有文化遗迹间的叠压打破现象。

（二）代表性文化堆积

选取以下几个单位为例，对文化堆积情况进行介绍。

1. H3、M6 等堆积

H3 位于北区南部，西部被 M6 打破，开口以上原始地表已被破坏，揭去表土后发现相关遗迹均打破黄土层（图四）。

2. M3 等堆积

M3 位于发掘区的北端，属于新规划宅基地范围，该墓中部被晚期墓葬 M2 打破，原始地层已被破坏，可见一层厚约 0.4 米的扰土（第 1 层）。晚期墓 M2 见于扰土层下并打破 M3。M3 等遗迹单位开口于厚约 0.2 米的黑垆土下（第 2 层），打破黄色生土层（图五）。

3. M13

M13 位于发掘区南端，在贾里村七组农田内，地层保存比较完整，其上没有发现扰乱的迹象，可代表南区墓葬的文化层堆积情况，经发掘可知其上的堆积共有四层（图六）：

第 1 层，为近现代耕土层。厚 0.2~0.3 米，土褐色，土质疏松。包含物有大量植物根茎及少量礓石、灰星、瓦片、砖块、石头等。

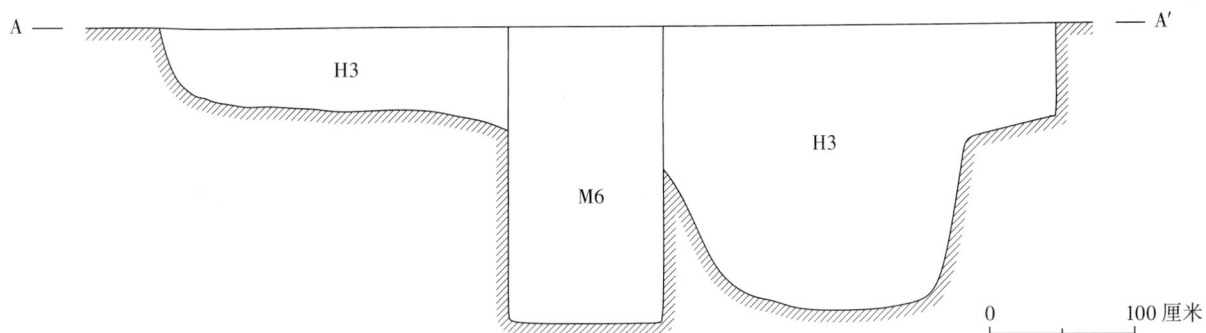

图四　H3 剖面图

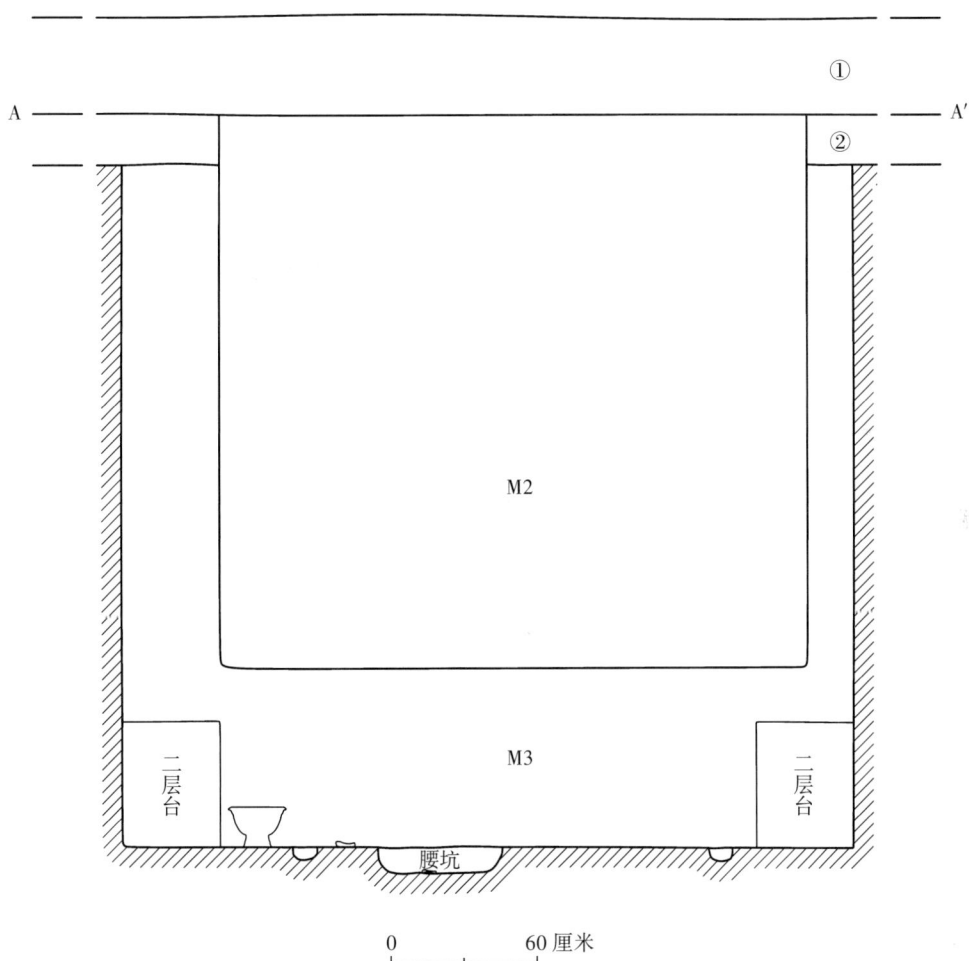

图五　M3 剖面图

第2层，晚期扰土层。厚0.3~0.6米，土褐色，土质疏松。包含物有少量礓石及红烧土点、灰星等。

第3层，早期堆积土。厚0~0.3米，土黄褐色，土质较硬。包含物有少量礓石、红烧土点、灰星等。时代不明。

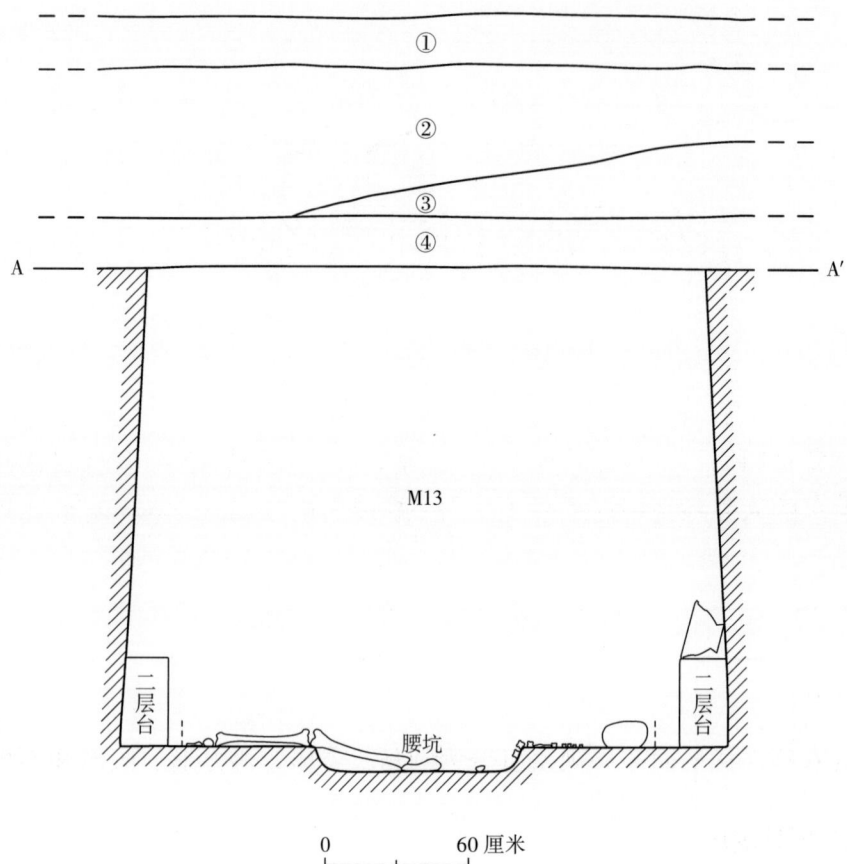

图六　M13 剖面图

第 4 层，早期黑垆土层。厚 0.2 米，土黑褐色，土质纯净，结构紧密。无包含物。M13 开口于该层下。

第二章　西周文化遗存

本次发掘所获资料以西周遗存为主，但可能因为发掘区域处于遗址东部的边缘地带，加之水土流失和历次的人为破坏，遗迹并不丰富，除墓葬较多外，与居址相关的遗迹只发现了少量灰坑和陶窑。

第一节　灰坑

共清理灰坑 6 座，从平面布局观察可分为圆角长方形、椭方形、圆形和不规则形四类。

一　圆角长方形灰坑

发掘 1 座，编号 H1。

H1

位于发掘区的东北部，南邻 M5，东距 M1 约 11.5 米。

（一）形制

因早年村民取土，上部堆积情况不清，地表即见开口，打破生土。灰坑平面呈较规整的圆角长方形，南北长 1.9、东西宽 1.2 ~ 1.3、残深 1.2 米（图七；彩版一，1）。壁面竖直，底部较平整。坑内堆积无明显的层次之分，填土为黑灰色，土质疏松且颗粒较细。包含物主要是西周时期陶器残片，多见鬲、甗、瓮口沿和足部残片，以及簋、罐、盆、豆等器物残片，也发现少量蚌片和动物骨骸等。

（二）遗物

该灰坑所出遗物主要为陶器，也有个别蚌器。陶器陶质以泥质陶居多，占 71.3%；夹砂陶次之，占 28.7%。纹饰有素面、交错绳纹、中绳纹、粗绳纹、弦断绳纹等，其中素面占总数的 58.6%，交错绳纹次之，有个别的方格纹（附表四）。

1. 陶器

以鬲和矮领瓮居多，其次为簋、甗、罐，还有盆、豆、甑、三足瓮等。

鬲　多为联裆。可复原 2 件，另有口沿标本 9 件、鬲足 15 件。

标本 H1 : 1，夹细砂红陶。侈口，平折沿，斜方圆唇，敛颈下有很明显的小平台，鼓

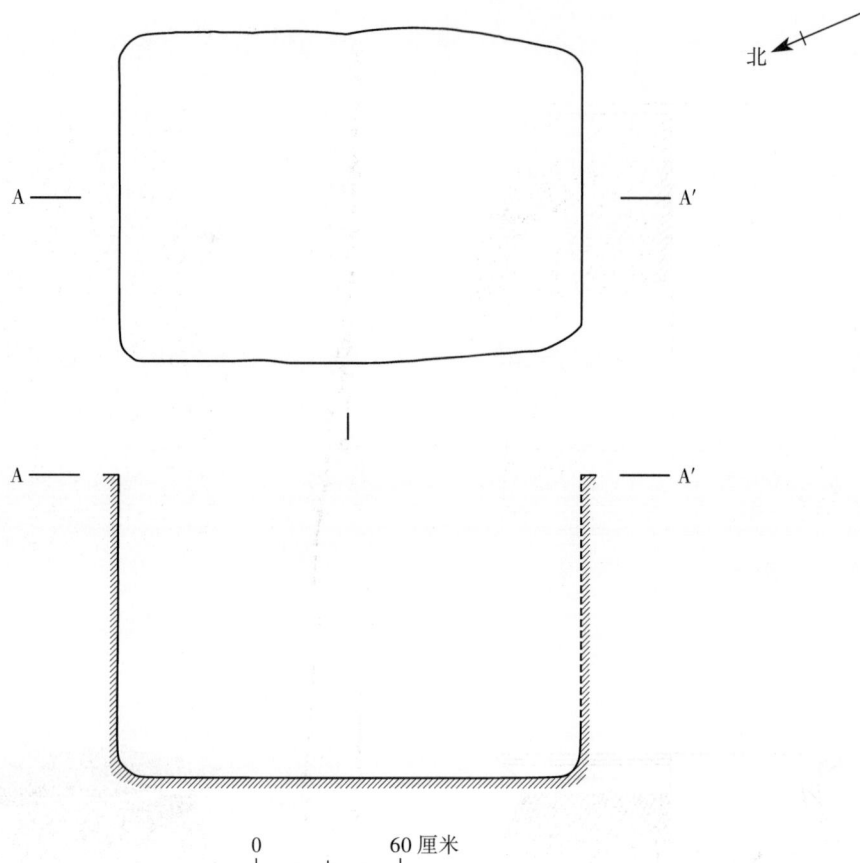

图七　H1 平、剖面图

腹较深，联裆下残，三锥足内收。表面拍印粗绳纹，口沿及颈外绳纹被抹不清，颈以下饰拍压粗绳纹。口径 24.5、高 27 厘米（图八，1；彩版一，2）。有 7 件口沿标本与其特征相似。如 H1 ：5，夹细砂灰陶。侈口，平折沿，方唇，敛颈，鼓腹。口沿内外壁都有一周较细的弦纹，颈以下拍印粗绳纹，在烧制过程中口沿有变形。口径 15.6、残高 8 厘米（图八，3）。

H1 ：3，夹细砂红陶。侈口，微卷沿，方唇，敛颈，腹微鼓，裆残，三锥足外撇。唇面上有凹弦纹，颈部抹光，颈以下饰滚压粗绳纹。口径 18.8、高 21.5 厘米（图八，2；彩版一，3）。有 2 件口沿标本特征与其相似。如 H1 ：4，夹细砂褐陶。侈口，卷沿，方唇，束颈，鼓肩。唇面上有旋纹，沿外抹光，颈以下饰滚压粗绳纹（图八，4）。

鬲足　15 件。

标本 H1 ：24，夹砂红陶。足尖呈直立状，表面有滚压绳纹并涂有细泥，足内加有泥芯，断面近圆形（图九，1）。类似者共 9 件。

标本 H1 ：25，夹砂灰陶。足尖内收略呈柱状，表面有滚压粗绳纹，足内未加泥芯，断面呈弧角三角形（图九，2）。类似者共 2 件。

标本 H1 ：26，夹砂灰陶。锥状足微内收，表面有滚压粗绳纹并涂细泥（图九，3）。类似者共 3 件。

标本 H1 ：27，夹粗砂灰陶。柱状矮足，外饰滚压粗绳纹（图九，4）。

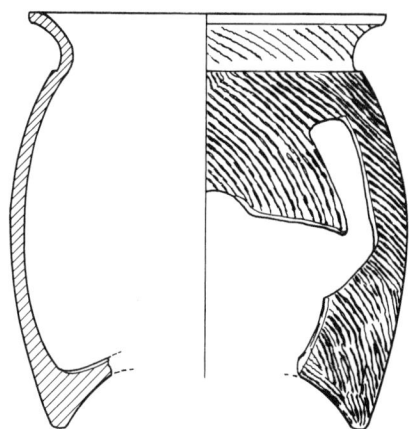

1. H1：1

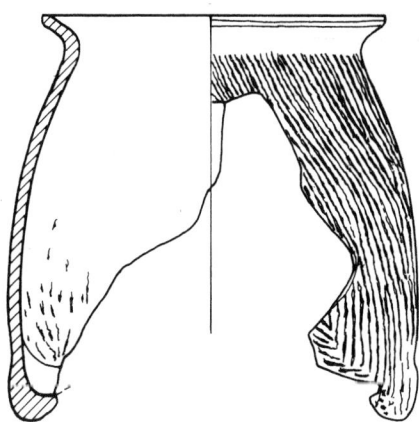

2. H1：3

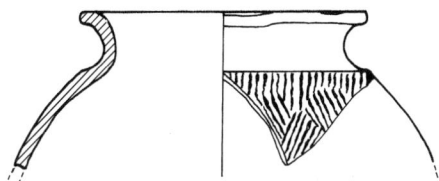

3. H1：5

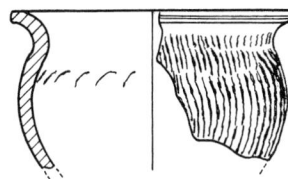

4. H1：4

图八　H1 出土陶鬲

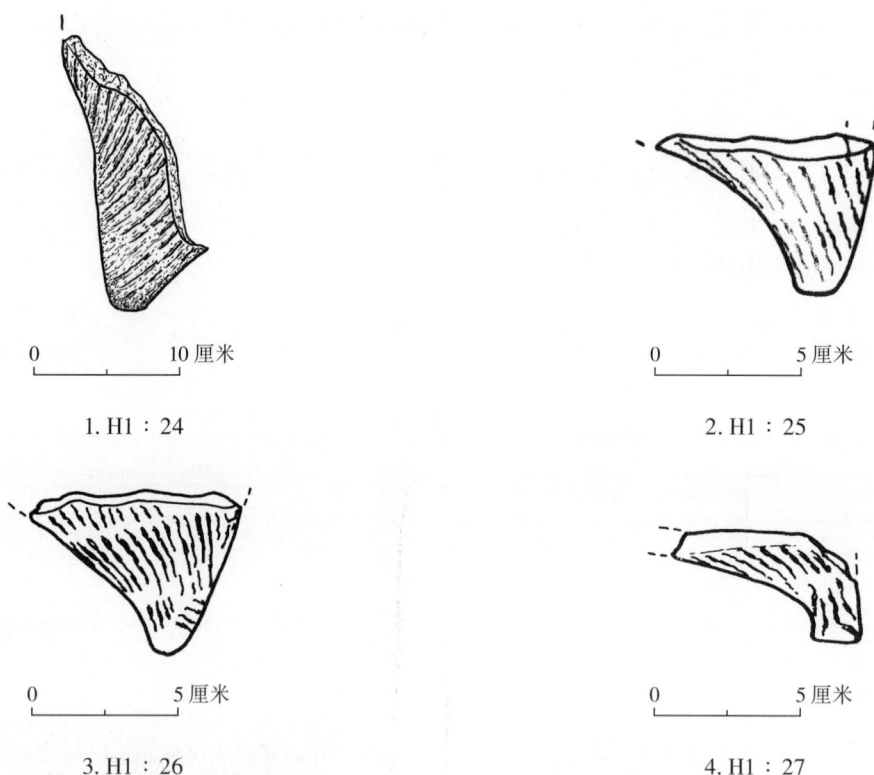

图九　H1 出土陶鬲足

鬲　均残。有口沿标本 6 件、鬲腰 2 件。

标本 H1：32，夹砂褐陶。侈口，斜方唇，上腹较鼓，下部残缺。腹部滚压粗绳纹，上施弦断绳纹，沿面外侧被抹光。口径 25.6、腹径 27.2、残高 23 厘米（图一〇，1；彩版二，1）。

标本 H1：10，夹砂灰陶。残存口沿。侈口，微卷沿，圆唇，敛颈，鼓肩。口沿及颈部抹光，颈以下饰滚压粗绳纹（图一〇，2）。

标本 H1：9，夹砂红陶。残存口沿。侈口，斜方唇，唇面略有凹槽。唇外抹光，颈以下饰滚压粗绳纹，内外壁都有轮修的痕迹（图一〇，3）。

标本 H1：21，夹砂红陶。残存束腰部，内有窄箅隔。外饰粗绳纹（图一〇，4）。

甑　少见，有 1 件复原甑部。

标本 H1：19，夹砂褐陶，表有黑皮。残余局部底、腹。下腹斜直，平底中有较大箅孔。残余部分素面（图一〇，5）。

簋　无可复原的。残标本 7 件。

标本 H1：12，泥质灰陶。敞口，弧沿外倾，厚方唇，斜直颈，微鼓腹。口沿及颈外抹光，腹部饰交错细绳纹。口径 23.5、残高 9 厘米（图一一，1）。

盆　无可复原的。残标本 3 件。

标本 H1：17，泥质灰陶。敛口，宽斜折沿，圆唇，折腹弧收。沿面内有凹槽一道，其余部位素面（图一一，2；彩版二，3）。

标本 H1：15，泥质灰陶。侈口，平折沿，斜方唇，直腹。口沿及颈部抹光，腹饰滚压粗绳纹（图一一，3）。

豆　无可复原的。残标本 3 件。

标本 H1：16，泥质红陶。口稍敞，方唇，浅腹斜直，平底下接粗柄。外壁抹光。口径 14.6、盘深 3 厘米（图一一，4；彩版二，4）。

罐　数量较少，均残。

标本 H1：2，夹细砂红陶。侈口，折沿外倾，圆唇，束颈，圆肩略折，鼓腹弧收，底

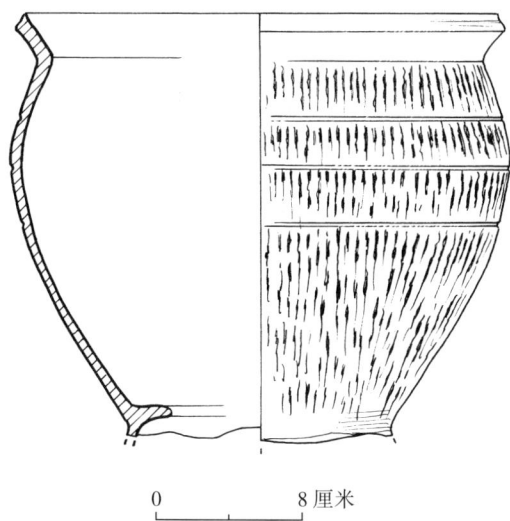

1. 甗（H1：32）

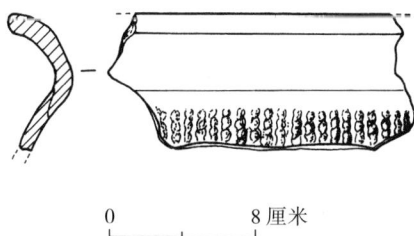

2. 甗（H1：10）

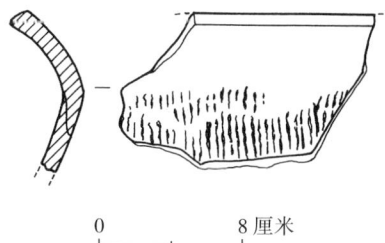

3. 甗（H1：9）

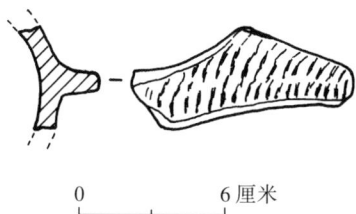

4. 甗（H1：21）

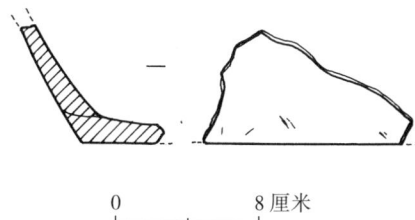

5. 甑（H1：19）

图一〇　H1 出土陶甗、甑

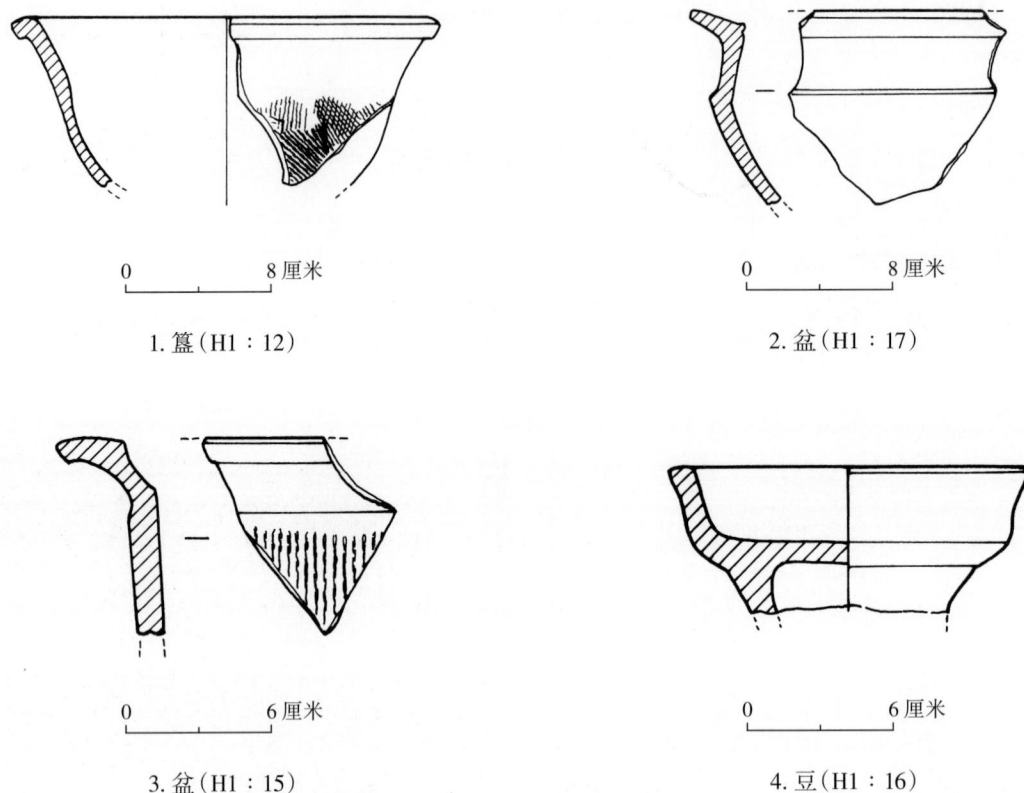

1. 簋（H1∶12）

2. 盆（H1∶17）

3. 盆（H1∶15）

4. 豆（H1∶16）

图一一　H1 出土陶簋、盆、豆

残。唇面上有旋纹一周，沿外及颈部抹光，肩、腹滚压中绳纹。口径 15.4、肩径 27.5、残高 27 厘米（图一二，1；彩版二，2）。

矮领瓮　数量较多，但均残。可见标本 10 件。将沿面有隆鼓特征者作 A 型，平折沿作 B 型（以下各单位同）。

A 型　5 件。

标本 H1∶22，夹砂灰陶。侈口，窄平沿，方唇，矮领稍斜，敛颈，斜肩。沿面中间有一道细旋纹，口沿及颈部抹光，肩内壁有陶垫窝，外饰弦断绳纹并间以抹光带。口径 16 厘米（图一二，2）。

B 型　5 件。

标本 H1∶23，夹砂灰陶。口微侈，窄弧沿外倾，方唇，矮直颈，束颈，斜肩。唇面上有一道凹槽，沿外侧有一道旋纹，颈部抹光，肩部饰中绳纹（图一二，3）。

三足瓮　少见，仅 1 件标本。

标本 H1∶13，夹砂灰陶。口微敛，窄平沿，方唇，腹外鼓。口沿外抹光，腹表饰粗绳纹（图一二，4）。

2. 其他

蚌器　仅 1 件。

标本 H1∶29，腰部有内凹，刃部已残，似为蚌刀（图一三）。

0　　　　　　10 厘米

1. 罐（H1：2）

0　　　　　　6 厘米

2. 矮领瓮（H1：22）

0　　　　　　6 厘米

3. 矮领瓮（H1：23）

0　　　　　　6 厘米

4. 三足瓮（H1：13）

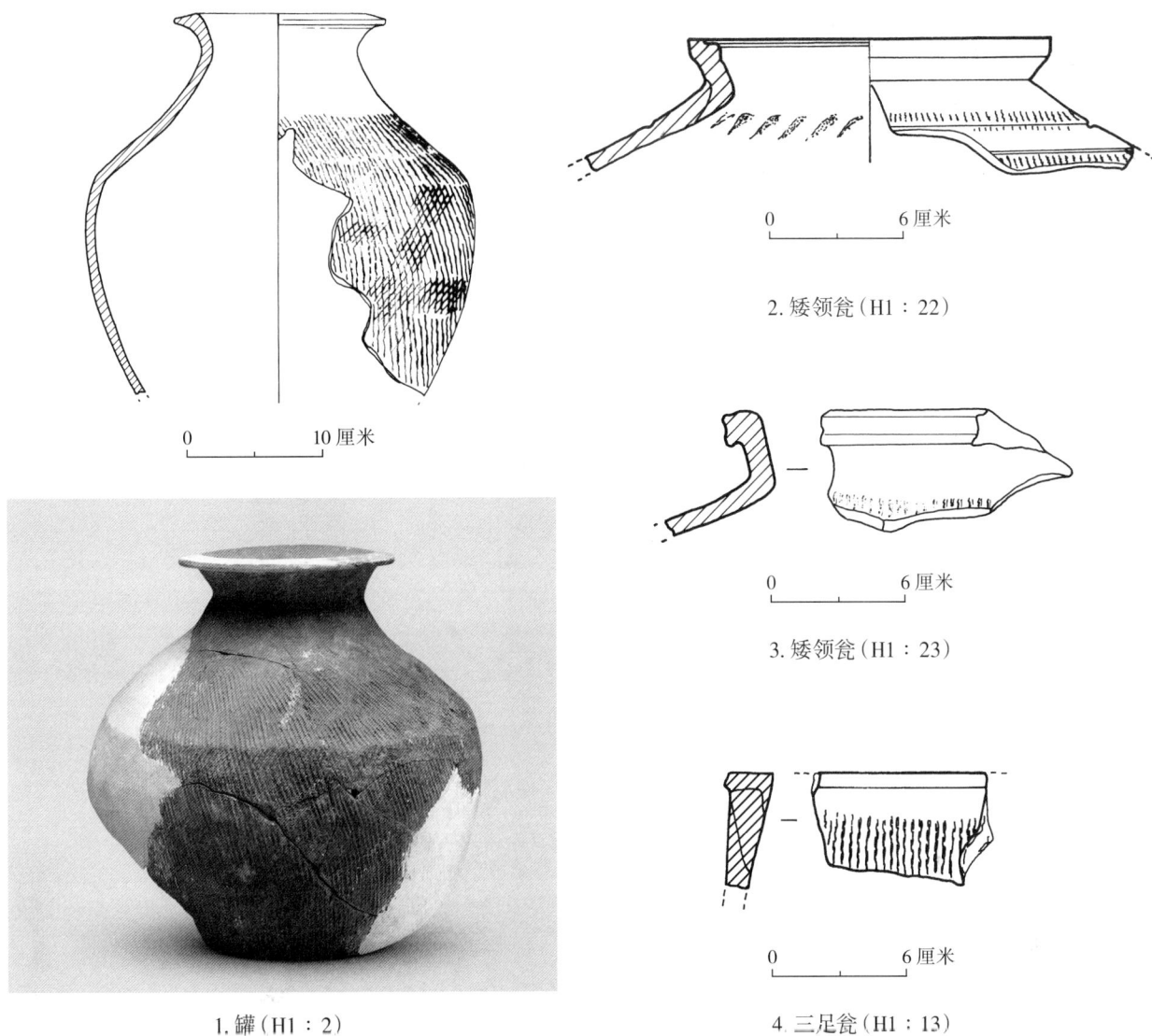

图一二　H1 出土陶罐、瓮

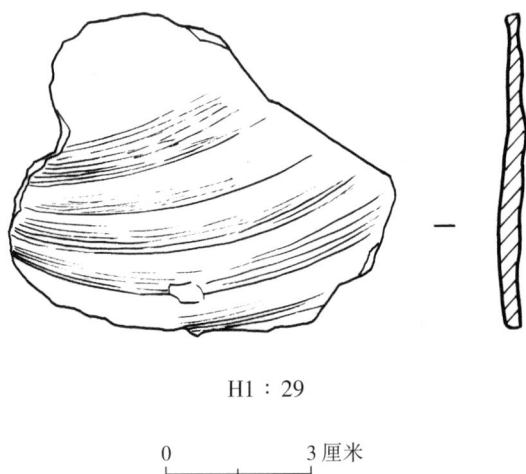

H1：29

0　　　　　3 厘米

图一三　H1 出土蚌器

二　椭方形灰坑

发掘 1 座，编号 H2。

H2

位于发掘区域的中部，北距 H3 仅 1 米，南端被秦汉时期陶水管道打破。

（一）形制

平面呈窄长的椭方形，坑壁较直，坑底南部较平，北部呈圜底状。灰坑上部已被破坏，现存口长 6.5、宽 1.7～3 米，底长 3.5、宽 3 米，残深 0.6 ~ 1.7 米（图一四；彩版三）。

坑内堆积可分为两层：

第 1 层为灰褐色土，土质较硬，厚度约 0.6 米。出土物有陶鬲、甗的口沿和足部残片，也有陶簋、罐、盆、豆等的口沿残片以及蚌片和动物骨头等。本层底部的东北位置发现人骨架一具，头向东，面朝北，侧身曲卧。未见葬具和随葬品，当是简单、随意的掩埋。

第 2 层为黑灰色土，土质疏松且细密，厚度约 0.2 ~ 1 米。出土物中除了中华圆田螺外，其他同第 1 层。在此层北部偏西侧的表面，发现一直径约 40 厘米的红烧土面，表明其可能有过炊烧或取暖活动。

整理过程发现第 1、2 层的陶片往往可以拼对，从器物特征也看不出早晚的分期特征。但据第 2 层北端发现的烧土痕迹分析，上、下层存在有二次使用的过程，并有可能为居住用的小型房屋。

（二）遗物

该坑出土的遗物有陶器和少量的骨器、蚌器。

1. 陶器

以泥质陶居多，占总数的 61.6%；夹砂陶次之，占 38.4%。纹饰以中绳纹、交错绳纹及

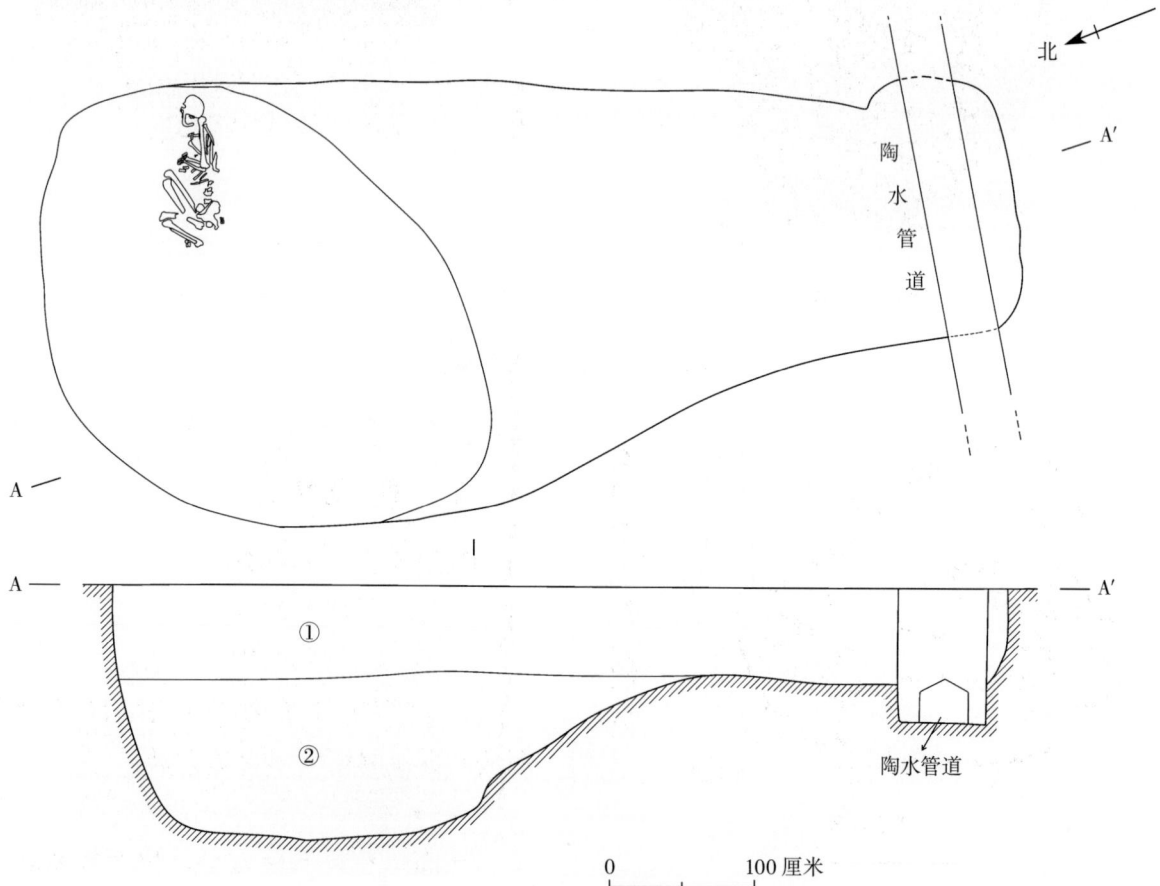

图一四　H2 平、剖面图

素面较多。可见陶器有鬲、甗、簋、罐、盆、矮领瓮、三足瓮、尊等。器类以矮领瓮（包括陶罐）和陶鬲为主，分别占总数的 35.8％ 和 14.8％，陶盆和陶簋次之（附表五）。

　　鬲　为最多见的器类，可辨有联档和分裆的差别。修复 2 件，另有口沿标本 25 件、鬲足 12 件。

　　标本 H2②：1，夹细砂红陶。侈口，低斜领，方圆唇，束颈，微鼓腹，联裆，三锥足内收。口沿及颈部抹光，颈以下饰细密整齐的中绳纹，局部有交错，裆以下和足部器表涂抹细泥，足部内外存有烟炱。口径 20.8、高 20.8 厘米（图一五，1；彩版四，1）。

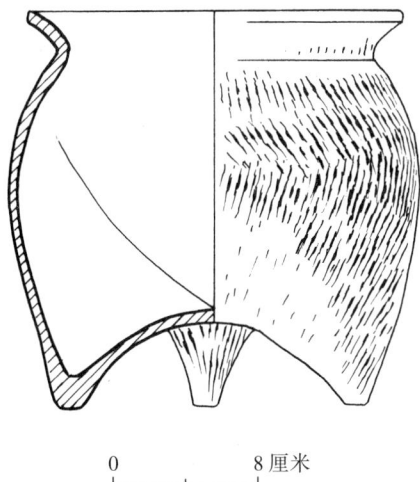

0　　　　8厘米

1. H2②：1

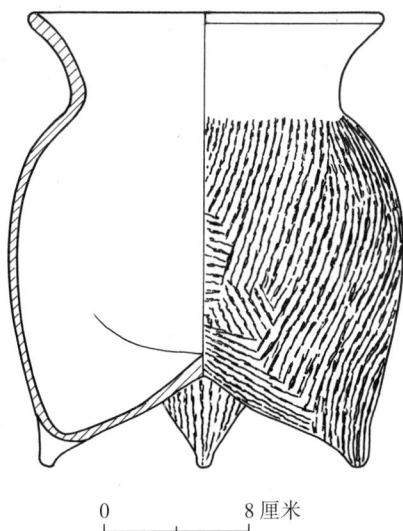

0　　　　8厘米

2. H2②：2

图一五　H2 出土陶鬲

　　标本 H2②：2，夹细砂红陶。侈口，圆唇，束颈，分裆，锥状足。腹部滚压粗绳纹，腹部以下有烟熏痕迹。口径 18.8、腹径 21.6、高 24.4 厘米（图一五，2；彩版四，2）。

　　标本 H2②：3，残。夹细砂褐陶。侈口，领略高，方圆唇，束颈，鼓腹。口沿及颈部抹光，颈以下饰较粗的滚压绳纹，口沿以下都有烟炱。口径 15.4、残高 14.4 厘米（图一六，1）。

　　标本 H2②：11，残。夹细砂灰陶。侈口，尖圆唇，束颈，鼓腹。口沿及颈部抹光，肩

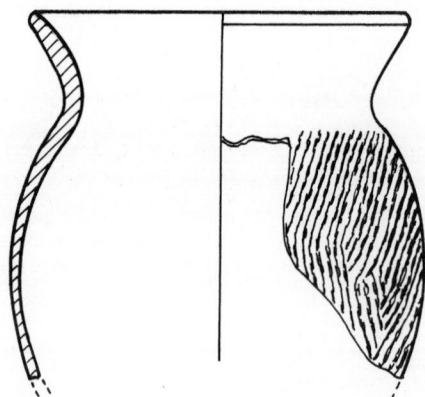

1. 鬲（H2②：3）

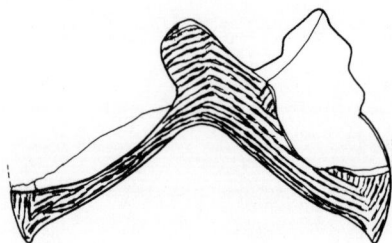

4. 鬲（H2②：26）

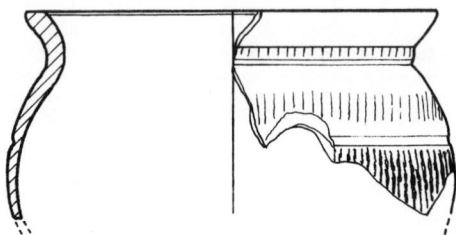

2. 鬲（H2②：11）

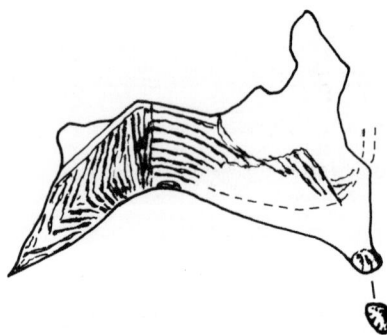

5. 鬲（H2②：6）

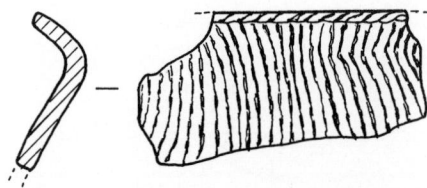

3. 鬲（H2②：12）

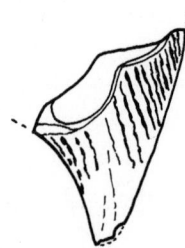

6. 鬲足（H2①：10）

图一六　H2 出土陶鬲、鬲足

部绳纹被抹不清晰，腹部饰绳纹和一周旋纹。口径 16.8、残高 8.1 厘米（图一六，2）。

标本 H2②：12，残存口沿。夹细砂灰陶。侈口，低斜领，方唇，束颈。唇面、沿背和腹部均饰粗绳纹（图一六，3）。与其相似的标本有 13 件。

标本 H2②：26，残存足部及裆部。夹细砂红陶。分裆，锥状足尖略内收。表面饰滚压粗绳纹（图一六，4）。与其特征相似的足尖标本有 9 件。

标本 H2②：6，残存足部及裆部。夹粗砂灰陶。略呈袋状足，柱状足尖。表面有滚压粗绳纹，涂有细泥，并有烟炱（图一六，5）。

标本 H2①：10，残存足尖。夹细砂褐陶。锥状足尖内收。外侧饰滚压粗绳纹，内侧按压粗绳纹（图一六，6）。

甗　较多见，无可复原的。有口沿标本 6 件、甗腰 4 件。

标本 H2②：64，残存口沿。夹细砂红褐陶。侈口，斜沿，圆唇，束颈。口沿及颈部抹光，颈下饰绳纹。口径 31 厘米（图一七，1）。与其相似的有 2 件。

标本 H2②：52，残存腰部。夹细砂灰褐陶。束腰，内有较窄的箅格。外饰滚压粗绳纹（图一七，2）。

簋　较多见，无可复原的。有口沿标本 10 件、圈足 3 件。

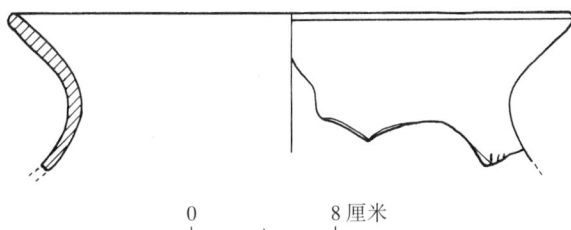

1. 甗（H2②：64）

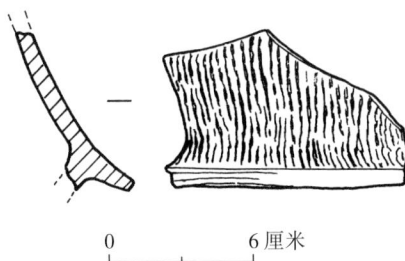

2. 甗（H2②：52）

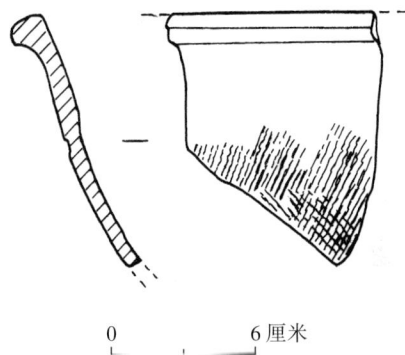

3. 簋（H2②：16）

图一七　H2 出土陶甗、簋

标本 H2②：16，口沿及腹部残片。夹细砂灰陶。敞口，弧沿外翻，厚圆唇。口沿及颈部抹光，腹部滚压细绳纹，局部有交错（图一七，3）。与其特征相似的有 9 件。

盆　较多见，均残。有口沿标本 10 件。

标本 H2①：1，泥质灰陶。侈口，平沿微内凹，圆唇，束颈，折腹。颈内有弦纹一周，器表光素，折腹部有凸棱一周。口径 32、腹径 31.5、残高 9.5 厘米（图一八，1）。

标本 H2①：2，泥质灰褐陶。敛口，斜折沿，沿面微鼓，圆唇，敛颈，腹圆折。折腹以上有旋纹三周，其余部位磨光。口径 28.4、腹径 25.2、残高 6.5 厘米（图一八，2）。

标本 H2①：3，细泥灰陶。平折沿较宽，尖圆唇，束颈。沿面内侧有弦纹一周，颈下有一周棱线，器表光素。口径 23.6 厘米（图一八，3）。类似标本发现 6 件。

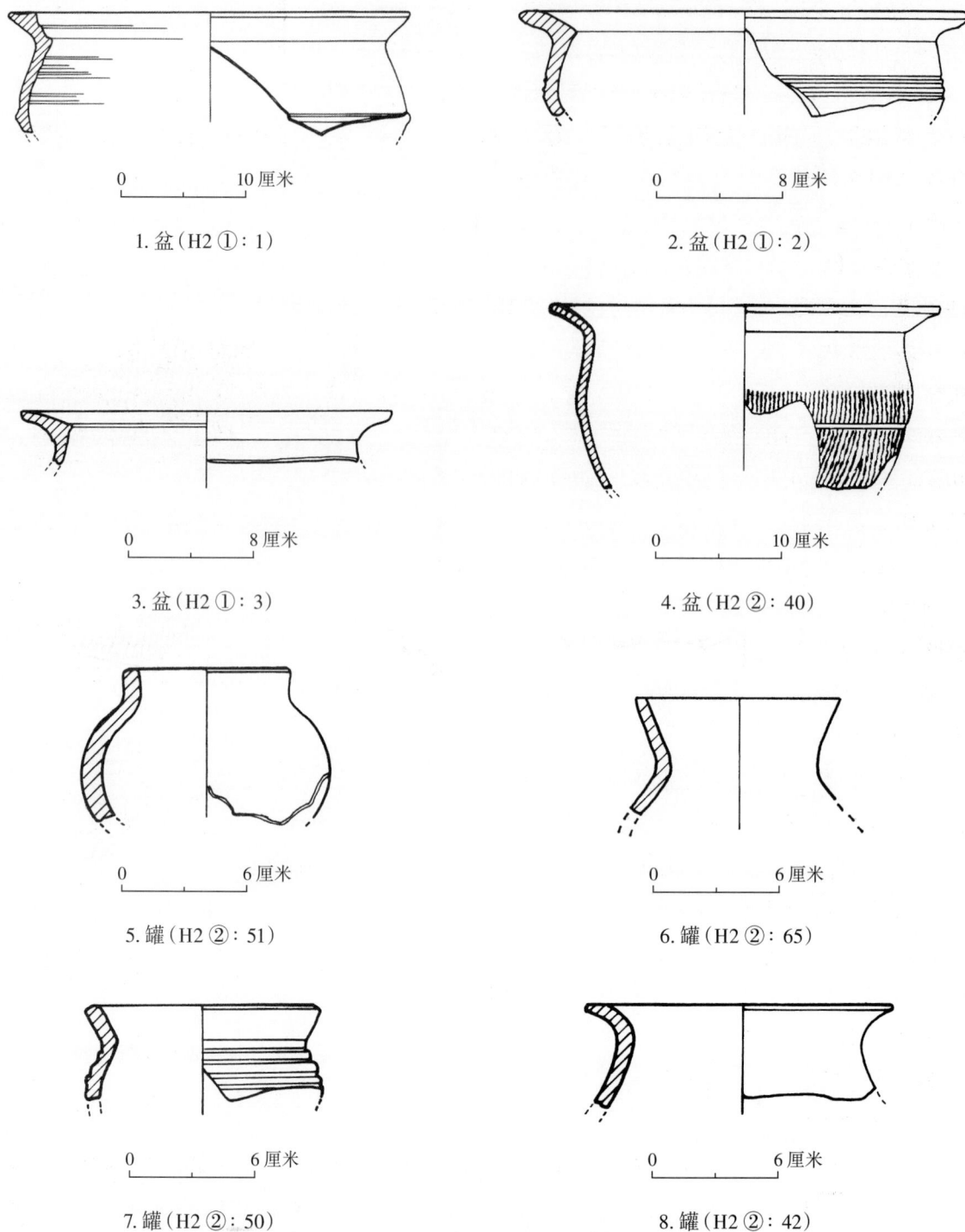

0　　　　　　　10 厘米

1. 盆（H2①：1）

0　　　　8 厘米

2. 盆（H2①：2）

0　　　　8 厘米

3. 盆（H2①：3）

0　　　　　　10 厘米

4. 盆（H2②：40）

0　　　　6 厘米

5. 罐（H2②：51）

0　　　　6 厘米

6. 罐（H2②：65）

0　　　　6 厘米

7. 罐（H2②：50）

0　　　　6 厘米

8. 罐（H2②：42）

图一八　H2 出土陶盆、罐

　　标本 H2②：40，泥质灰陶。宽斜沿，方唇，颈未敛，腹稍鼓。口沿及上腹抹光，下腹饰滚压粗绳纹，并施旋纹一周。口径 30.8、残高 14 厘米（图一八，4；彩版四，3）。

　　罐　较多见，均残。有 8 件口沿标本。

　　标本 H2②：51，夹细砂褐陶。直口，方唇，矮直领，圆鼓腹。素面，内外壁有细密轮修痕。口径 8、腹径 12、残高 7 厘米（图一八，5）。

标本 H2②：65，夹细砂灰陶。侈口，方唇，斜领，束颈，溜肩。唇面微凹，素面，有轮修痕。口径 9.5 厘米（图一八，6）。

标本 H2②：50，夹砂灰陶。侈口，方唇，低斜领，束颈，鼓腹。口沿抹光，上腹有旋纹四周。口径 10.5 厘米（图一八，7）。

标本 H2②：42，夹砂褐陶。卷沿，尖圆唇，敛颈。素面磨光。口径 14.5 厘米（图一八，8）。同类标本有 4 件。

矮领瓮　多见的器形之一，但无可复原的。有口沿标本 21 件。

A 型　13 件。

标本 H2②：46，夹细砂褐陶。侈口，重沿，圆唇外倾，斜直领，沿面中间鼓起，内侧上下有两周凹槽。口径 19.2 厘米（图一九，1）。

标本 H2②：47，夹细砂灰陶。直口微内敛，沿面弧鼓，方唇，直领，圆肩。沿内侧有

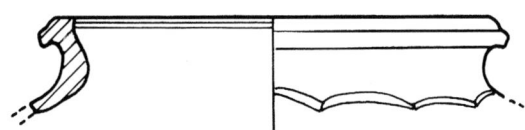

1. A 型矮领瓮（H2②：46）

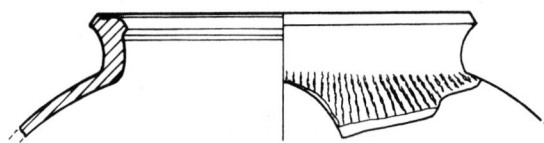

2. A 型矮领瓮（H2②：47）

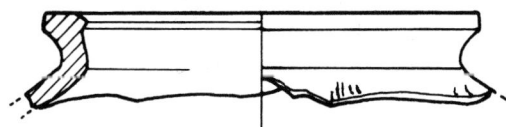

3. B 型矮领瓮（H2①：6）

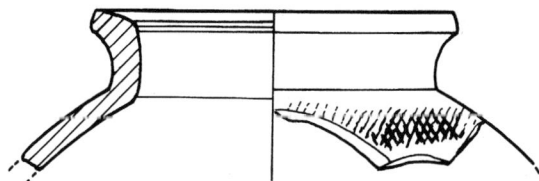

4. B 型矮领瓮（H2②：43）

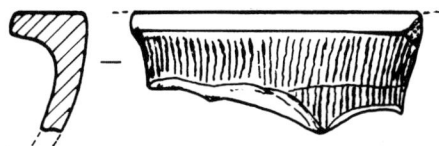

5. 三足瓮（H2②：57）

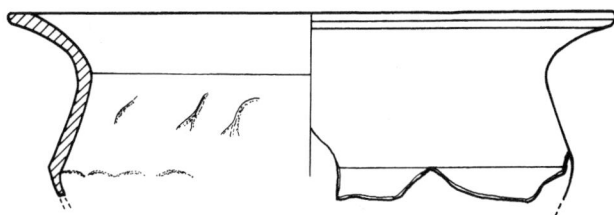

6. 尊（H2②：38）

图一九　H2 出土陶瓮、尊

一道凹槽，口沿及领部抹光，肩部滚压粗绳纹。口径 21 厘米（图一九，2）。类似标本 7 件。

B 型　8 件。

标本 H2 ①：6，夹细砂灰陶。直口微敛，窄弧沿，方唇，直领。口沿及颈部抹光，肩存绳纹。口径 17.7 厘米（图一九，3）。

标本 H2 ②：43，夹细砂灰陶。直口，窄斜沿微鼓，方唇，直领，鼓肩。沿内棱上下各有一道凹槽，口沿及颈部抹光，肩部饰滚压粗绳纹局部交错或抹光。口径 15 厘米（图一九，4）。6 件标本与其特征相似。

三足瓮　仅有口沿标本 1 件。

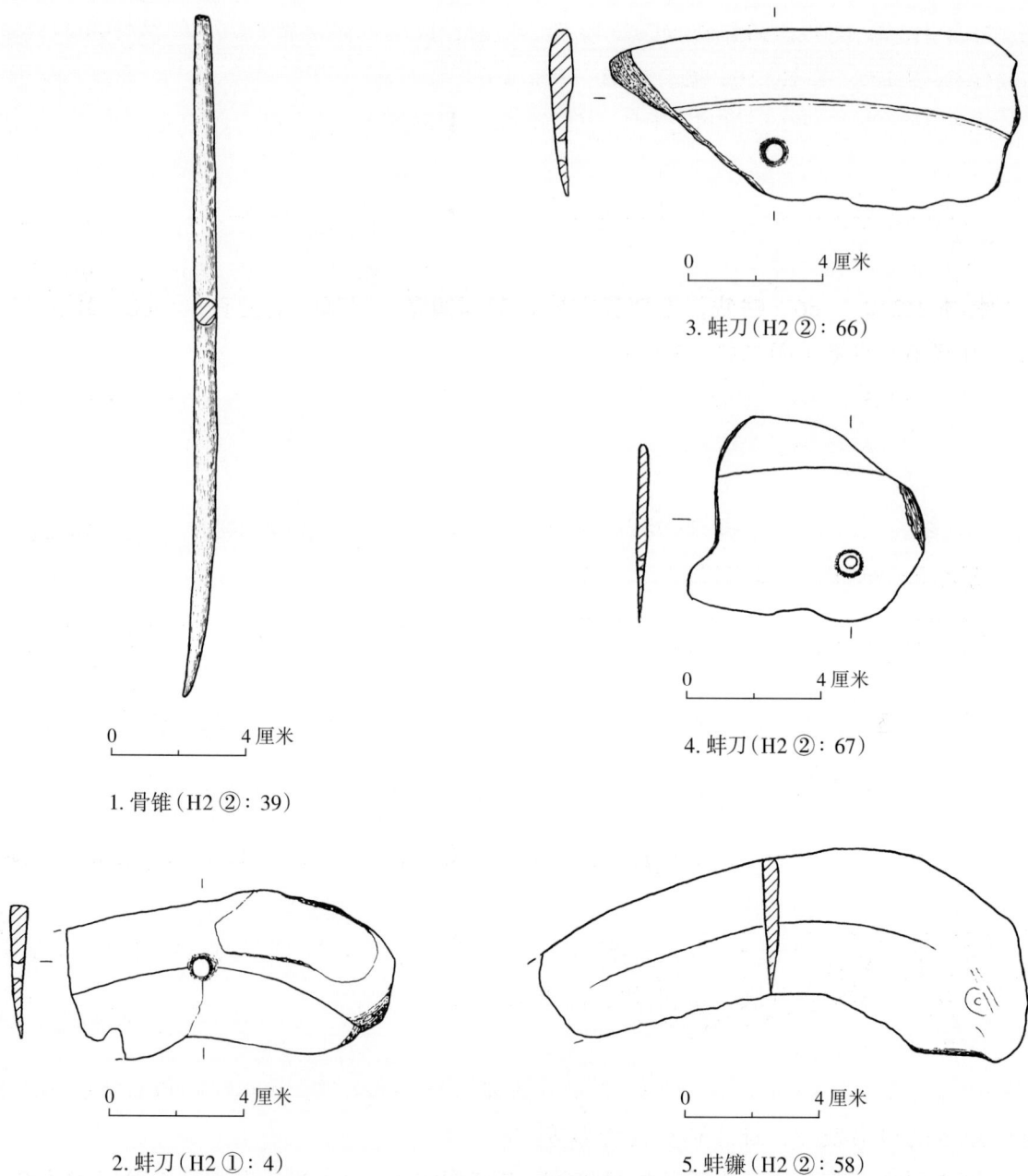

0　　　　　　4 厘米

3. 蚌刀（H2 ②：66）

0　　　　　　4 厘米

4. 蚌刀（H2 ②：67）

0　　　　　　4 厘米

1. 骨锥（H2 ②：39）

0　　　　　　4 厘米

2. 蚌刀（H2 ①：4）

0　　　　　　4 厘米

5. 蚌镰（H2 ②：58）

图二○　H2 出土骨、蚌器

标本 H2②：57，夹细砂灰陶。敛口，平折沿，方圆唇。沿外下侧贴一周泥条后滚压粗绳纹（图一九，5）。

尊　仅有口沿标本 1 件。

标本 H2②：38，泥质褐陶。侈口，斜沿微卷，圆唇，束颈，折肩。素面磨光。口径 33.2、肩径 28.6、残高 10 厘米（图一九，6；彩版四，4）。

2. 骨器　有骨锥、骨笄等。

笄　3 件。均残甚。

锥　3 件。其中 1 件完整，其他残断。

标本 H2②：39，完整。磨制，整体光洁。圆柱体，端部稍弯，较尖。长 19.5、中部径 0.6 厘米（图二〇，1；彩版四，5）。

3. 蚌器

多件，浅银白色，局部风化，可辨刀、镰，其他残碎过甚。

刀　3 件。

标本 H2①：4，弧状近长方形，中部有对钻孔。残长 9.6、宽 4.3、厚 0.6、孔径 0.6 厘米（图二〇，2；彩版四，6）。

标本 H2②：66，略残，近似长方形，背部偏厚，刃部略偏上有一小孔。残长 11.8、宽 4.5、孔径 0.6 厘米（图二〇，3）。

标本 H2②：67，近似三角形，刃部有一穿孔。残长 6.5、残宽 5.2、厚 0.4、孔径 0.6 厘米（图二〇，4）。

镰　1 件。

标本 H2②：58，较完整。背部方钝，内有齿状，有较厚的捉手。约长 14、宽 4.8、厚 0.4 厘米（图二〇，5；彩版四，7）。

三　圆形灰坑

发掘 2 座，编号 H3、H6，剖面分别呈不规则圜底状和袋状。

H3

位于发掘区域的中部，东侧被民居房屋所压，南邻 H2 仅 1 米，西部被西周晚期墓 M6 打破。

（一）形制

揭去表土即露出灰坑口部。口径 6 ~ 6.6、残深 0.5 ~ 0.6 米，底部较平坦，但南部又有一直径约 3 米的圆形圜底状坑，残深 1.75 米（图二一）。

坑内堆积可分为两层：

第 1 层为灰褐色土，土质较硬，厚约 0.6 米，出土物有鬲、甗的口沿和足部残片，簋、罐、盆、豆等的口沿残片，蚌片和动物骨骸等。

第 2 层为黑灰色土，土质疏松且细密，厚度约 0.4 ~ 1.4 米，出土物中除了中华圆田螺、烧土块外，其他同第 1 层。

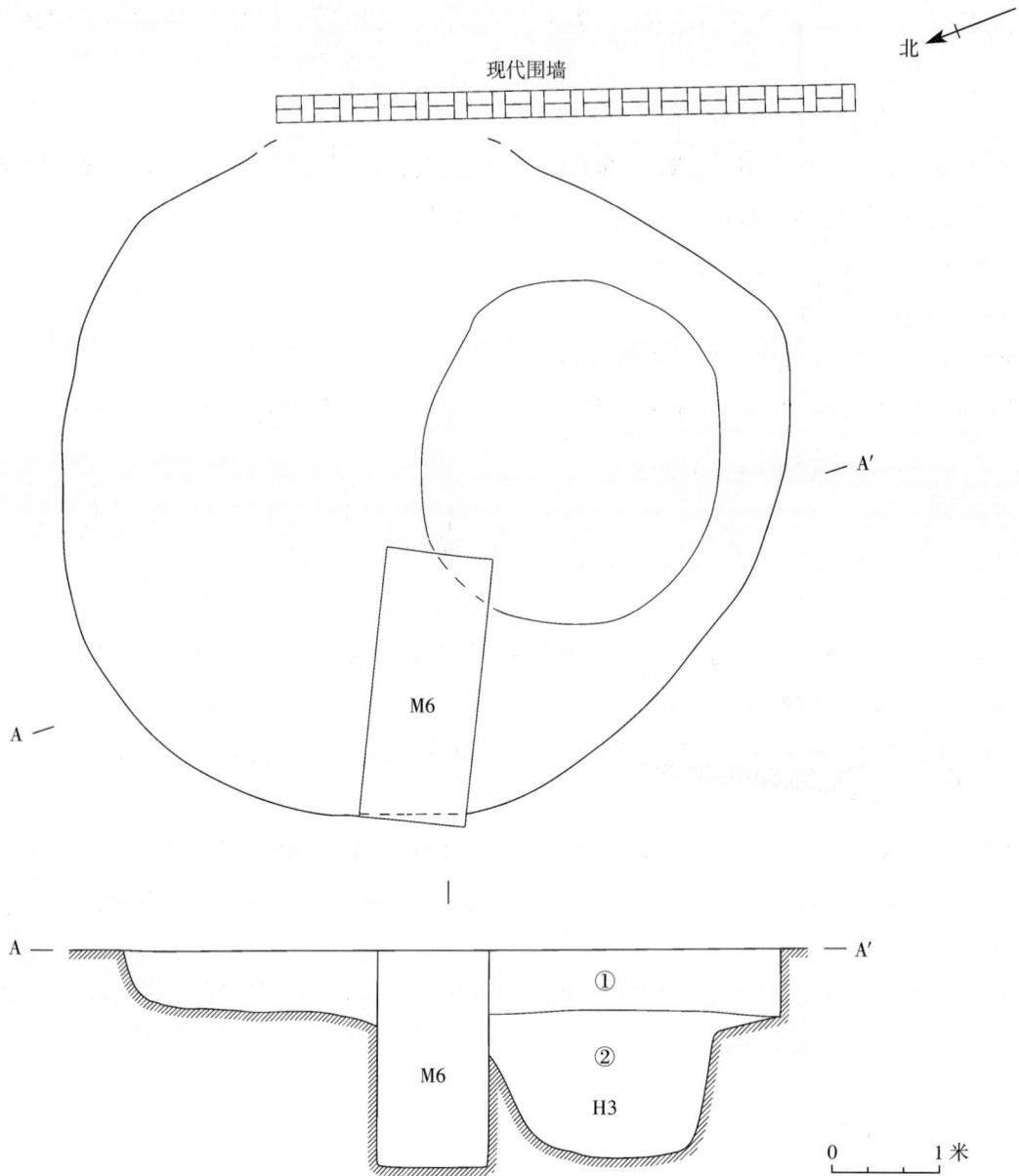

图二一　H3 平、剖面图

第 1 层和第 2 层的陶片可以拼到一起，从陶器的形制特征来看，也无明显的早晚差别，故作同一单位。此坑的面积较大，虽没有发现明显的踩踏面，但为房址的可能性较大。

（二）遗物

出土遗物较丰富，以陶器为主，也有少量石器、骨器、蚌器。

1. 陶器

出土陶片泥质陶大于夹砂陶，所占比例分别为 57.4% 和 42.6%。陶器纹饰以素面、交错绳纹、中绳纹为主，分别占 36%、34.5%、20.5%，另有少量粗绳纹、细绳纹等。器形以鬲、簋、矮领瓮、罐居多，其次为甗、盆、豆、尊、陶饼等（附表六）。

鬲　为最多见的器形，均残。有口沿标本 17 件、鬲足 25 件。

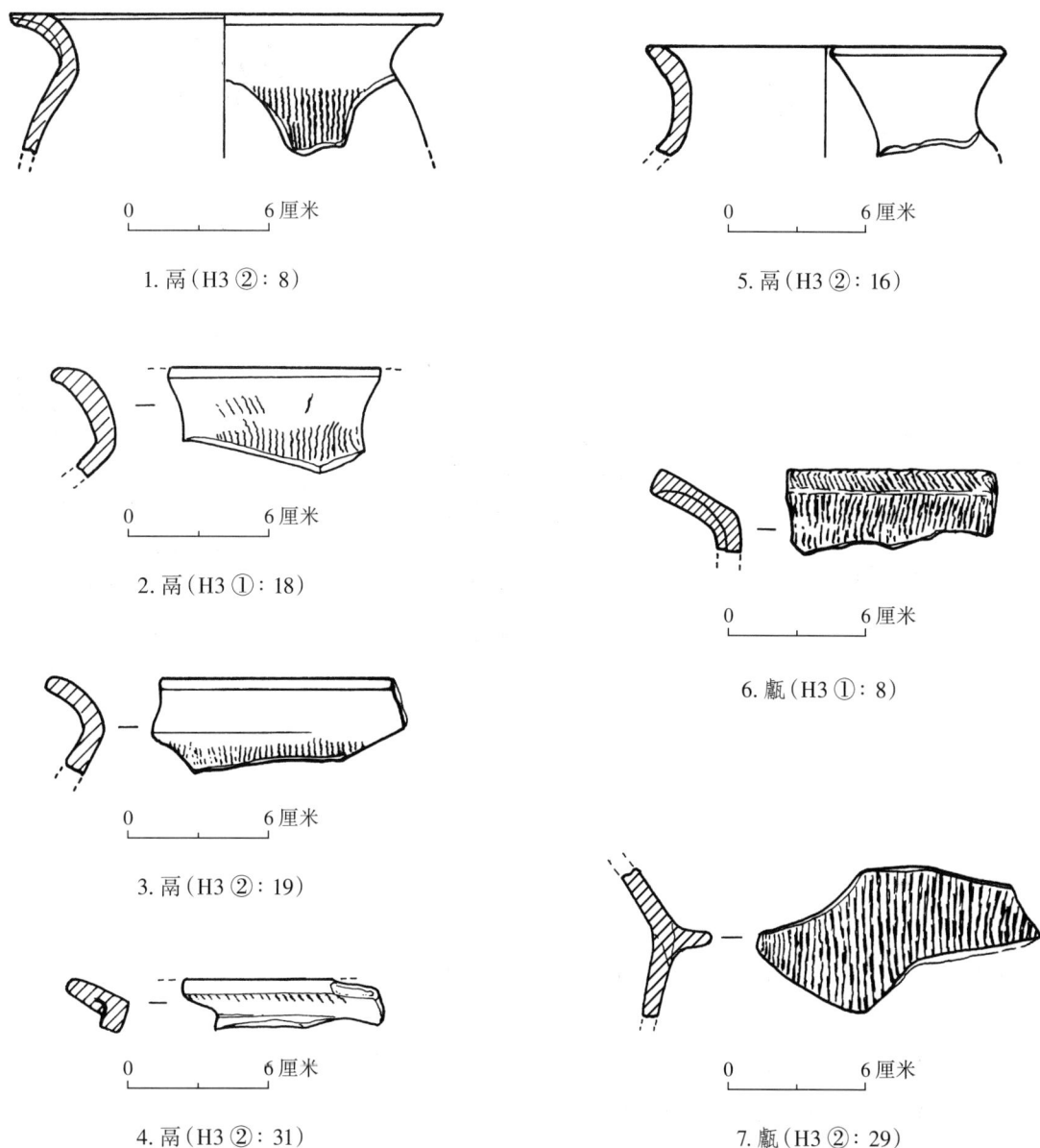

图二二　H3 出土陶鬲、甗

　　标本 H3②：8，夹细砂灰陶。侈口，低斜领，平沿，尖方唇，束颈，鼓腹。口沿及颈部抹光，颈以下腹饰滚压中绳纹。口径18.5厘米（图二二，1）。特征相似的口沿标本有3件。

　　标本 H3①：18，夹细砂灰陶。侈口，低斜领，沿略卷，圆唇，束颈。口沿外绳纹被抹不清，颈部存绳纹（图二二，2）。相似标本有3件。

　　标本 H3②：19，夹砂褐陶。侈口，斜领，微卷，尖圆唇，束颈。颈部存滚压中绳纹（图二二，3；彩版五，1）。同类标本有4件。

　　标本 H3②：31，仿铜鬲。夹砂褐陶。折平沿，方唇。沿面上有两周不甚清晰的旋纹，沿外侧有被抹光的绳纹痕（图二二，4）。

　　标本 H3②：16，夹细砂红陶。侈口，圆唇，束颈。口径15.3厘米（图二二，5）。

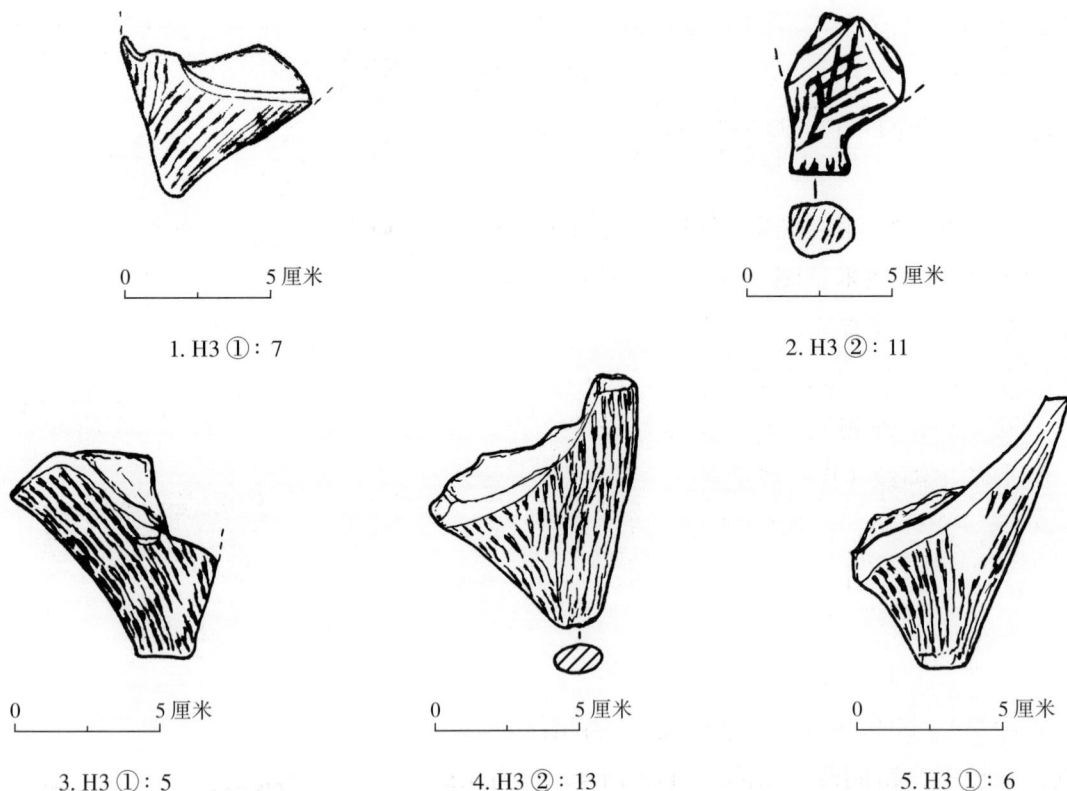

1. H3①: 7

2. H3②: 11

3. H3①: 5

4. H3②: 13

5. H3①: 6

图二三　H3 出土陶鬲足

鬲足

标本 H3①: 7，夹砂灰陶。锥状足，断面呈圆形。表面饰绳纹并有烟炱（图二三，1）。同类标本 4 件。

标本 H3②: 11，夹砂灰陶。柱状足尖。表面饰交错绳纹（图二三，2）。

标本 H3①: 5，夹砂红陶。柱状足，内加泥芯，断面近圆形。外饰按压粗绳纹（图二三，3）。特征相似的标本有 4 件。

标本 H3②: 13，夹砂红陶。断面似极扁的椭圆形，内侧起棱，足内夹泥芯。外按压粗绳纹（图二三，4）。特征相似的标本有 2 件。

标本 H3①: 6，夹砂灰陶。断面近圆形，内夹泥芯。外施粗绳纹（图二三，5）。类似标本 10 件。

　甗 较多件，均残。有口沿标本 4 件、甗腰 13 件。

标本 H3①: 8，夹砂灰陶。侈口，方唇，斜领。唇面及其下滚压粗绳纹（图二二，6）。同类的标本有 2 件。

标本 H3②: 29，夹砂红陶。束腰，内有较窄箅隔。表面饰滚压粗绳纹，有烟炱（图二二，7）。

　簋 较多见，均残。有口沿标本 14 件、圈足 4 件。

标本 H3②: 7，泥质灰陶。敞口，斜沿外翻，方唇。残存部分表面抹光，有细密的轮修痕（图二四，1）。

标本 H3②：12，泥质褐陶。敞口，斜沿外倾，方唇，唇面上有凹槽一道。腹部饰细绳纹，有交错（图二四，2）。

标本 H3②：3，泥质灰陶。仅存圈足，圈足外撇。素面。圈足径 11.4 厘米（图二四，3；彩版五，2）。

盆 较少见。仅有残口沿 2 件。

标本 H3②：23，泥质灰陶。侈口，微卷沿，方圆唇，鼓腹。口沿外侧及颈部的绳纹被抹光，腹上部素面，腹下部施绳纹（图二四，4）。

标本 H3②：32，泥质灰陶。敛口，宽沿圆折，沿面隆鼓，尖圆唇。外壁磨光，有细密的轮修痕（图二四，5）。

豆 较少见，均残。有豆盘标本 5 件、豆柄 1 件。

标本 H3②：22，泥质灰褐陶。直口，窄沿，方唇，腹较直，底较平，粗柄残。素面。口径 14.4、残高 4.8 厘米（图二五，1；彩版五，3）。同类标本还有 1 件。

标本 H3②：34，泥质灰陶。直口，方唇面上有凹槽一周，浅盘，圜底，柄无存。腹外有旋纹两道。口径 15.9、残高 3.6 厘米（图二五，2）。特征相似的标本还有 1 件。

标本 H3②：4，泥质灰陶。敞口，斜方唇，弧腹，圜底，柄残。素面，表皮严重脱落。口径 13.5、残高 6 厘米（图二五，3）。

豆柄标本过于残破，但可看出中间有一道凸棱。

罐 较多见，均残。有口沿标本 8 件。

标本 H3②：2，夹细砂灰陶，表面有磨光痕。喇叭口，圆唇，长束颈。内外均磨光。口径 16.5 厘米（图二五，4）。

标本 H3①：2，夹砂红褐陶。与前器相似。口径 16 厘米（图二五，5；彩版五，5）。

标本 H3①：1，夹细砂灰陶。侈口，窄平折沿，方唇，束颈，领较高。唇面上有一道凹槽，外壁有口沿与领的连接痕。素面。口径 14.2 厘米（图二五，6）。同类标本有 2 件。

标本 H3②：6，夹细砂黑皮陶。侈口，卷沿，方唇，

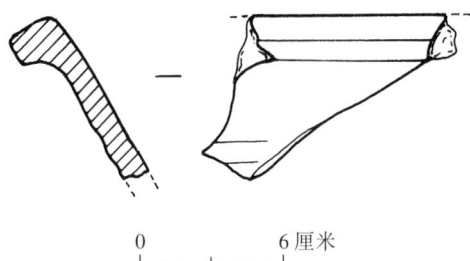

1. 簋（H3②：7）

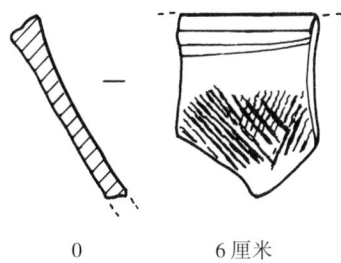

2. 簋（H3②：12）

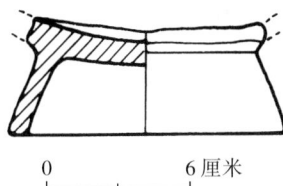

3. 簋（H3②：3）

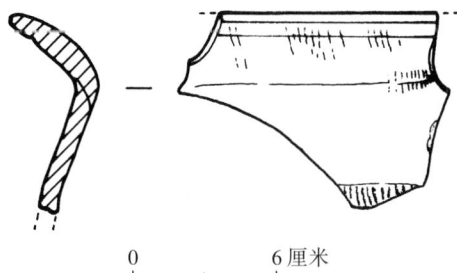

4. 盆（H3②：23）

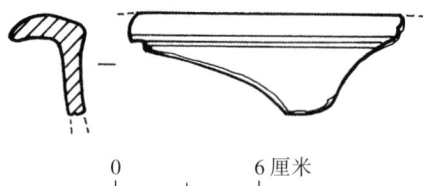

5. 盆（H3②：32）

图二四 H3 出土陶簋、盆

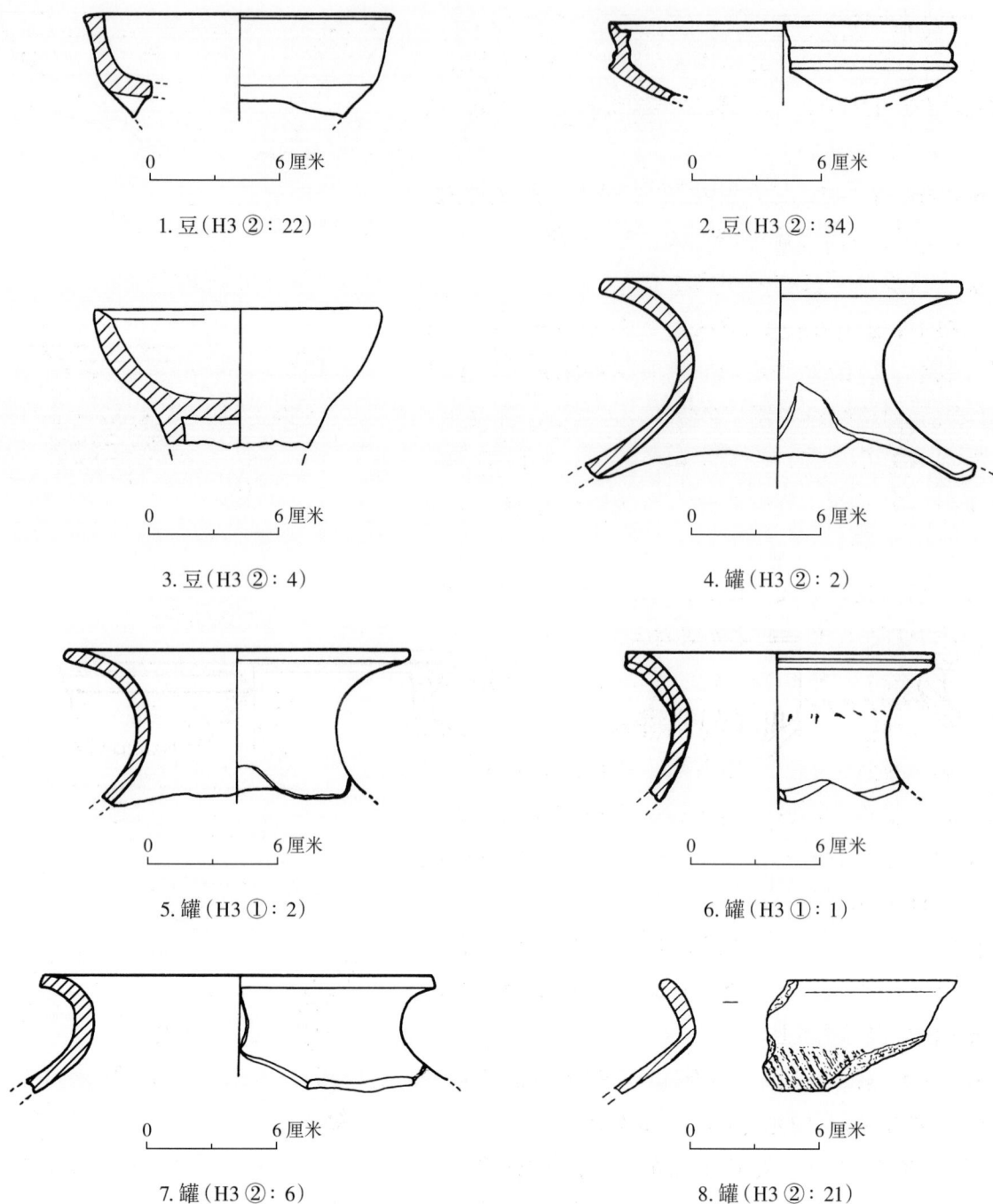

0　　　　6 厘米

1. 豆（H3②：22）

0　　　　6 厘米

2. 豆（H3②：34）

0　　　　6 厘米

3. 豆（H3②：4）

0　　　　6 厘米

4. 罐（H3②：2）

0　　　　6 厘米

5. 罐（H3①：2）

0　　　　6 厘米

6. 罐（H3①：1）

0　　　　6 厘米

7. 罐（H3②：6）

0　　　　6 厘米

8. 罐（H3②：21）

图二五　H3 出土陶豆、罐

束颈。表磨光。口径 18.4 厘米（图二五，7）。相似标本有 1 件。

标本 H3②：21，夹砂红陶。侈口，沿微卷，尖圆唇，束颈，鼓肩。口沿及颈部抹光，肩施粗绳纹。口径 14.8 厘米（图二五，8）。

矮领瓮　多见器之一，均残。有口沿标本 21 件。

A 型　17 件。

标本 H3②：30，泥质灰陶。侈口，斜沿，方唇，低领，斜肩。沿面外侧有一道较深的凹槽，

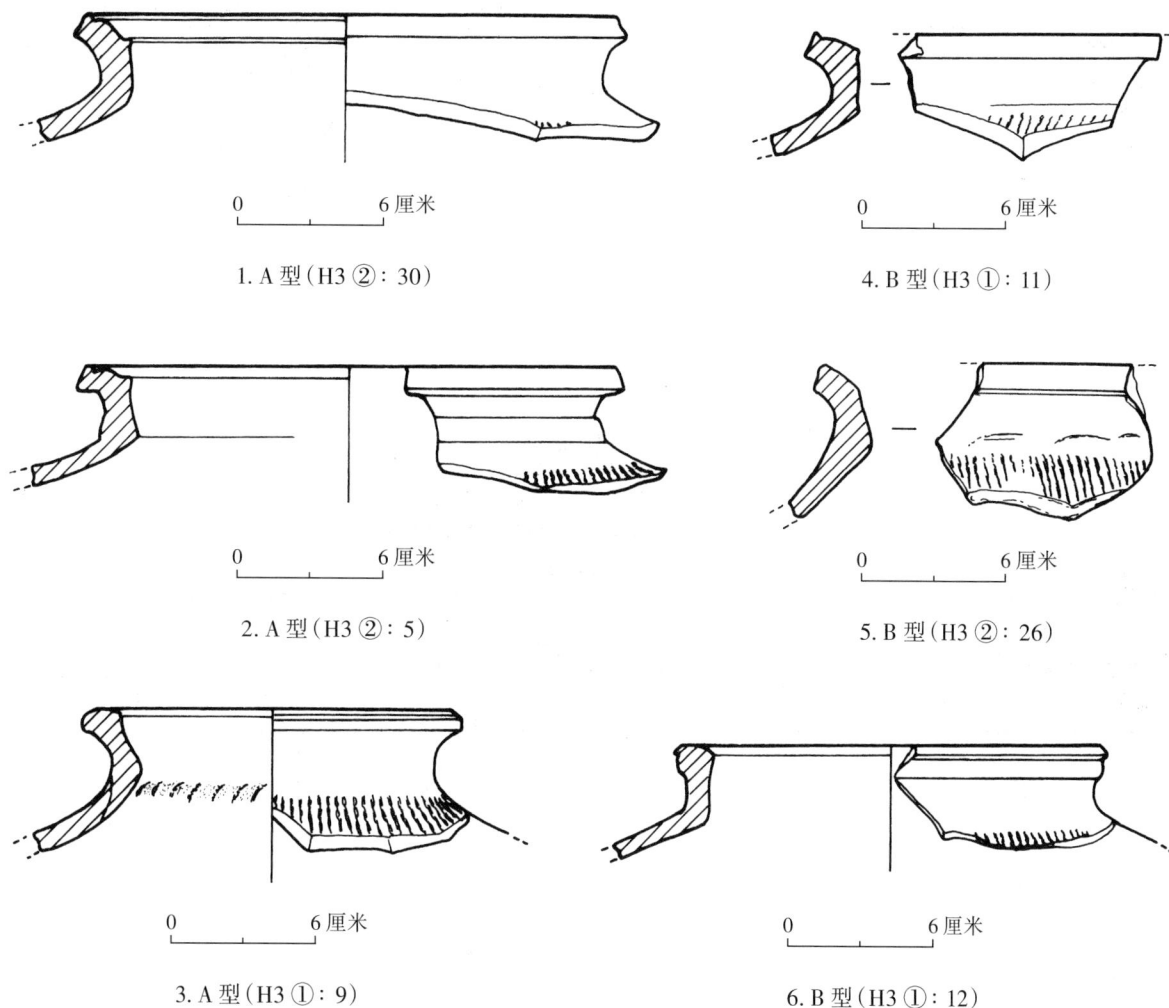

1. A 型（H3②：30）

4. B 型（H3①：11）

2. A 型（H3②：5）

5. B 型（H3②：26）

3. A 型（H3①：9）

6. B 型（H3①：12）

图二六　H3 出土陶矮领瓮

中间微微鼓起，颈部上下抹光，肩饰绳纹。口径 22.5 厘米（图二六，1）。类似标本有 12 件。

标本 H3②：5，泥质灰陶。沿面外侧有一道深凹槽，中间鼓起，颈部有旋纹两周，肩饰绳纹。口径 21.6 厘米（图二六，2）。

标本 H3①：9，夹砂灰陶。侈口，弧沿，圆唇，短束颈。口沿及颈部抹光，肩饰绳纹。口径 15.6 厘米（图二六，3）。同类标本有 2 件。

B 型　4 件。

标本 H3①：11，夹砂灰陶。直口，矮领，斜方唇，束颈，沿面外侧有一道较浅的凹槽。口沿及颈部抹光（图二六，4）。

标本 H3②：26，夹砂灰陶。口微侈，斜沿，方唇。唇面上有一道较浅的凹槽，沿面平整（图二六，5；彩版五，4）。类似标本有 1 件。

标本 H3①：12，夹砂灰陶。直口，窄鼓沿，方唇，矮领，束颈，斜肩。唇面上有一道较浅的凹槽，口沿及颈部抹光，肩饰绳纹。口径 17.5 厘米（图二六，6）。

三足瓮　无可复原的。有口沿标本 2 件。

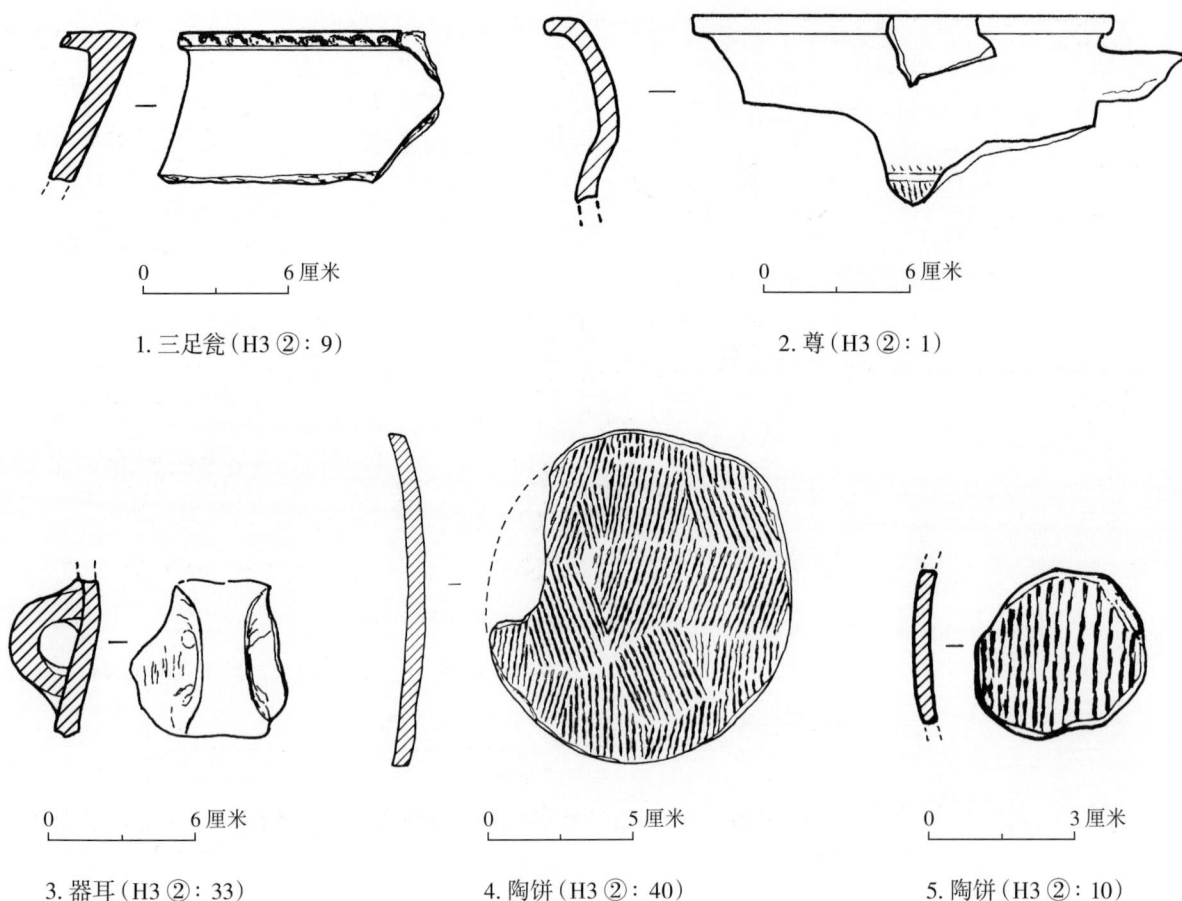

0　　　　　6厘米
1. 三足瓮（H3②：9）

0　　　　　6厘米
2. 尊（H3②：1）

0　　　　　6厘米
3. 器耳（H3②：33）

0　　　　　5厘米
4. 陶饼（H3②：40）

0　　　　　3厘米
5. 陶饼（H3②：10）

图二七　H3出土陶瓮、尊、器耳等

标本H3②：9，夹砂灰陶。敛口，平折沿，方唇。唇面上施有绳纹，其余部分为素面（图二七，1）。

尊　有标本1件。

标本H3②：1，夹细砂灰陶。侈口，折沿微外倾，方圆唇，斜领较高，束颈，圆折肩，腹以下残。肩部施中绳纹并有一道旋纹。口径33.6、残高8厘米（图二七，2）。

器耳　仅有1件。

标本H3②：33，泥质灰陶。桥形耳及器物局部残片。器表残存绳纹痕迹（图二七，3；彩版五，6）。

陶饼　2件。

标本H3②：40，泥质灰陶。近圆形，稍残，棱边经打磨。饰粗绳纹。直径10.2～11、厚0.5～0.7厘米（图二七，4；彩版五，7）。

标本H3②：10，泥质灰陶。近圆形，较小。饰粗绳纹。直径3.4～3.5、厚0.3厘米（图二七，5）。

2. 石器　2件。

刀　1件。

标本 H3②：15，磨制，圆角长方形。较厚，刃部较钝。靠背部中间有钻孔，孔径 0.25 厘米。残长 5.1、宽 4.5、厚 0.8 厘米（图二八）。

砺石　1件，残甚。

3. 骨器　较多，有笄、锥、匕形器等。

笄　4件。可分两型。

A 型　基本保存骨关节作为笄柄，只磨出尖端。2件。

标本 H3①：4，近柄处存原骨体，断面略呈三角形，近尖端呈圆形，有磨出的锐尖。长 12.3 厘米（图二九，1；彩版六，1）。

B 型　通体磨光，作扁平窄长体，尖端较钝圆。2件。

标本 H3②：42，残断。整体磨砺光滑，较宽。残长 8、柄宽 1.2、厚 0.4 厘米（图二九，3）。

标本 H3②：17，完整。方柄端略宽，中有棱脊，扁平尖较弧圆。长 14.5、柄宽 1.1 厘米（图二九，2；彩版六，2）。

锥　2件，均残。

标本 H3①：14，残。断面呈椭圆形，体经磨光，柄端残。残长 8、柄端径 1.2 ~ 2 厘米（图二九，4）。

匕形器　1件，残。

标本 H3②：18，扁平长条形，经磨砺，一侧有低棱，尖端为圆弧形，较薄，另一端残。残长 12.6、宽 2.4、厚 0.1 ~ 0.25 厘米（图二九，5）。

4. 蚌器

刀　可辨 2件。

标本 H3②：41，近弧状长方形，中部有一孔，对钻，表面浅褐色残断。残长 8.7、宽 5.1、厚 0.5、孔径 0.4 厘米（图二九，6；彩版六，3）。

标本 H3②：35，近似弧状长方形，刃部有一残半穿孔。残长 7.5、宽 3.5、厚 0.5、孔径 0.6 厘米（图二九，7；彩版六，4）。

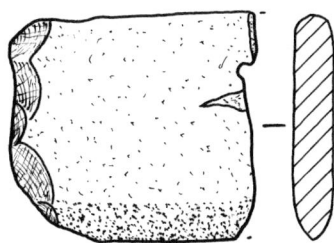

H3②：15

0 ——— 3厘米

图二八　H3 出土石刀

H6

位于发掘区的中部，南邻 Y1，相距仅 1 米，西邻 M9。

（一）形制

地表层之下即见灰坑开口，打破生土，呈口小底大的圆形袋状。口径 3、底径 4.6、深 1.1 米。四壁较光滑平整，底部较平坦（图三〇；彩版七）。

坑内堆积可分为五层：

第 1 层为杂色土，厚 0.4 ~ 0.16 米，土质疏松，夹杂少量木炭颗粒、红烧土颗粒和黄土块。陶片较少，主要是鬲、甗、罐的口沿和腹部残片。该层中部清理出人骨一具，仰身直肢，

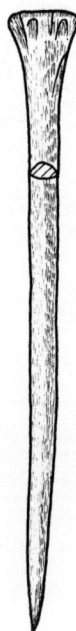

0 _____ 3 厘米

1. A 型骨笄（H3 ①：4）

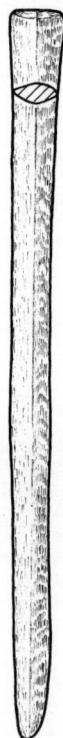

0 _____ 3 厘米

2. B 型骨笄（H3 ②：17）

0 _____ 3 厘米

3. B 型骨笄（H3 ②：42）

0 _____ 3 厘米

4. 骨锥（H3 ①：14）

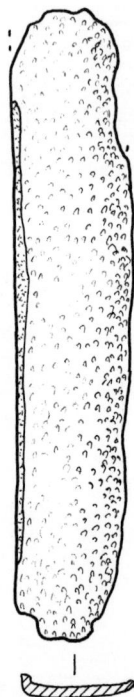

0 _____ 3 厘米

5. 骨匕形器（H3 ②：18）

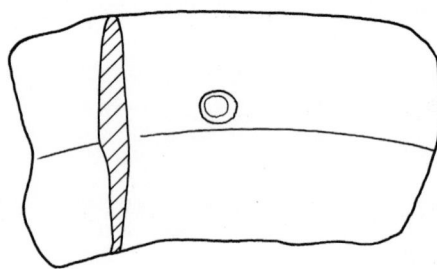

0 _____ 3 厘米

6. 蚌刀（H3 ②：41）

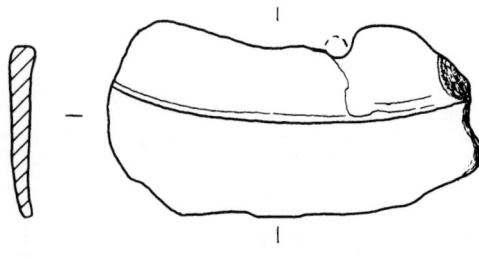

0 _____ 3 厘米

7. 蚌刀（H3 ②：35）

图二九　H3 出土骨、蚌器

东西向，头西足东，面向偏南。头部、盆骨及下肢骨保存较好，上肢骨及胸肩部骨骸保存甚差，未见任何葬具及随葬品。

第2层为浅黄色土，厚0.04～0.2米，土质疏松，夹杂少量木炭颗粒，陶片极少，仅有一些罐类器口部和腹部残片。

第3层为黑褐色土，厚0.06～0.38米，土质疏松，夹杂少量木炭颗粒，陶片极少。

第4层为浅黄色土，厚0.12～0.5米，土质疏松，夹杂少量木炭颗粒和青灰色炉渣，仅有少量陶器的口部和腹部残片。

第5层为黑褐色土，厚0.2～0.25米，土质疏松，夹杂少量木炭颗粒，仅有陶器残片。

（二）遗物

1. 陶器

H6所出陶片较少，总共只有66片，可辨器形有盆、罐和三足瓮。陶器的泥质和夹砂数量基本接近。以素面为主，次之为中绳纹。

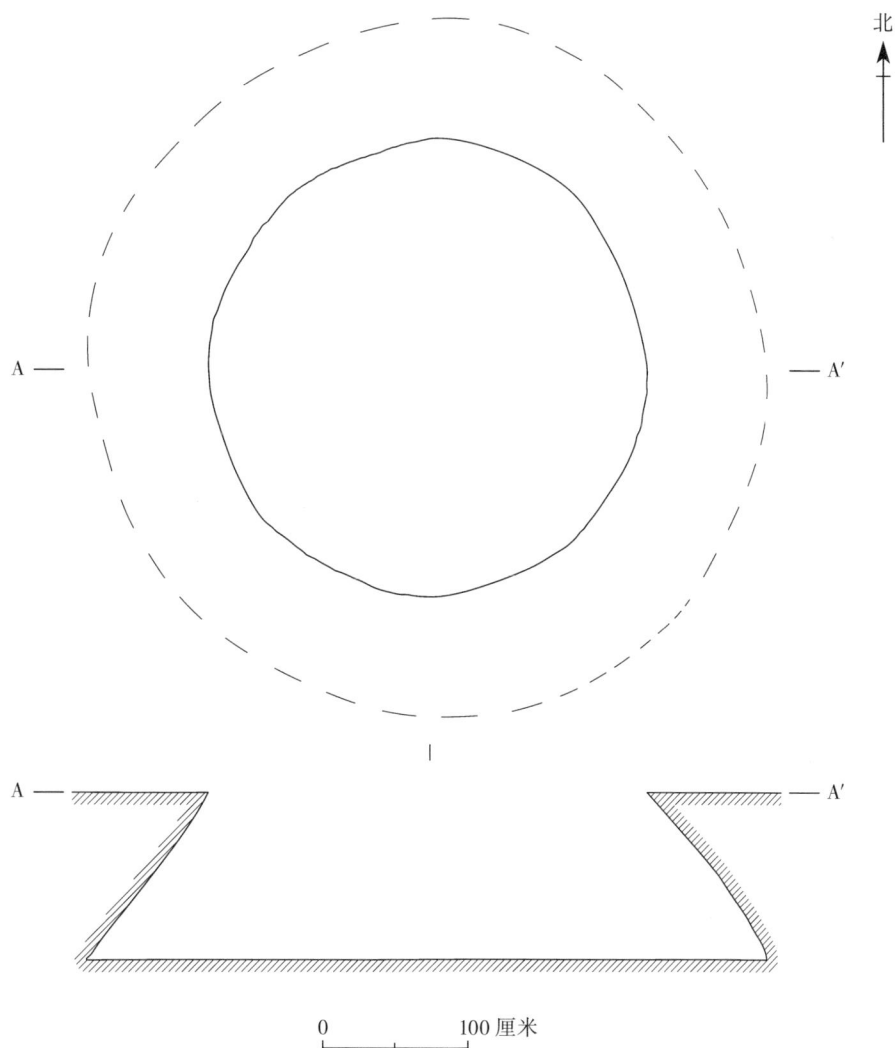

图三〇　H6平、剖面图

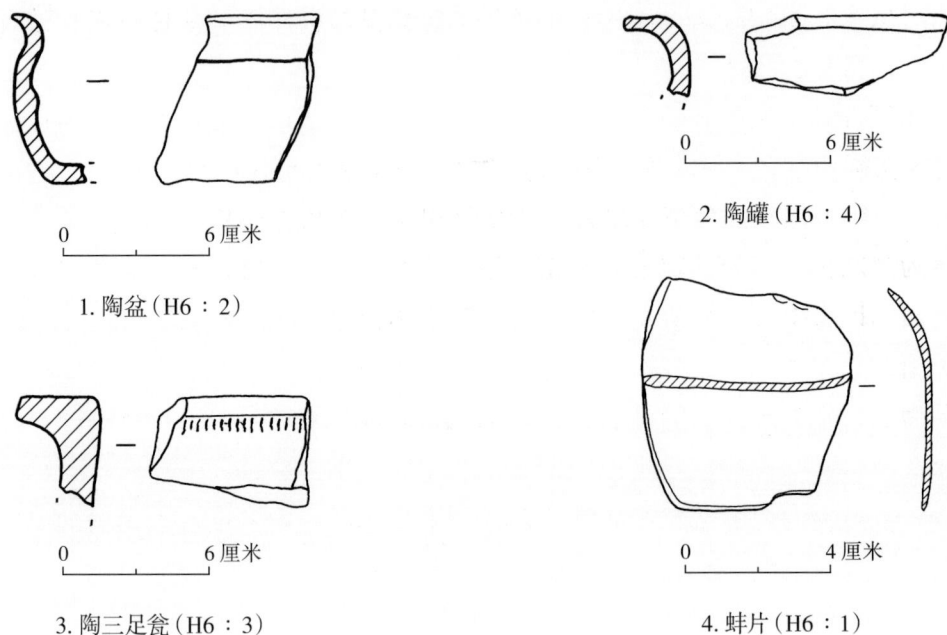

1. 陶盆（H6：2）

2. 陶罐（H6：4）

3. 陶三足瓮（H6：3）

4. 蚌片（H6：1）

图三一　H6 出土器物

盆　可复原 1 件。

标本 H6：2，夹砂红褐陶。窄卷沿，尖圆唇，浅腹微鼓，平底。器形小，制作不规整。素面。残高 6.6 厘米（图三一，1）。

罐　残口沿。

标本 H6：4，夹细砂灰陶。侈口，卷沿，方圆唇，颈以下残（图三一，2）。

三足瓮

标本 H6：3，泥质褐陶。微敛口，平折沿，方唇。颈外附加泥条，并在近唇部饰粗绳纹（图三一，3）。

2. 其他

仅见残蚌片。

标本 H6：1，残。圆角方形，弧形片状。长 6、宽 5.5、厚 0.1～0.2 厘米（图三一，4）。

四　不规则形灰坑

发掘 2 座，编号 H4、H5。

H4

位于发掘区的中部，东邻 M6，东北邻 M9、Y1。

（一）形制

原始堆积已被村民盖房平整地表时破坏，揭去表土层即见坑口。平面略似曲尺状，现开口处于生土内，口大底小。口径东西长 2～4.2、南北宽 0.9～4 米，底径长 0.9～3.96、宽 0.9～2.05 米，残深 1.7～2.2 米。坑壁无明显的修整痕迹，较粗糙，坑底西高东低，呈一级台阶状。虽未观察到踩踏土和用火的遗迹，但因其较大，亦可能原是居住用的房屋（图三二；彩版八，1）。

坑内堆积可分为两层：

第1层为灰褐色土，土质较硬，厚度为0.9米。出土物有大量的鬲、甗的口沿和足部残片，簋、罐、盆、豆等的口沿残片以及蚌片、中华圆田螺和动物骨骸等。

第2层为黑灰色土，土质疏松且细密，厚度为0.7～1.35米。出土物与第1层相似。

两层所出的许多陶片都可以拼对在一起，似乎不存在早晚的差别。

（二）遗物

以陶器为主，也有石器、蚌器、骨器、动物骨骸等。另有中华圆田螺1件。

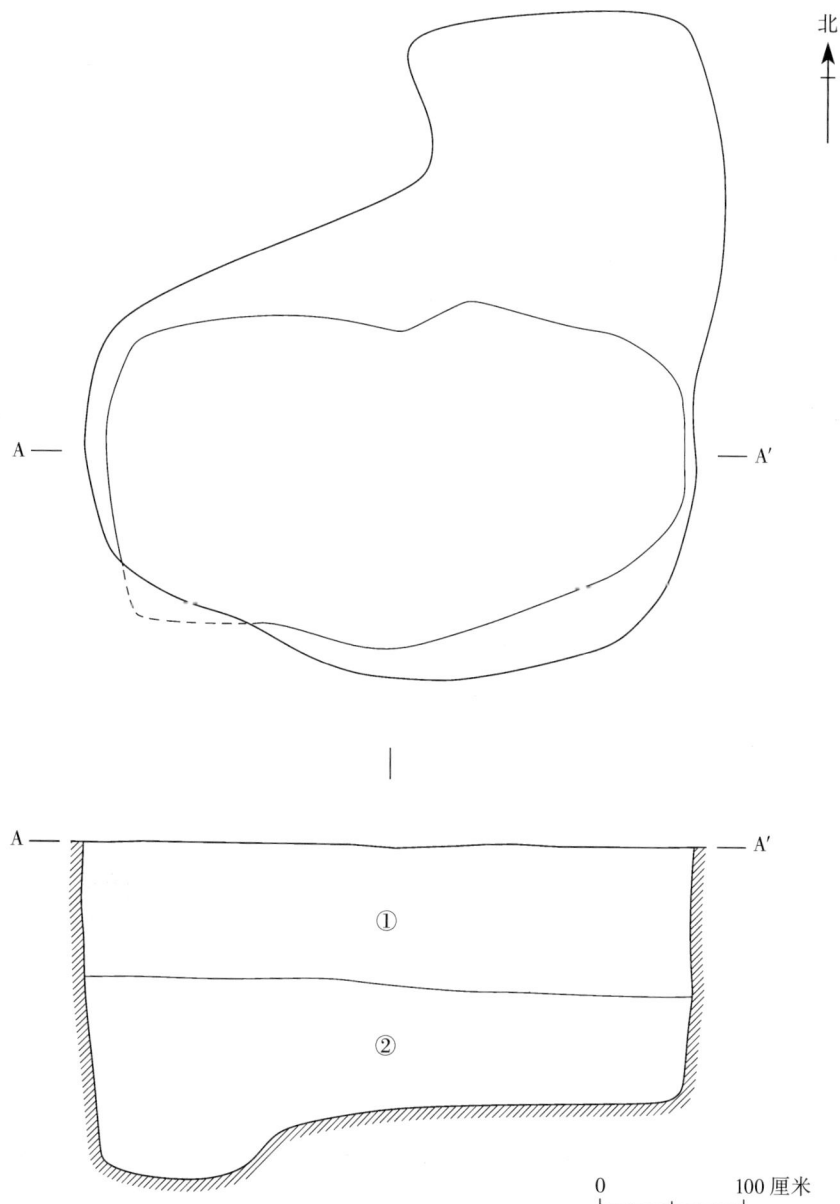

图三二　H4平、剖面图

1. 陶器

出土陶片泥质陶大于夹砂陶，分别占 54.1% 和 45.9%。陶器纹饰以中绳纹、交错绳纹及素面为主，分别占总数的 37.01%、30.26% 和 21.70%，另有粗绳纹、弦纹和少量的细绳纹、方格纹、暗纹、云纹、麦粒纹等。器形以鬲、甗、盆、簋、罐、矮领瓮居多，还有豆、甑、尊、陶饼和网坠等（附表七）。

鬲　数量最多。有口沿标本 27 件、鬲足 55 件，仅复原 1 件。

标本 H4②：17，夹砂灰陶。侈口，方唇，窄折沿，束颈，鼓腹，瘪裆，锥状足，足内断面近圆形。器体宽胖。口沿抹光，颈以下施粗绳纹。口径 18、高 22.4 厘米（图三三；彩版八，2）。

标本 H4②：36，夹砂灰陶。侈口，方唇，斜领，束颈，鼓腹，其下残。腹饰粗绳纹，颈下内壁留有指窝痕。口径 18、残高 7.5 厘米（图三四，1）。

标本 H4②：46，夹砂灰陶。侈口，低斜领微卷，卷沿，方唇，束颈，鼓腹，其下残。口沿抹光，颈以下饰滚压粗绳纹（图三四，2）。

标本 H4②：34，夹砂灰陶。侈口，低斜领微卷，厚方唇，颈微束，腹略鼓，其下残。唇面及以下饰粗绳纹。口径 18.7、残高 14 厘米（图三四，3）。特征相似的标本有 3 件。

标本 H4②：35，夹砂褐陶。侈口，薄方唇，斜领，口沿外贴附一圈泥条，束颈，腹微鼓。颈以下腹饰粗绳纹，有交错，颈下内壁留有指压窝痕。口径 21、残高 9.5 厘米（图三四，4）。

标本 H4②：45，夹砂褐陶。侈口，窄斜沿，圆唇，束颈，矮斜领，腹微鼓，以下残。腹饰绳纹，有交错。口径 18.8、残高 8 厘米（图三四，5）。相似的标本有 7 件。

标本 H4②：38，夹砂灰陶。侈口，平沿内倾，方唇，斜（直）领，微鼓腹，其下残。腹饰滚压粗绳纹，领部绳纹被抹光。口径 16、残高 7 厘米（图三四，6）。

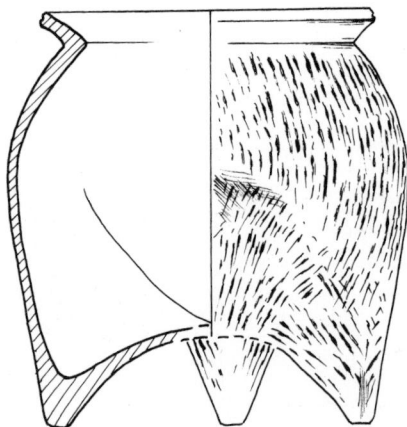

0 ⊢―――――⊣ 8 厘米　　　H4②：17

图三三　H4 出土陶鬲

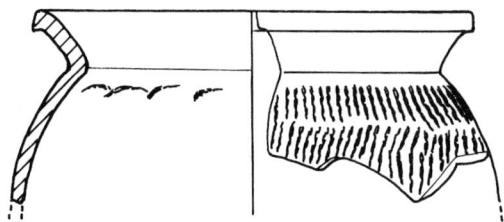

0 _____ 6 厘米

1. H4 ②：36

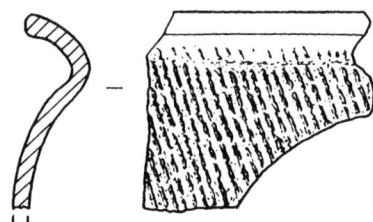

0 _____ 6 厘米

2. H4 ②：46

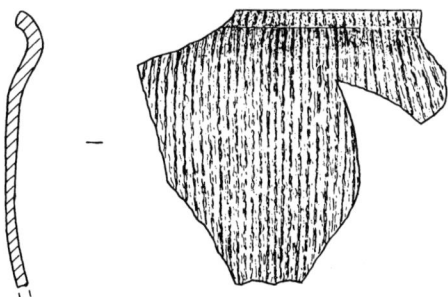

0 _____ 8 厘米

3. H4 ②：34

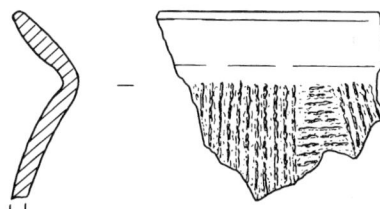

0 _____ 8 厘米

4. H4 ②：35

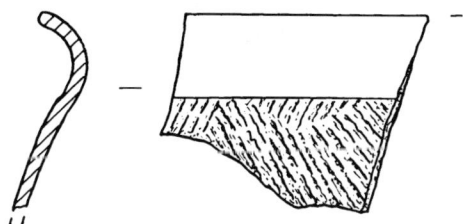

0 _____ 6 厘米

5. H4 ②：45

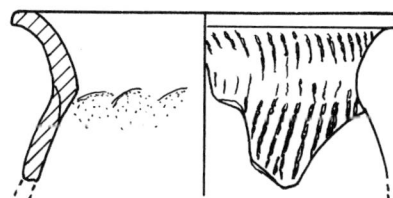

0 _____ 6 厘米

6. H4 ②：38

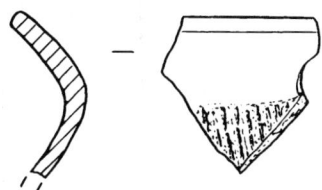

0 _____ 6 厘米

7. H4 ②：39

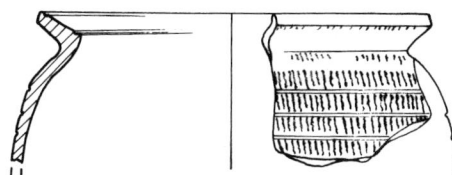

0 _____ 8 厘米

8. H4 ②：50

图三四　H4 出土陶鬲

标本 H4②：39，夹砂红陶。侈口，方圆唇，斜领，束颈。腹饰粗绳纹。口径 21.5 厘米（图三四，7）。类似口沿标本有 2 件。

标本 H4②：50，仿铜鬲口沿。夹砂褐陶。敛口，矮领接近平折，方唇，束颈，微鼓腹，其下残。唇面上内外侧有两周凹旋纹，沿外侧的绳纹被抹光，腹部饰粗绳纹，上饰三周凹旋纹。口径 21.7、残高 8 厘米（图三四，8）。此类口沿标本共 6 件。

鬲足

标本 H4②：54，夹砂灰陶。残存足尖，内有泥芯，断面近三角形，内侧棱脊十分明显，足尖捏扁。外侧拍印粗绳纹，有交错，内侧饰粗绳纹（图三五，1；彩版八，3）。特征相似的标本有 3 件。

标本 H4②：58，夹砂红陶。足根较高，加泥芯，断面呈扁体椭圆形。外侧饰滚压粗绳纹，内侧也饰按压粗绳纹（图三五，2）。特征相似的标本有 18 件。

标本 H4②：60，夹砂灰陶。足根较高，加泥芯，断面近圆形（图三五，3）。

标本 H4②：56，夹砂灰陶。加泥芯，足根低。内外侧饰拍印粗绳纹（图三五，4）。相似的标本有 24 件。

标本 H4②：62，夹砂灰陶。柱状足，加泥芯，断面近圆形（图三五，5）。相似的标本有 3 件。

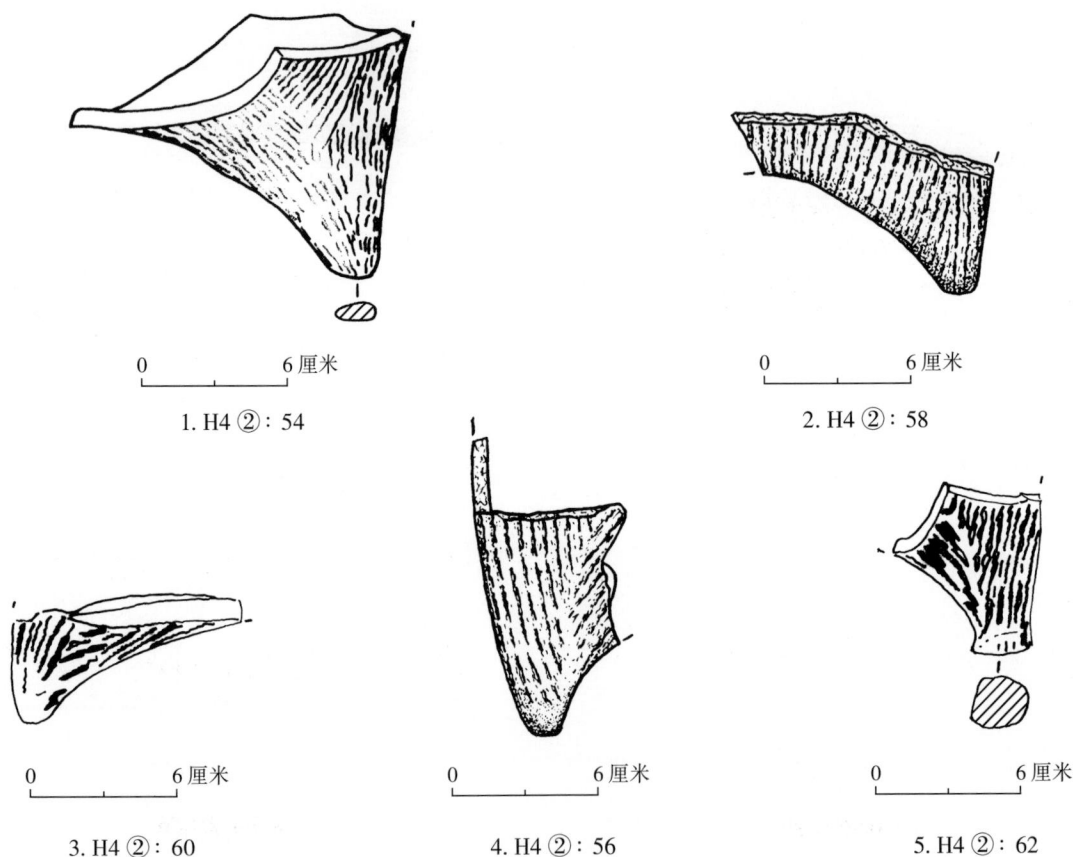

0   6 厘米

1. H4②：54

0   6 厘米

2. H4②：58

0   6 厘米

3. H4②：60

0   6 厘米

4. H4②：56

0   6 厘米

5. H4②：62

图三五　H4 出土陶鬲足

甗　数量较多，无可复原的。有口沿标本 25 件、甗腰 16 件。

标本 H4 ②：78，夹细砂红陶。侈口，圆唇，斜领，束颈。颈下饰滚压的粗绳纹。口径 29 厘米（图三六，1）。类似的标本有 1 件。

标本 H4 ②：81，夹细砂灰陶。侈口，方唇，斜领，微束颈。唇面上施粗绳纹，沿外及颈部抹光，腹身饰粗绳纹（图三六，2）。

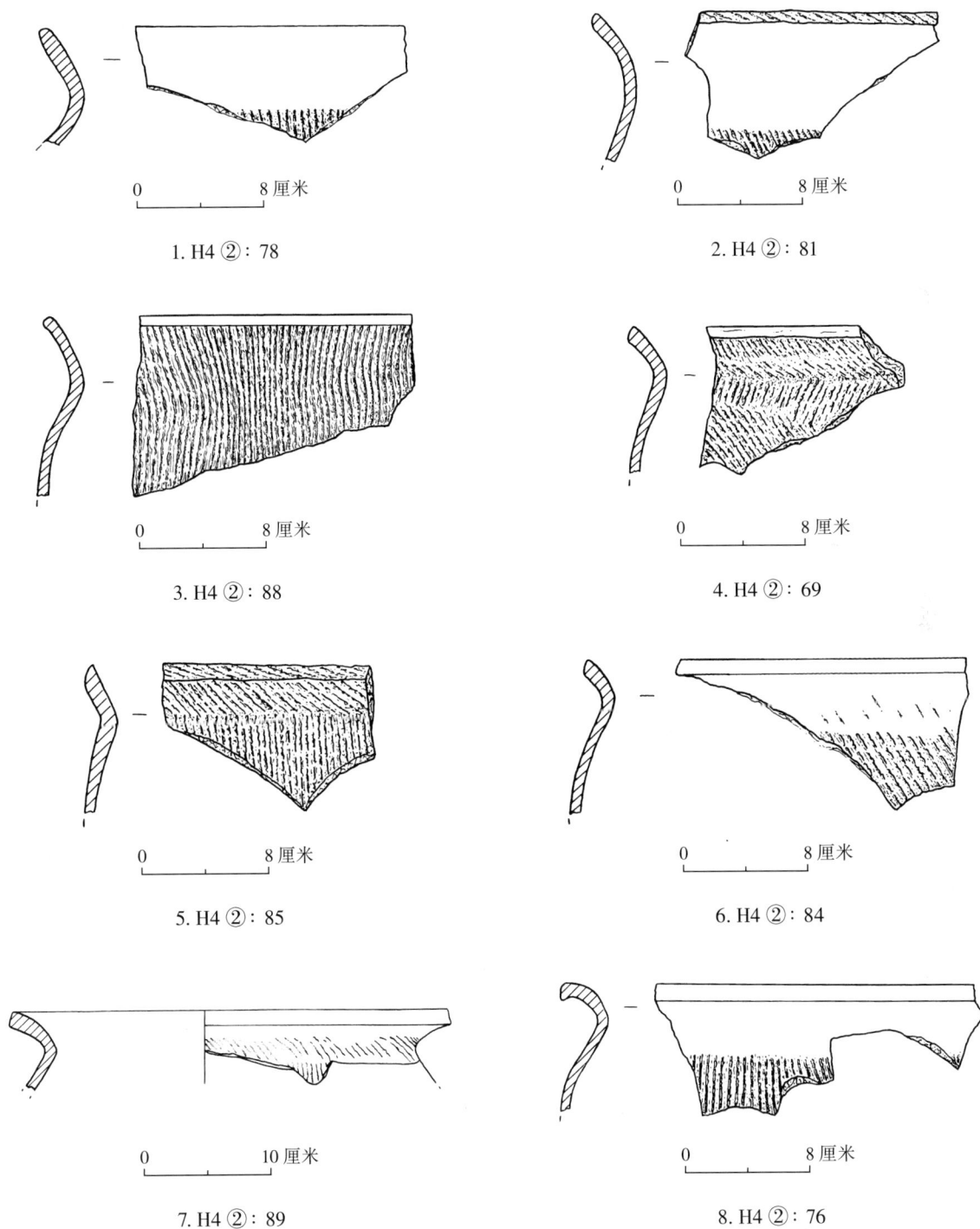

1. H4 ②：78

2. H4 ②：81

3. H4 ②：88

4. H4 ②：69

5. H4 ②：85

6. H4 ②：84

7. H4 ②：89

8. H4 ②：76

图三六　H4 出土陶甗

标本 H4②：88，夹细砂红陶。侈口，方唇，斜领略高，微束颈，腹微鼓。唇面及其以下饰滚压的粗绳纹（图三六，3）。类似的口沿标本有 10 件。

标本 H4②：69，夹细砂灰陶。侈口，方唇，斜领，束颈。唇面及其下饰拍印的斜向粗绳纹，部分交错。口径 40.5、残高 10.5 厘米（图三六，4）。

标本 H4②：85，夹细砂灰陶。侈口，方唇，斜领，上腹略直。唇面及其下拍印粗绳纹（图三六，5）。

标本 H4②：84，夹砂褐陶。侈口，斜方唇，矮斜领，束颈，鼓腹。口沿及颈部绳纹被抹光，腹部饰滚压不甚清晰的粗绳纹（图三六，6）。

标本 H4②：89，夹砂灰陶。侈口，方唇，低斜领，短束颈。沿以外的绳纹被抹光，下饰粗绳纹。口径 35 厘米（图三六，7）。

标本 H4②：76，夹细砂灰陶。侈口，方唇，低斜领接近平沿，束颈，鼓腹。口沿及颈部抹光，腹饰滚压的粗绳纹。口径 28.7 厘米（图三六，8）。

瓠腰

标本 H4②：93，夹细砂红陶。腹斜收，束腰内加置窄厚的算隔。腹饰滚压的粗绳纹。腰径 17.5、残高 8.6 厘米（图三七，1）。

盆 较多见，无可复原的。有口沿标本 20 件。

标本 H4②：96，泥质灰陶。侈口，窄平沿，尖圆唇，束颈，腹部微鼓。肩上部抹光，腹饰中绳纹。口径 33.5、残高 11.2 厘米（图三七，2）。

标本 H4②：99，泥质灰陶。侈口，卷沿，圆唇，腹弧收。上部饰极浅的弦纹一周，腹饰粗绳纹。口径 33.6、残高 7、厚壁 1 厘米（图三七，3）。

标本 H4②：109，泥质灰陶。敛口，折平沿内倾，方唇，鼓腹，下腹残。腹上部有两周凸弦纹。口径 18.5、残高 6.4 厘米（图三七，4）。类似的标本有 3 件。

标本 H4②：111，泥质灰陶，器表磨光。敛口，宽斜沿，斜方唇，鼓腹。腹部有两周凸棱。（图三七，5）。同类标本有 13 件。

簋 较多见，无可复原的。有口沿标本 13 件、圈足 3 件。

标本 H4②：117，夹细砂灰陶。口微侈，卷沿外翻，窄方唇，腹微鼓，腹以下残。颈以上抹光，腹饰滚压的粗绳纹。口径 23、残高 9.6 厘米（图三七，6）。

标本 H4②：118，夹细砂灰陶。敞口，厚方唇，腹部略内收，下残。颈以上抹光，腹饰滚压的粗绳纹（图三七，7）。同类标本有 11 件。

簋圈足

标本 H4②：120，夹细砂灰陶。圜底，圈足外敞。素面。圈足径 12.2 厘米（图三七，8）。

豆 较少见，无可复原的。豆盘、豆柄标本各 4 件。

标本 H4②：121，泥质灰陶。口微敛，方唇，浅盘，底斜收。盘外壁饰两周旋纹（图三八，1）。

标本 H4②：122，口微敛，窄平沿，浅盘，圜底，底及豆柄残。盘壁饰三道旋纹（图三八，2）。

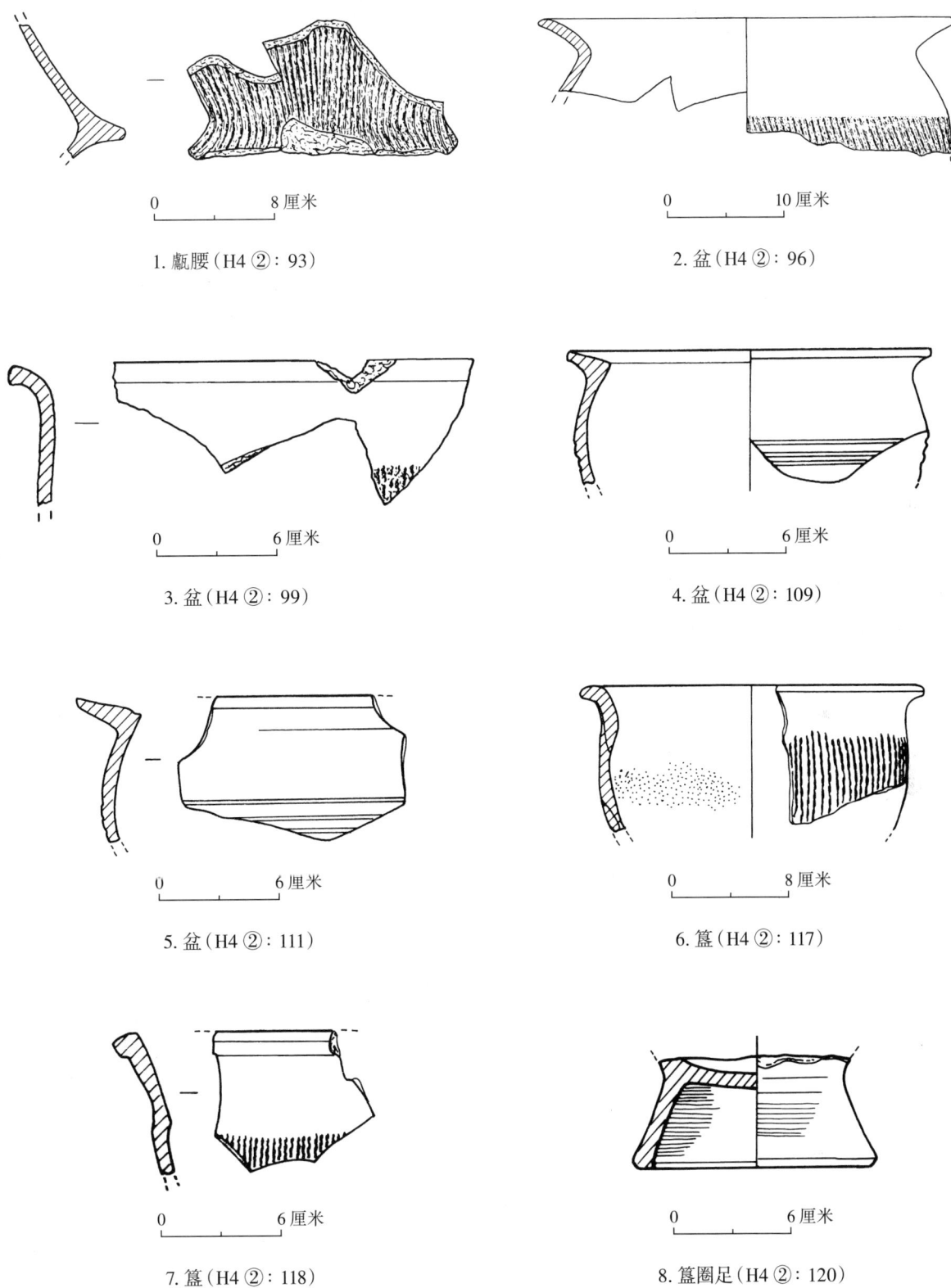

0 8厘米

1. 甗腰（H4②：93）

0 10厘米

2. 盆（H4②：96）

0 6厘米

3. 盆（H4②：99）

0 6厘米

4. 盆（H4②：109）

0 6厘米

5. 盆（H4②：111）

0 8厘米

6. 簋（H4②：117）

0 6厘米

7. 簋（H4②：118）

0 6厘米

8. 簋圈足（H4②：120）

图三七 H4 出土陶甗腰、盆、簋

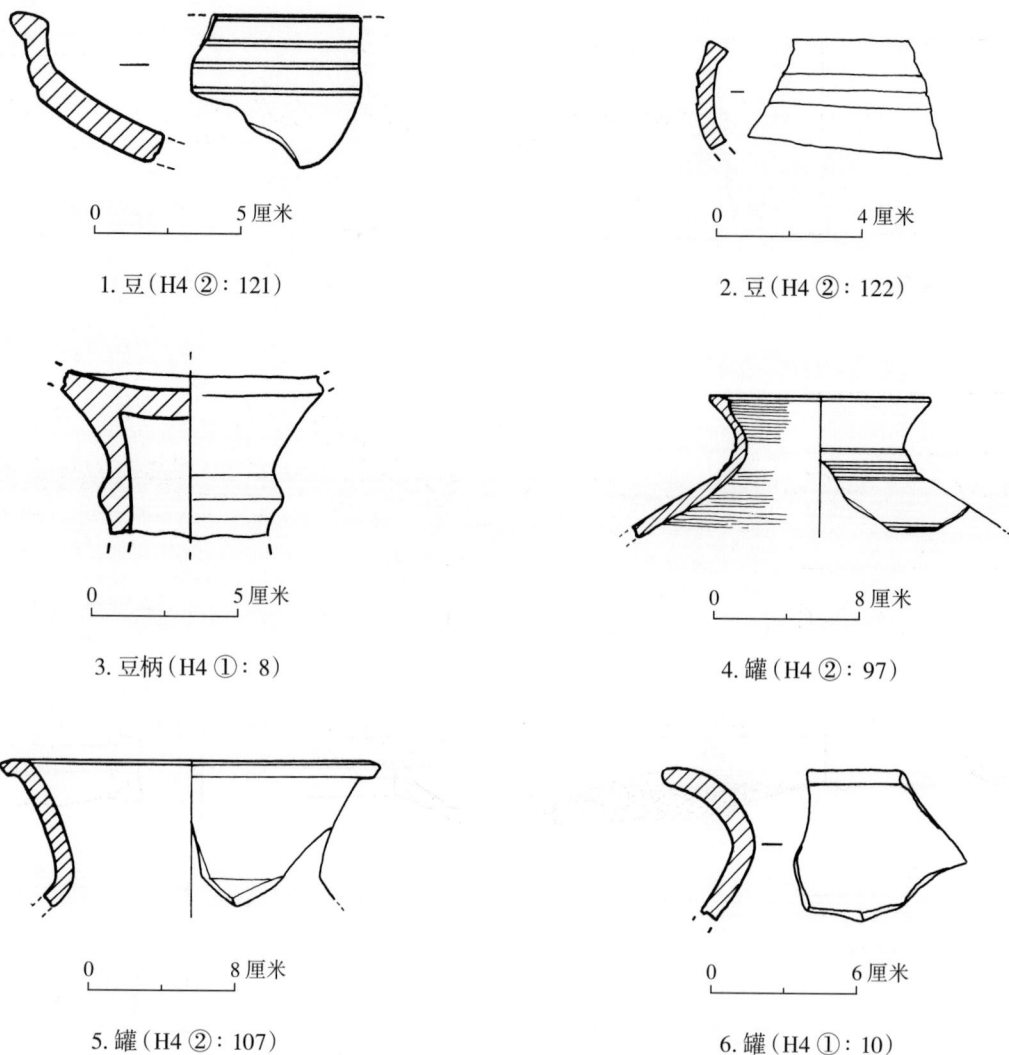

图三八　H4 出土陶豆、罐

豆柄

标本 H4 ① : 8，泥质灰陶。圜底，柄较粗。柄中部有一道凸棱（图三八，3）。

罐　无可复原的。有口沿标本 16 件。

标本 H4 ② : 97，泥质灰陶。侈口，窄平沿，低斜领，束颈，斜肩，肩以下残。体表磨光，颈部有三周旋纹，肩上有一周旋纹。口径 12 厘米（图三八，4）。类似的还有 1 件。

标本 H4 ② : 107，泥质褐陶。侈口，斜高领，平沿，方唇，束颈。素面，颈部有一道旋纹。口径 20.8 厘米（图三八，5）。相似的标本有 5 件。

标本 H4 ① : 10，泥质灰陶。侈口，斜领呈卷沿状，圆唇（图三八，6）。相似的标本有 6 件。

矮领瓮　最多见的陶器之一。因领部较矮，均形成短束颈，也是矮领瓮的主要特点。均残，有口沿标本 53 件。

A 型　40 件。

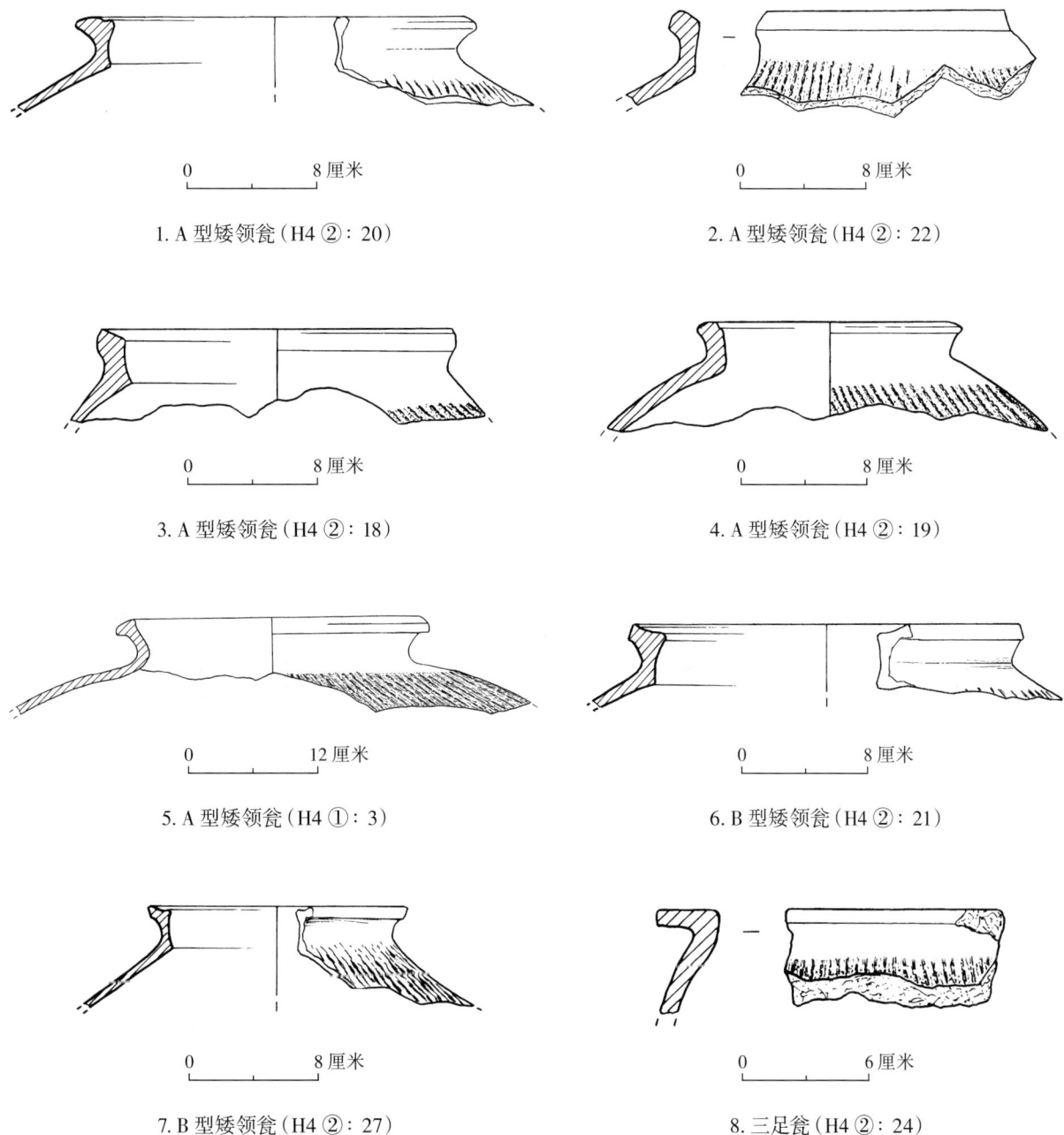

0　　　　　8厘米

1. A 型矮领瓮（H4②：20）

0　　　　　8厘米

2. A 型矮领瓮（H4②：22）

0　　　　　8厘米

3. A 型矮领瓮（H4②：18）

0　　　　　8厘米

4. A 型矮领瓮（H4②：19）

0　　　　　12厘米

5. A 型矮领瓮（H4①：3）

0　　　　　8厘米

6. B 型矮领瓮（H4②：21）

0　　　　　8厘米

7. B 型矮领瓮（H4②：27）

0　　　　　6厘米

8. 三足瓮（H4②：24）

图三九　H4 出土陶瓮

标本 H4②：20，夹砂灰陶。直口，鼓沿，方圆唇，矮直领，斜肩，颈肩相接部位有按压的指窝痕。口颈部抹光，肩部饰滚压的粗绳纹。口径 24 厘米（图三九，1）。同类标本有 35 件。

标本 H4②：22，夹砂灰陶。直领，方唇，沿面鼓起。口径 20.2 厘米（图三九，2）。

标本 H4②：18，夹砂灰陶。直口，沿面中间隆鼓明显，斜方唇，直领内侧微凹。颈部绳纹被抹不清，肩饰滚压粗绳纹。口径 22、残高 5.2 厘米（图三九，3）。

标本 H4②：19，夹砂灰陶。沿面中间鼓起，内外侧有两周凹槽，外侧的较深，内侧的较浅，广肩。肩部滚压粗绳纹。口径 16.5 厘米（图三九，4；彩版八，4）。

标本 H4①：3，夹砂灰陶。侈口，翻沿外倾，中间微鼓，方唇，矮领，广肩。肩部饰滚压粗绳纹。口径 29、残高 8.8 厘米（图三九，5）。

B 型　13 件。

标本 H4②：21，夹砂灰陶。直口微敛，斜折沿内倾，方唇，直领。口颈部抹光，肩饰粗绳纹。口径 23.5 厘米（图三九，6）。特征相似的有 9 件。

标本 H4②：27，夹砂灰陶。沿面较窄，颈内侧有略凹现象。肩部饰滚压的粗绳纹。口径 16.3 厘米（图三九，7）。类似的标本有 2 件。

三足瓮　极少见，仅有口沿标本 1 件。

标本 H4②：24，夹细砂灰陶。敛口，平折沿，方唇，腹外鼓。口及颈部抹光，腹饰粗绳纹（图三九，8）。

尊　极少见，仅有残口沿 2 件。

标本 H4②：95，泥质灰陶。侈口，平沿，方唇，斜高领，窄折肩。肩部以上磨光，腹饰粗绳纹。口径 33.5、残高 13 厘米（图四〇，1）。

甑　极少见，仅有底部器片 1 件。

标本 H4①：7，夹砂灰陶。素面。从其底部来看，应是单孔。底径 16.5 厘米（图四〇，2）。

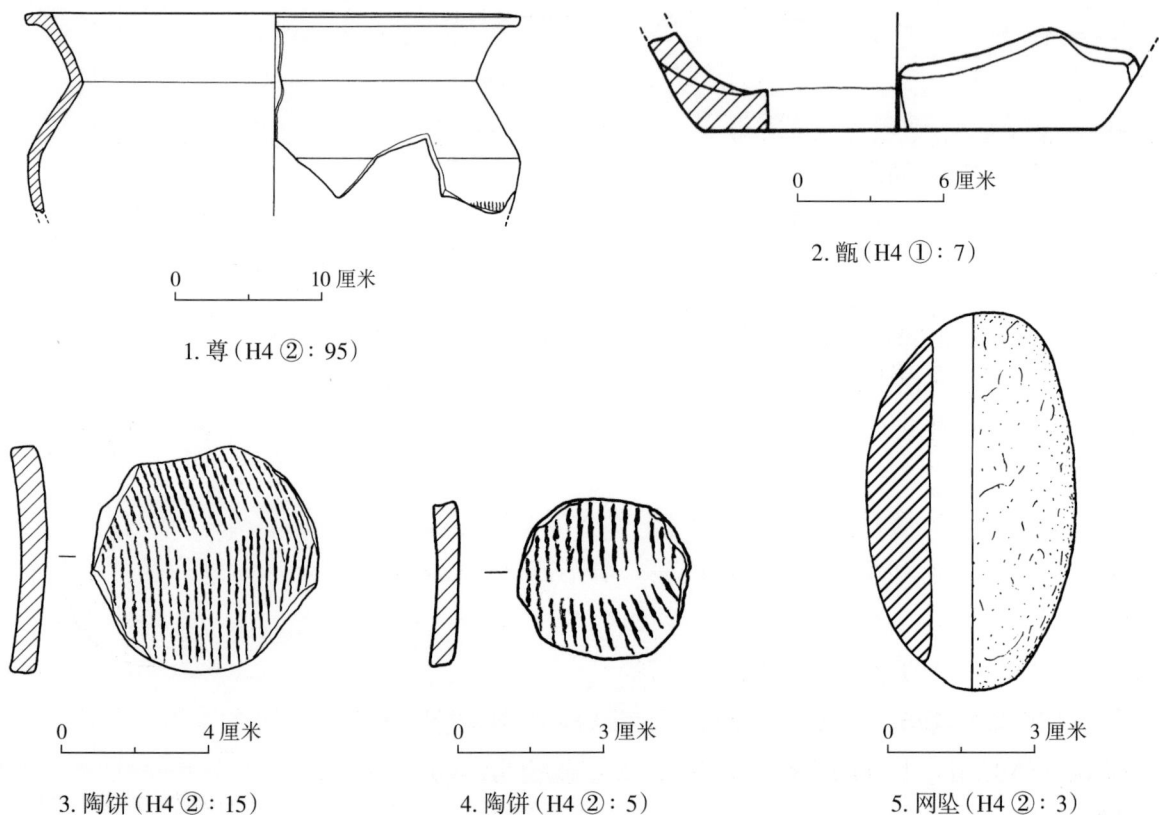

1. 尊（H4②：95）

2. 甑（H4①：7）

3. 陶饼（H4②：15）

4. 陶饼（H4②：5）

5. 网坠（H4②：3）

图四〇　H4 出土陶尊、甑、饼、网坠

陶饼　较少。均为圆形，系利用废陶片经敲打加工成形，表面均有绳纹。

标本 H4②：15，夹细砂灰陶。较厚，略有弧度。表面饰滚压粗绳纹。直径 6、厚 0.7 厘米（图四〇，3；彩版九，1）。

标本 H4②：5，夹细砂灰陶。略小。直径 3~3.4、厚 0.4 厘米（图四〇，4）。

网坠　1 件。

标本 H4②：3，灰色，泥质。长椭圆形，中空，残半。长 7.2、宽 4.5、孔径 1.2 厘米（图四〇，5；彩版九，2）。

2. 石器　3 件，均残。

斧　1 件。

标本 H4②：10，青灰岩。长条状，四长面多平整，刃部一端残缺，应是石斧。残长 13.5、宽 5.2、厚 2 ~ 4 厘米（图四一，1）。

砺石　1 件。

标本 H4②：2，青灰砂岩。近长方体，两面中部光滑、稍内凹，似磨而成，应是砺石。长 10、宽 5.5 ~ 7.1、厚 1.2 ~ 1.4 厘米（图四一，2）。

饰件　1 件。

标本 H4②：127，黑灰色。半环状，两端残，一端有并列的两孔，孔对钻。推测是环或璜之类的饰器。残长 3.4、宽 0.8 厘米（图四一，3；彩版九，3）。

3. 蚌器　4 件，均残。分别为刀和镰。

刀　3 件。

标本 H4②：13，略似圆角长方形。中间较厚，背部剥落较甚，刃为磨出的单面偏刃，中间近刃处有一圆孔，对钻。孔径 0.4 厘米。残长 5.7、宽 3.9 厘米（图四二，1）。

镰　1 件。

标本 H4②：7，弯月形，两端均残，存有磨出的局部直刃。表面有蚌壳的纹路。残长 10、宽 4.5 厘米（图四二，2）。

4. 骨器

笄　3 件，其中 1 件完整。顶端呈帽状。

标本 H4②：126，骨白色。长柱状，完整。顶端呈帽状，前端尖锐。体光滑。长 11 厘米（图四二，3；彩版九，4）。

锥　2 件。

1 件呈扁状，1 件呈圆柱状。均残甚。

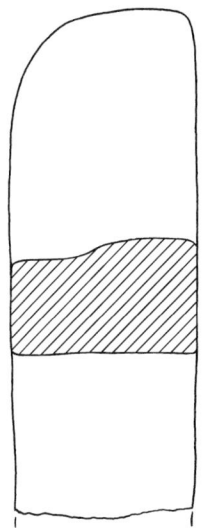

0　　　　4 厘米

1. 石斧（H4②：10）

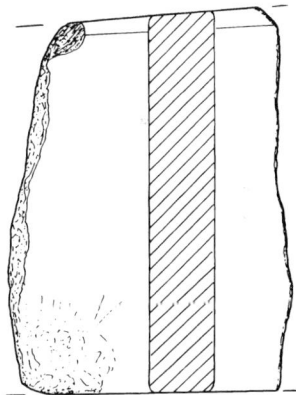

0　　　　4 厘米

2. 砺石（H4②：2）

0　　　　3 厘米

3. 石饰件（H4②：127）

图四一　H4 出土石器

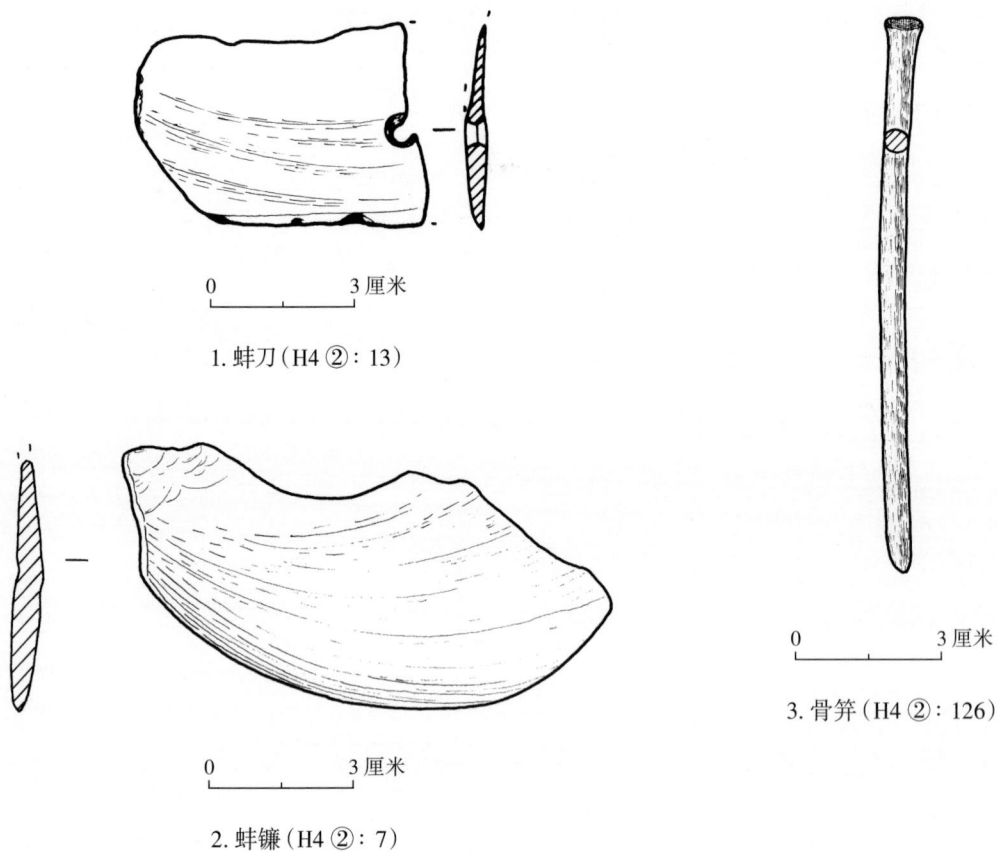

1. 蚌刀（H4②：13）

0　　　　　3 厘米

2. 蚌镰（H4②：7）

0　　　　　3 厘米

3. 骨笄（H4②：126）

0　　　　　3 厘米

图四二　H4 出土骨、蚌器

5. 动物骨骸

多见于该灰坑的第 2 层，可辨识的动物种类有马和猪。

马右髂骨，1 件。破碎较甚。残长 8.5 厘米（彩版九，5）。

家猪右肩胛骨，1 件。有火烧烤痕迹。长 5.5、宽 2~3 厘米（彩版九，6）。

H5

位于发掘区域的南部，南邻 M18、M19，因电线杆位置所限只发掘了该遗迹单位的西南部。

（一）形制

发掘部分平面近半圆形，东西长 2.2、南北长 0.65 ~ 1.7、深约 0.4 米。两壁壁面弧状内收，底面较平。开口距现地表约 0.7 米，地表到 H5 开口的地层堆积可分三层，即现代耕土层、近现代层、黑垆土层。H5 开口于第 3 层下，打破黄色生土层（图四三；彩版一〇，1）。

第 1 层，为现代耕土层。土色呈灰褐色，土质疏松，内含较多植物根系及现代残砖及瓦片。厚度 0.23 ~ 0.25、深 0 ~ 0.25 米。

第 2 层，近现代扰乱层。土色黄褐，土质较硬，内含残瓷片及瓦片。厚 0.25 ~ 0.3、

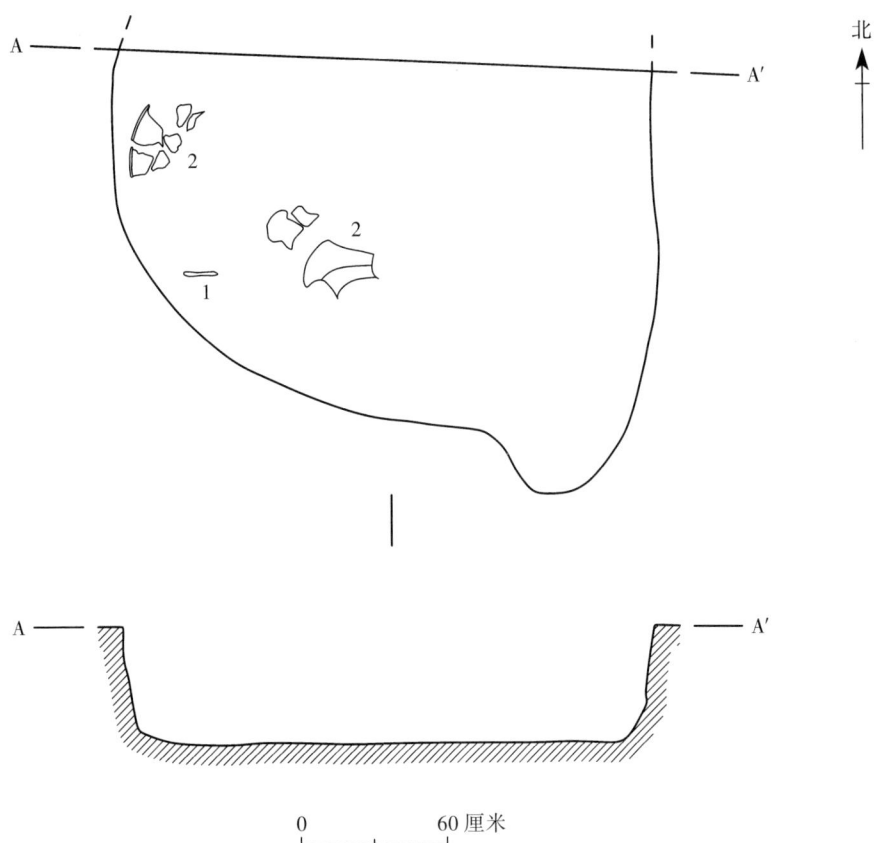

图四三 H5平、剖面图
1.骨笄 2.残陶片

深 0.25 ～ 0.52 米。

第 3 层，早期黑垆土层。土色黑褐，内夹白色丝条，土质较硬，结构紧密。厚 0.16 ～ 0.2、深 0.52 ～ 0.7 米。未发现包含物，时代约为战国左右。其下为黄色土层。

H5 为一较大灰坑，清理部分不规则。口部略有外扩，坑壁无明显的修整痕迹，较粗糙，底面较平整。坑内堆积没有明显的层次之分，土色较灰，质地疏松。包含物较少，可见破碎的陶器残片、骨器等。

（二）遗物

该坑出土少量残陶器，可辨的有簋、鬲等，1 件陶簋可复原。另有骨器 1 件。

陶簋 1 件。

标本 H5：1，泥质灰陶。侈口，翻沿外倾，圆唇，鼓腹，腹部中心略内收，圜底，圈足外敞。圈足中部饰一周凸弦纹，腹饰交错绳纹，其余部位抹光。口径 36、高 25、底径 18 厘米（图四四，1；彩版一〇，2）。

骨笄 1 件。

标本 H5：2，磨制，整体较光洁。圆柱体，尖端略细，钝尖。长 12.9、柄端径 0.7 厘米（图四四，2；彩版一〇，3）。

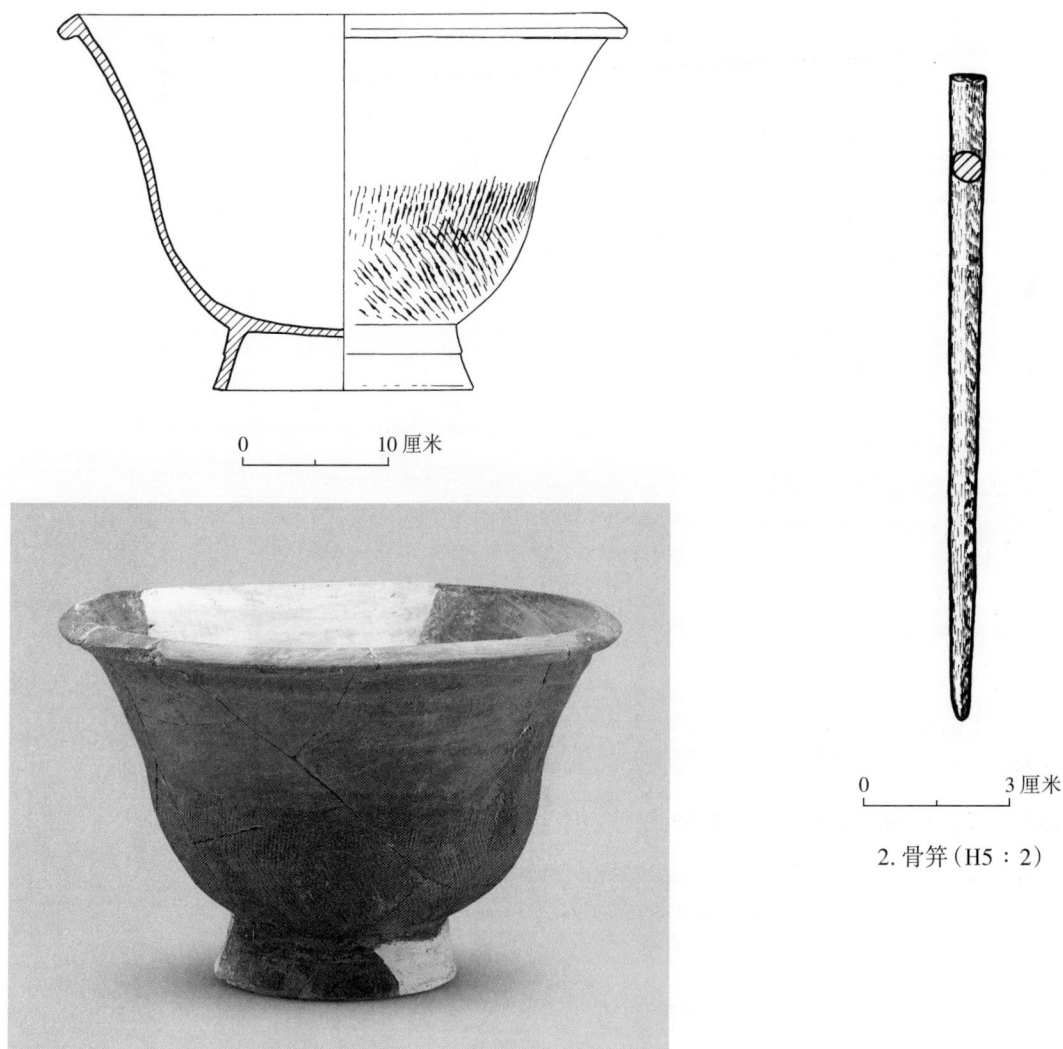

0　　　　　10 厘米

0　　　　3 厘米

2. 骨笄（H5：2）

1. 陶簋（H5：1）

图四四　H5 出土器物

第二节　陶窑（Y1）

发现陶窑 1 座，编号 Y1。

位于发掘区域的北部偏南，北邻 H6，相距 1 米。在窑址所在区域布设探方 T1，该处原始地貌已经遭到破坏。陶窑开口在现代路面之下，即 T1 第 1 层下。

一　窑址所在探方出土遗物

出土骨器 3 件。

骨镞　1 件。

标本 T1①：1，三棱形镞首，刃部略外鼓，截面呈等腰三角形，两侧翼略锋利。铤已残断，

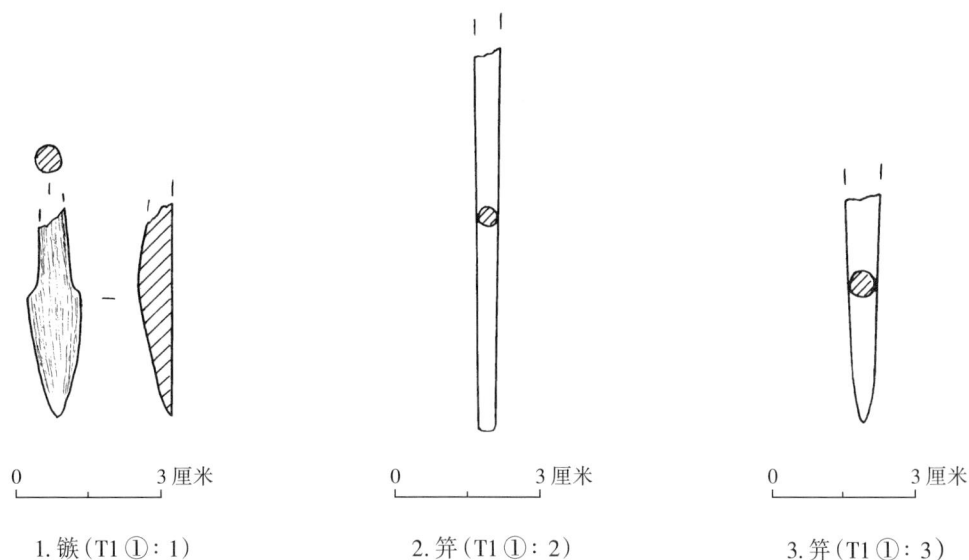

1. 镞（T1 ① : 1）　　　2. 笄（T1 ① : 2）　　　3. 笄（T1 ① : 3）

图四五　Y1 所在探方（T1）地层内出土骨器

截面为扁圆形。残长 4 厘米，其中镞首长 2.6 厘米（图四五，1；彩版一一，1）。

骨笄　2 件。

标本 T1 ① : 2，残断。圆柱状，磨制光滑。残长 7.5、直径 0.4 ~ 0.5 厘米（图四五，2）。

标本 T1 ① : 3，残断。仅剩锥状尖端，磨制光滑。残长 4.5 厘米（图四五，3）。

二　窑址形制

陶窑完全挖设在黄生土层内，由操作间、火门、火膛、火道、窑床、窑室和烟囱等七部分组成。窑体南北长为 1.94、现存深 1.6 米。窑的火门南向，方向 210°（图四六；彩版一二，1 ~ 3）。从残存状况推测应该属于"馒头窑"。

该窑保存状况一般。窑室处于整个陶窑的北部，略呈椭圆形，窑的东、南、西三侧壁面呈弧形内收，且上小下大，唯北壁较直，观察可推知窑顶应为穹隆状，发掘时已经坍塌不存。窑的西、北壁面上有许多清晰的斜行铲状工具痕，痕迹宽约 0.03、长约 0.1 米。依据该痕迹推测挖窑的工具为石铲。工具痕迹区域的局部还有直径约 0.06 米的夯窝，可能是当时对残损壁面修补的痕迹。

（一）窑室

窑室内壁有厚约 0.06 米的青灰色烧结面及厚约 0.05 米的红烧土层。现存窑室口部长径 2.27、短径 1.7 米，窑底长径 2.45、短径 1.95 米，深 1.3 米。从窑床底起，现高 0.82 ~ 1.02 米。

窑室内的堆积按照土质土色（由上到下）可以分为五层：

第 1 层为红烧土，厚 0.04 ~ 0.08 米，土质坚硬，是窑顶塌落的堆积。

第 2 层为青烧土，厚 0.04 ~ 0.06 米，土质坚硬，也是窑顶塌落的堆积。

第 3 层为灰褐色堆积层，厚 0.06 ~ 0.16 米，土质比较疏松，夹杂少量木炭颗粒、红烧土颗粒和青烧土块，陶片较少，为一些器物口部和腹部残片。

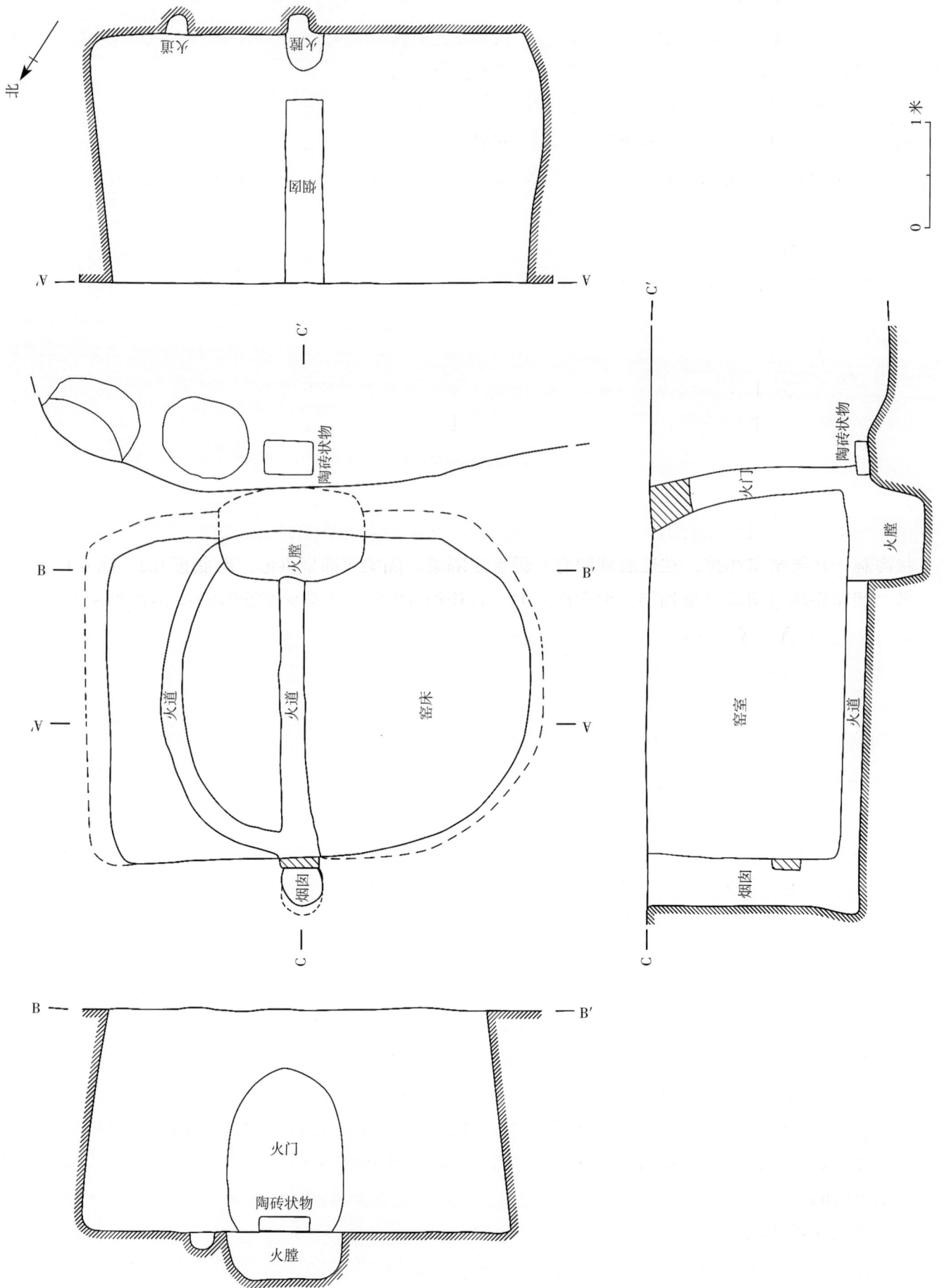

北

火膛

火膛

烟囱

火道

火道

窑床

陶砖状物

烟囱

窑室

火膛

火门

陶砖状物

火道

B

火门

陶砖状物

火膛

0   1米

图四六　Y1 平、剖面图

第 4 层为深褐色堆积层，厚 0.24 ~ 0.34 米，土质疏松，夹杂一些木炭颗粒、红烧土颗粒和青烧土块，陶片较多，有较多的器物口沿和腹部残片。

第 5 层为深灰色堆积层，厚 0.24 ~ 0.34 米，土质疏松，夹杂大量木炭颗粒、红烧土块和青烧土块，陶片多，有较多器物口沿和腹部残片。

第 5 层之下为窑床，表面青灰色，厚 0.12 米，再下为红烧土，厚 0.05 米，红烧土之下即为生土。

（二）窑床

窑床北高南低，略呈倾斜状，表面基本平整并有厚约 0.1 米的青灰色烧结面，南部连接火膛。

（三）火道

两条，近南北向，均位于窑床中部，自深 0.1 米。火道底部有厚约 0.1 米的红烧土层堆积。西侧的一条较直，垂直于窑室的北壁，长约 1.45、宽 0.12 ~ 0.16 米；东侧的一条呈弧状，长约 1.65、宽 0.1 ~ 0.12 米。两者交汇于北壁的烟囱底端。

（四）烟囱

烟囱位于窑室北壁的中部，独立于窑室外侧。系在窑室北壁外侧从上往下挖设的一道柱状沟洞，并与窑室相接，在近底部留有一段生土隔梁。隔梁下部呈拱形，距底近 0.2、高 0.1 米。烟囱底端与两条火道相接。烟囱高 0.92、直径约 0.2 米。烟囱及隔梁周壁有 0.02 米左右的青灰色烧结面，烧结面外是红烧土层，厚约 0.03 ~ 0.05 米。

（五）火膛

火膛位于窑室南部底部以下，延伸至南壁，向外连通火门。火膛整体平面近梯形，底部比较平整，向北连接两条火道。长约 0.5、宽 0.8、高约 0.25 米。四壁都有青灰色烧结面，南壁的较薄，厚约 0.02 米，其余三壁的较厚，厚约 0.05 米。底面为红烧土层，厚约 0.15 米。火膛东、西壁也有类似窑室壁面上的工具痕迹。工具痕迹长约 0.1、宽 0.03 米。

火膛东、西壁下有两块大的不规则状的杂色草拌泥烧土块，高约 0.2 米，表面呈青灰色、红色和土黄色。推测为封门的草拌泥残块。

火膛内填满了草木灰和木炭，出土有陶甗的腹部、足部及三足瓮片和分裆鬲的口沿。

（六）火门

火门位于火膛之外，南北向，呈倾斜状，近椭圆形。高约 0.96、宽约 0.6 米。内壁有青灰色烧结面，厚约 0.03 米，外为红烧土层，厚约 0.05 米。

火门外的西侧有两块火烧过的不规则状草拌泥烧土块，紧贴着火门，与火膛内的烧土块的土质和土色一致，应为专用于控制火势大小来封启火门的泥块。紧贴草拌泥块的东侧，距火膛约 0.22 米处有一砖状陶制品。该砖状物长 0.26、宽 0.18、厚 0.08 米，表面比较光滑，十分厚重，从其位于火门外的位置推测，其应与前面的两块草拌泥块的作用相同，亦是用来封启火门的。

（七）操作间

操作间位于火门之南，南部压于 T1 的南壁隔梁之下，因靠近居民房屋未能全部发掘。

清理部分为略近梯形的坑窖，长约 4、宽约 3、深约 1.8 米。其东部保存较好，西南部被 H5 打破。

位于火门东侧距陶砖状物约 0.1 米处，有一近圆形的小坑，直径约 0.48 米，用途不详。距小坑东北侧约 0.1 米处的坑壁处有一龛，较浅，圜底，进深约 0.3、高 0.9 米。其中堆满了草木灰，推测是操作间内的草木灰堆积区。

操作间西侧保存状况不佳，没有明显的遗迹现象。

未发现制陶区和踩踏面。操作间内的填土中出土大量的陶片，部分陶器可修复。还出土了石器、骨器、蚌片和动物骨骸等。

三　窑内出土遗物

出土遗物以陶器为主，也有玉器、石器、骨器、蚌器和动物骨骸等。这些遗物出自火膛、窑室和操作间内，下面分别介绍。

（一）火膛（记为 ht）

出土遗物最少，有鬲、甗、三足瓮等陶器。

鬲

标本 Y1-ht：3，夹砂红陶。大侈口，方圆唇，领略高。为一分裆鬲的口沿。口沿外侧的绳纹被抹光（图四七，1）。

甗　均残。

标本 Y1-ht：1，夹砂灰褐陶，陶质较粗糙。侈口，方唇，上腹微鼓，下腹内收，腹以下残。唇面上施有斜向的粗绳纹，沿面外侧的绳纹被抹光，腹饰滚压的斜向粗绳纹，表面的砂粒很明显。口径 45、残高 22.5 厘米（图四七，2；彩版一三，1）。

标本 Y1-ht：2，夹砂灰褐陶。袋足，锥状足尖，内加泥芯，断面近圆形（图四七，3）。应是分裆甗的足部。

三足瓮

标本 Y1-ht：4，泥质褐陶。平沿，方唇，沿下附泥条加厚，背侧饰粗绳纹。口径 34 厘米（图四七，4）。

（二）窑室（记为 Y1）

出土遗物较多，以陶器为主，也有玉器和骨、蚌器。

1. 陶器

有鬲、甗、簋、豆、罐、矮领瓮、三足瓮、甑等。

联裆鬲　有口沿片 1 件。

标本 Y1③：18，夹砂灰陶。侈口，卷沿，沿面上有小平台，方圆唇，束颈。口沿及颈部外侧的绳纹被抹光，腹饰粗绳纹。口径 18.2 厘米（图四八，1）。

分裆鬲　均残，有口沿、足尖片。

标本 Y1③：8，夹砂灰陶。侈口，卷沿近平，方唇，束颈，鼓腹。口沿及颈部抹光，腹饰粗绳纹。胎厚约 1 厘米。口径 20.6 厘米（图四八，2）。

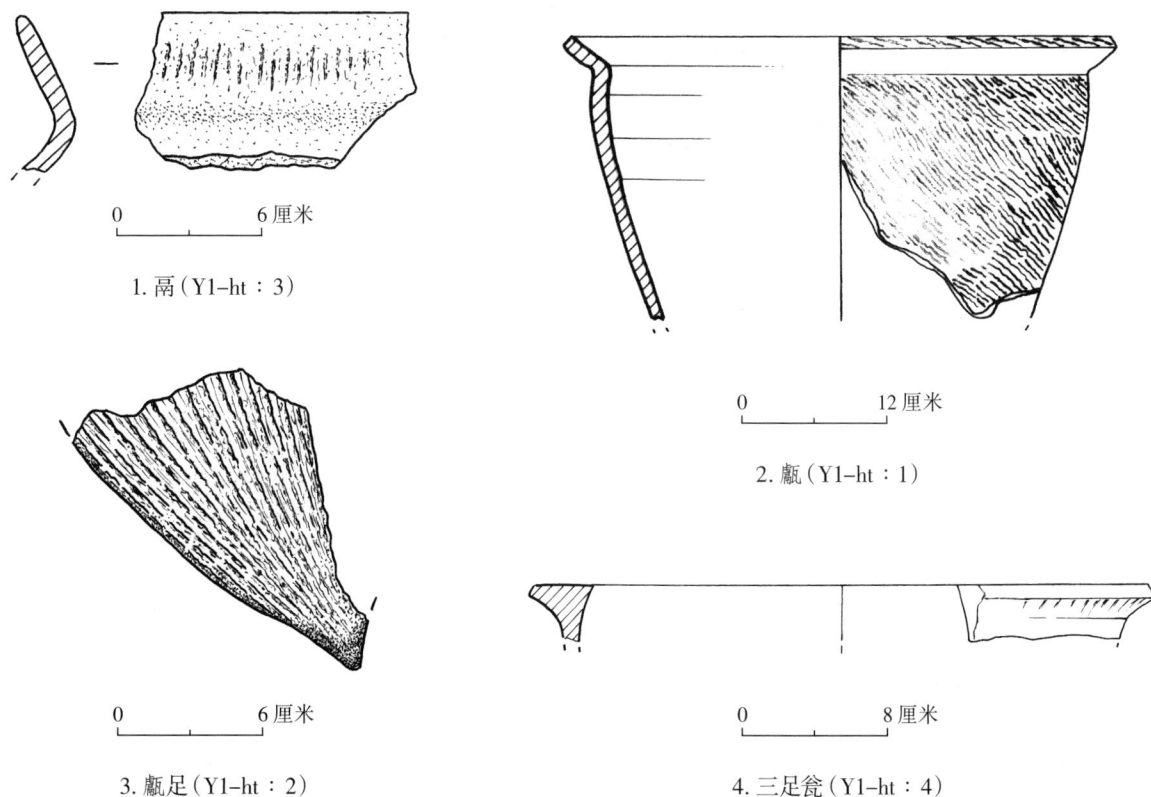

1. 鬲（Y1-ht：3）

2. 甗（Y1-ht：1）

3. 甗足（Y1-ht：2）

4. 三足瓮（Y1-ht：4）

图四七　Y1 火膛内出土陶器

标本 Y1③：11，夹砂灰陶。锥状足尖，内加泥芯，断面圆形。外饰滚压的粗绳纹。残高 6.5 厘米（图四八，3）。

甗　有甗腰标本 2 件。

标本 Y1③：5，夹砂褐陶。残存腰部。腹斜收，束腰，内置箅格较宽。内外表面积有烟炱，外饰粗绳纹。腰径 17 厘米（图四八，4）。

簋　有口沿标本 4 件。

标本 Y1③：9，泥质褐陶。唇部与腹部区分不明显，较厚。素面（图四九，1）。

标本 Y1②：1，泥质灰陶。敞口，厚方圆唇外翻。口沿及上腹部抹光，下腹部饰中绳纹（图四九，2）。类似的有 2 件。

豆　1 件。

标本 Y1③：12，夹砂灰陶。仅存豆盘。敞口，窄斜沿，方唇，浅盘，下部残。素面。制作粗糙，外表的砂粒很明显。口径 9.5 厘米（图四九，3）。

罐　有口沿 6 件。

标本 Y1③：10，夹细砂灰陶。侈口，卷沿，尖圆唇，敛颈，矮直领，溜肩。素面。口径 13.2 厘米（图四九，4）。

矮领瓮　有口沿 2 件。

A 型　1 件。

0　　　　　　6 厘米

1. 鬲（Y1③：18）

0　　　　　　6 厘米

2. 鬲（Y1③：8）

0　　　　　　6 厘米

3. 鬲（Y1③：11）

0　　　　　　8 厘米

4. 甗（Y1③：5）

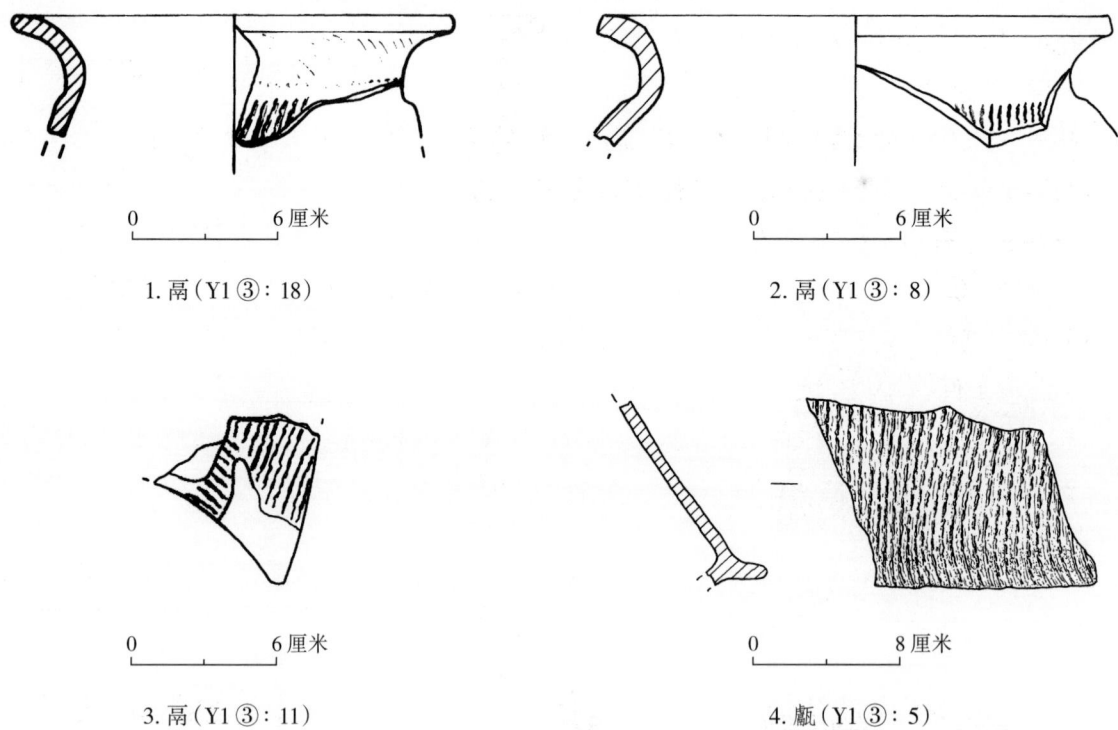

图四八　Y1 窑室内出土陶鬲、甗

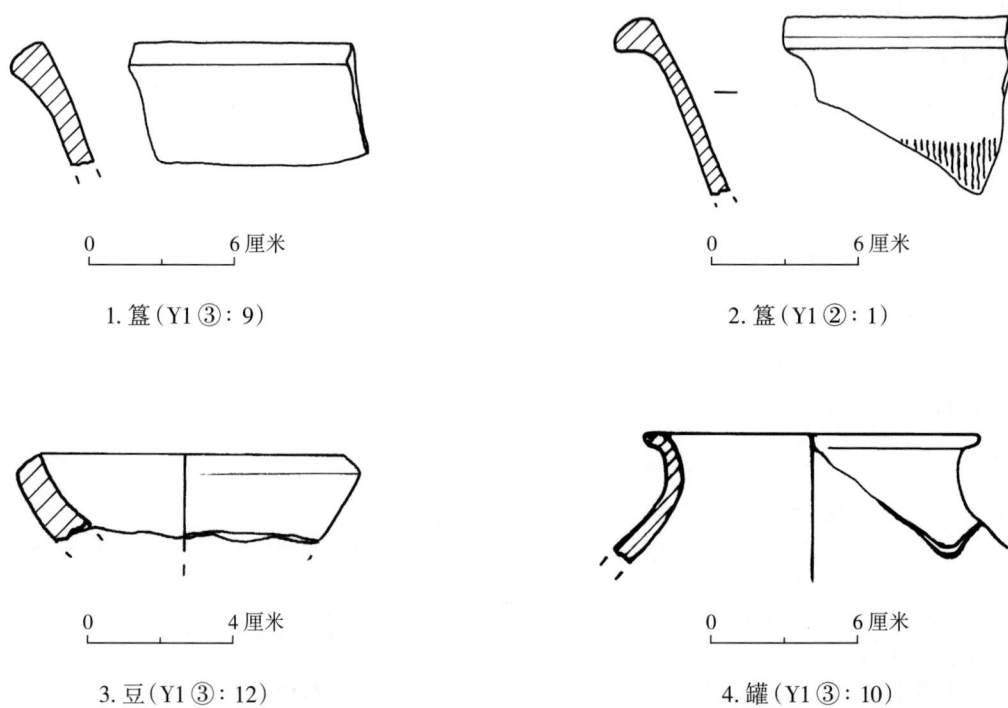

0　　　　　　6 厘米

1. 簋（Y1③：9）

0　　　　　　6 厘米

2. 簋（Y1②：1）

0　　　　　　4 厘米

3. 豆（Y1③：12）

0　　　　　　6 厘米

4. 罐（Y1③：10）

图四九　Y1 窑室内出土陶簋、豆、罐

标本 Y1②：3，泥质褐陶。口微侈，沿面微鼓，斜方唇，矮直领，斜肩。口沿及颈部抹光，肩饰粗绳纹，肩内壁有坑窝纹痕（图五〇，1）。

B 型　1件。

标本 Y1③：7，泥质灰陶。直口，折沿，斜方唇，矮直领，广肩。沿面微凹有一周细旋纹，口沿及颈部抹光，肩饰粗绳纹。口径21.6厘米（图五〇，2）。

三足瓮　有口沿标本 2件。

标本 Y1②：5，泥质灰陶。平沿，方唇较厚。素面（图五〇，3）。标本 Y1③：6，泥质灰陶。直口，平折沿，厚方唇。口沿沿面上饰粗绳纹。口径35厘米（图五〇，4）。

瓮足　1件。

标本 Y1③：23，夹细砂灰陶。袋状足。器表饰滚压中绳纹（图五〇，5）。

甑　仅有底部残片 1件。

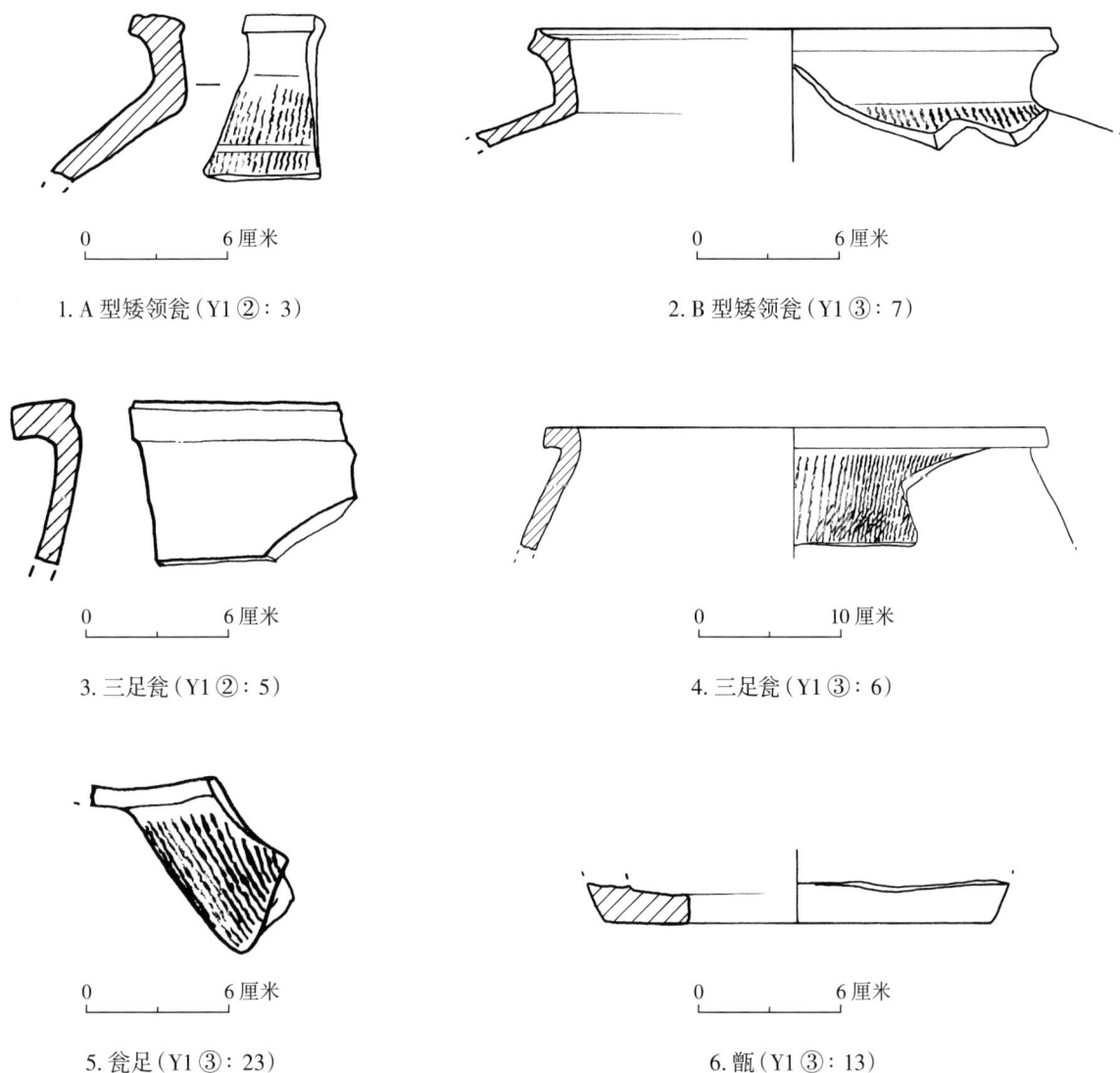

0 —— 6厘米

1. A 型矮领瓮（Y1②：3）

0 —— 6厘米

2. B 型矮领瓮（Y1③：7）

0 —— 6厘米

3. 三足瓮（Y1②：5）

0 —— 10厘米

4. 三足瓮（Y1③：6）

0 —— 6厘米

5. 瓮足（Y1③：23）

0 —— 6厘米

6. 甑（Y1③：13）

图五〇　Y1窑室内出土陶瓮、甑

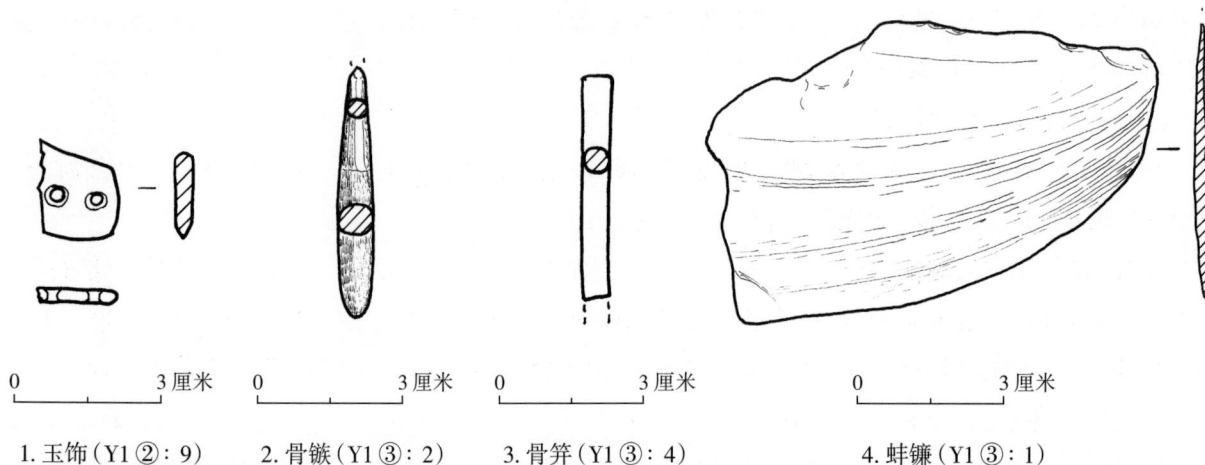

0　　　　　3厘米　　　　0　　　　　3厘米　　　　0　　　　　3厘米　　　　　0　　　　　3厘米

1. 玉饰（Y1②：9）　　2. 骨镞（Y1③：2）　　3. 骨笄（Y1③：4）　　　4. 蚌镰（Y1③：1）

图五一　Y1窖室内出土玉、骨、蚌器

标本Y1③：13，夹砂灰陶。素面。从其底部来看，应是单孔。口径16.2厘米（图五〇，6）。

2. 玉饰　1件。

标本Y1②：9，残。扁平梯形，上钻有两圆穿。表面磨光。残长1.6、宽1.9、厚0.2～0.3、孔径0.2～0.3厘米（图五一，1；彩版一三，2）。

3. 骨、蚌器　3件。

骨镞　1件。

标本Y1③：2，圆柱形。钝尖磨光，铤尖残，削成多棱形。残长5、断面径0.4～0.7厘米（图五一，2）。

骨笄　1件。

标本Y1③：4，残存柄部。圆柱形。磨制较光洁。残长4.3、断面径0.5～0.6厘米（图五一，3）。

蚌镰　1件。

标本Y1③：1，残。利用天然蚌壳加工而成，略呈三角形片状。残长9.2、最宽5.7、厚0.1～0.3厘米（图五一，4）。

（三）操作间（记为cz）

出土的遗物数量最多，仍以陶器为主，也有石、骨、蚌器等。

1. 陶器

以夹砂陶居多，占61.3%，泥质陶次之，占38.7%。纹饰有中绳纹、粗绳纹、交错绳纹等，其中素面陶最多，占50%，交错绳纹、中绳纹次之，另有个别的篦纹、方格纹等。可辨器形以鬲为主，甗、簋、矮领瓮次之，另有盆、罐、三足瓮、钵、器盖等，还有陶拍、砖状物等（附表八）。

联裆鬲　有口沿标本5件、鬲足10件。

标本YI-cz：9，夹砂灰褐陶。侈口，斜领略翻卷，束颈。器身饰中绳纹，颈部抹光。

器表略有烟熏痕迹。残口径 17、残高 11 厘米（图五二，1）。

标本 Y1-cz：10，夹砂灰褐陶。侈口，低斜领，微卷，方唇，束颈，鼓腹。口沿及颈部抹光，腹饰滚压粗绳纹，颈部绳纹交错。口径 22、腹径 26、残高 9 厘米（图五二，2）。

标本 Y1-cz：11，夹砂褐陶。可见裆部和一足。瘪裆，钝尖锥足，足内加泥芯。体饰粗绳纹。残高 14.2 厘米（图五二，3）。

标本 Y1-cz：12，夹砂红陶。侈口，斜领微卷，方唇，束颈，腹微鼓。沿及颈部的绳纹被抹光，腹饰粗绳纹，略有交错（图五二，4）。

标本 Y1-cz：16，夹砂灰陶。领近似平沿，束颈，唇部残损。腹部上侧有拇指窝状，下饰粗绳纹。器形十分矮小，制作粗糙（图五二，5）。

标本 Y1-cz：22，夹砂灰陶。锥状足，加泥芯，断面近圆形。器表饰粗绳纹，内侧也饰按压粗绳纹（图五二，6）。

分裆鬲 有口沿 1 件、鬲足 8 件。

标本 Y1-cz：49，夹砂灰褐陶。侈口，圆唇，斜领略高，束颈。沿外侧的绳纹被抹光，口沿内外有烟熏痕。口径 14.4 厘米（图五二，7）。

标本 Y1-cz：24，夹砂灰陶。锥状足尖，断面呈圆形。外侧饰滚压粗绳纹（图五二，8）。

甗 有口沿标本 9 件，其中可复原 1 件。

标本 Y1-cz：58，夹砂红陶。侈口，方圆唇，束颈，上腹外鼓，下腹斜收，束腰内加较窄箅隔。甗足为分裆袋足，锥状足尖，断面呈圆形。腹饰滚压的粗绳纹，表面有烟熏痕，自裆处抹有厚厚的一层黄泥致使绳纹模糊不清，内外均存有烟炱。口径 36、腹径 31.8、甑部深 28、腰径 14 厘米，残高 40.6 厘米（图五三，1；彩版一三，3）。相似的口沿标本有 5 件。

标本 Y1-cz：62，夹砂灰陶。侈口，斜方唇。腹饰滚压的粗绳纹，沿外测的绳纹被抹光（图五三，2）。

标本 Y1-cz：74，夹砂红陶。侈口，斜方唇。自唇部以卜饰绳纹。口径 38.5 厘米（图五三，3）。

标本 Y1-cz：35，夹砂褐陶。侈口，斜沿，圆唇，腹斜直内收。唇面上施绳纹，腹施滚压的粗绳纹（图五三，4）。

甗腰 标本 3 件。

标本 Y1-cz：55，夹砂灰陶。甑部斜收，束腰内置箅隔。外饰滚压的中绳纹。腰径 13 厘米（图五三，5）。

簋 有口沿标本 7 件。

标本 Y1-cz：36，泥质灰陶。敞口，厚方唇外倾。口沿及颈部抹光，腹饰细密的中绳纹（图五四，1）。

簋圈足 标本 2 件。

标本 Y1-cz：44，夹细砂灰陶。矮圈足。圈足径 11 厘米（图五四，2）。

标本 Y1-cz：43，夹细砂灰陶。圈足较高（图五四，3）。

盆 有口沿标本 4 件。

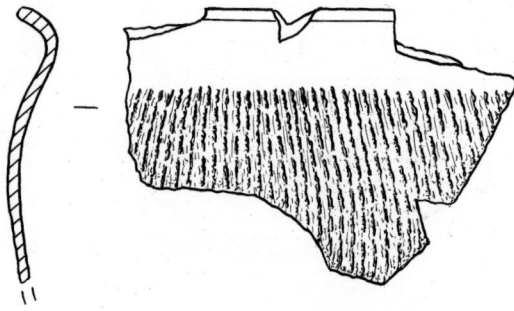

0　　　　　　6 厘米

1. 鬲（Y1-cz：9）

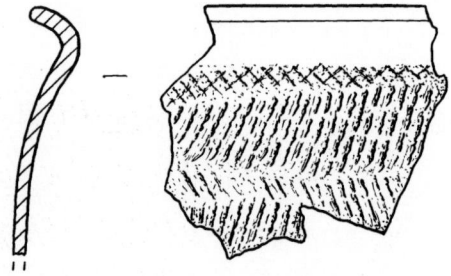

0　　　　　　6 厘米

2. 鬲（Y1-cz：10）

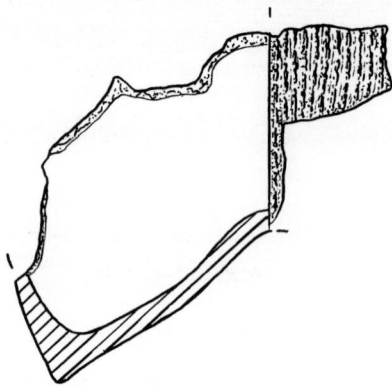

0　　　　　　6 厘米

3. 鬲（Y1-cz：11）

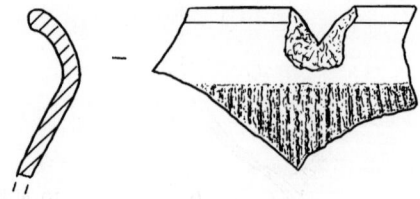

0　　　　　　6 厘米

4. 鬲（Y1-cz：12）

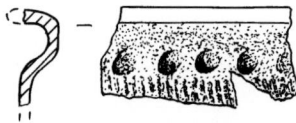

0　　　　　　6 厘米

5. 鬲（Y1-cz：16）

0　　　　　　6 厘米

6. 鬲足（Y1-cz：22）

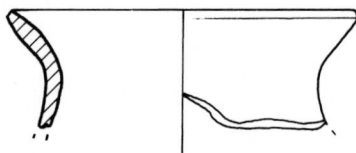

0　　　　　　6 厘米

7. 鬲（Y1-cz：49）

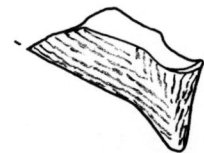

0　　　　　　6 厘米

8. 鬲足（Y1-cz：24）

图五二　Y1 操作间出土陶鬲

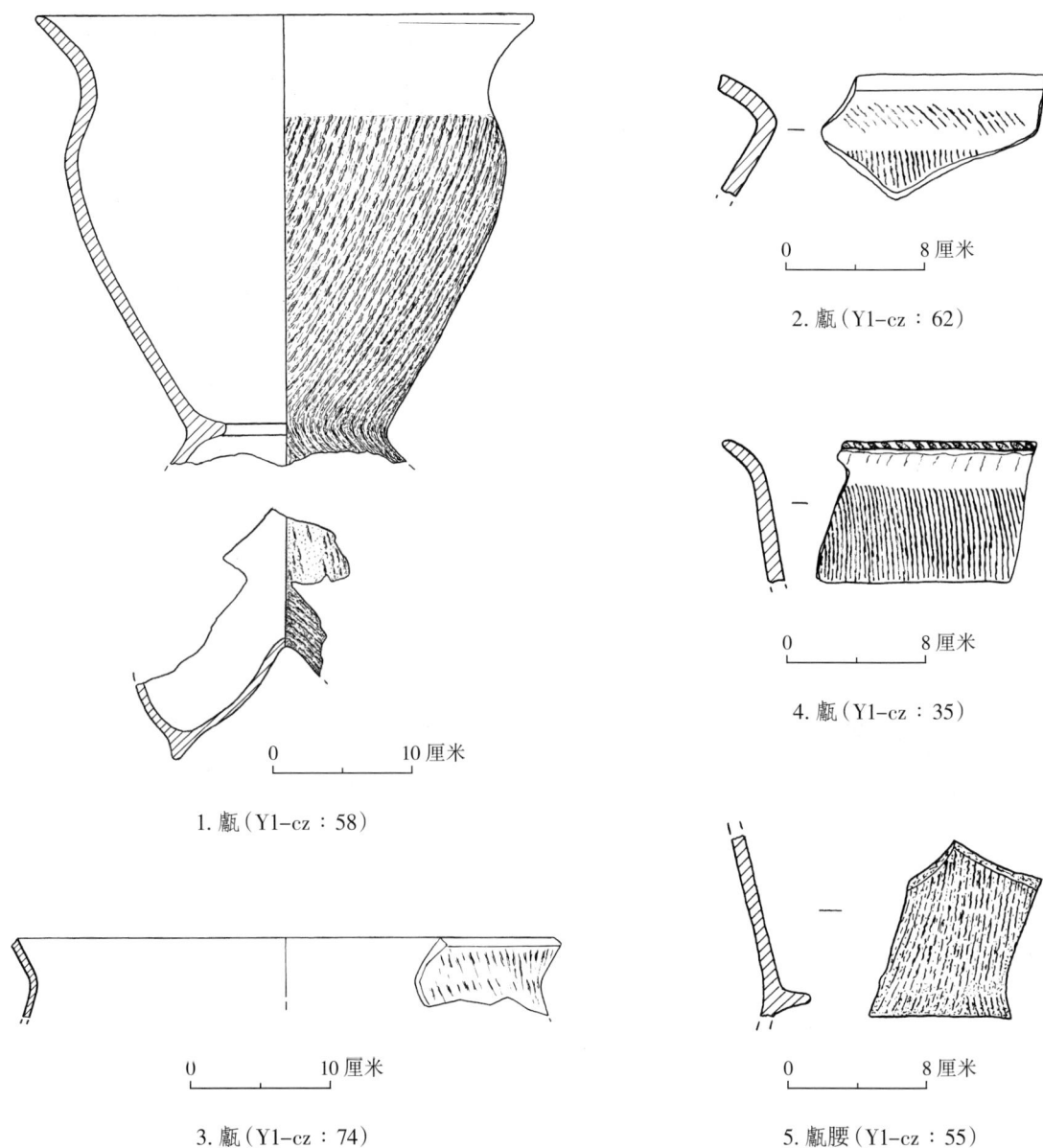

0　　　　　8 厘米

2. 甗（Y1-cz：62）

0　　　　　8 厘米

4. 甗（Y1-cz：35）

0　　　　　10 厘米

1. 甗（Y1-cz：58）

0　　　　　10 厘米

3. 甗（Y1-cz：74）

0　　　　　8 厘米

5. 甗腰（Y1-cz：55）

图五三　Y1 操作间出土陶甗

标本 Y1-cz：65，泥质灰陶。卷沿，圆唇，沿面较窄。外表磨光。口径 33.2 厘米（图五四，4）。

标本 Y1-cz：64，夹细砂灰陶。微敛口，卷沿，圆唇，沿面较宽。素面。口径 32.8 厘米（图五四，5）。

罐　有口沿标本 5 件。

标本 Y1-cz：61，夹砂红陶。侈口，卷沿，方唇，束颈，斜折肩，下腹残。口沿及颈部抹光，肩及腹饰滚压粗绳纹。口径 24.4、肩径 38.5、残高 21.2 厘米（图五五，1）。

标本 Y1-cz：71，泥质灰陶。平沿，圆唇，矮领，束颈，斜肩或溜肩。肩饰粗绳纹，上有凹弦纹一道，表面磨光（图五五，2）。

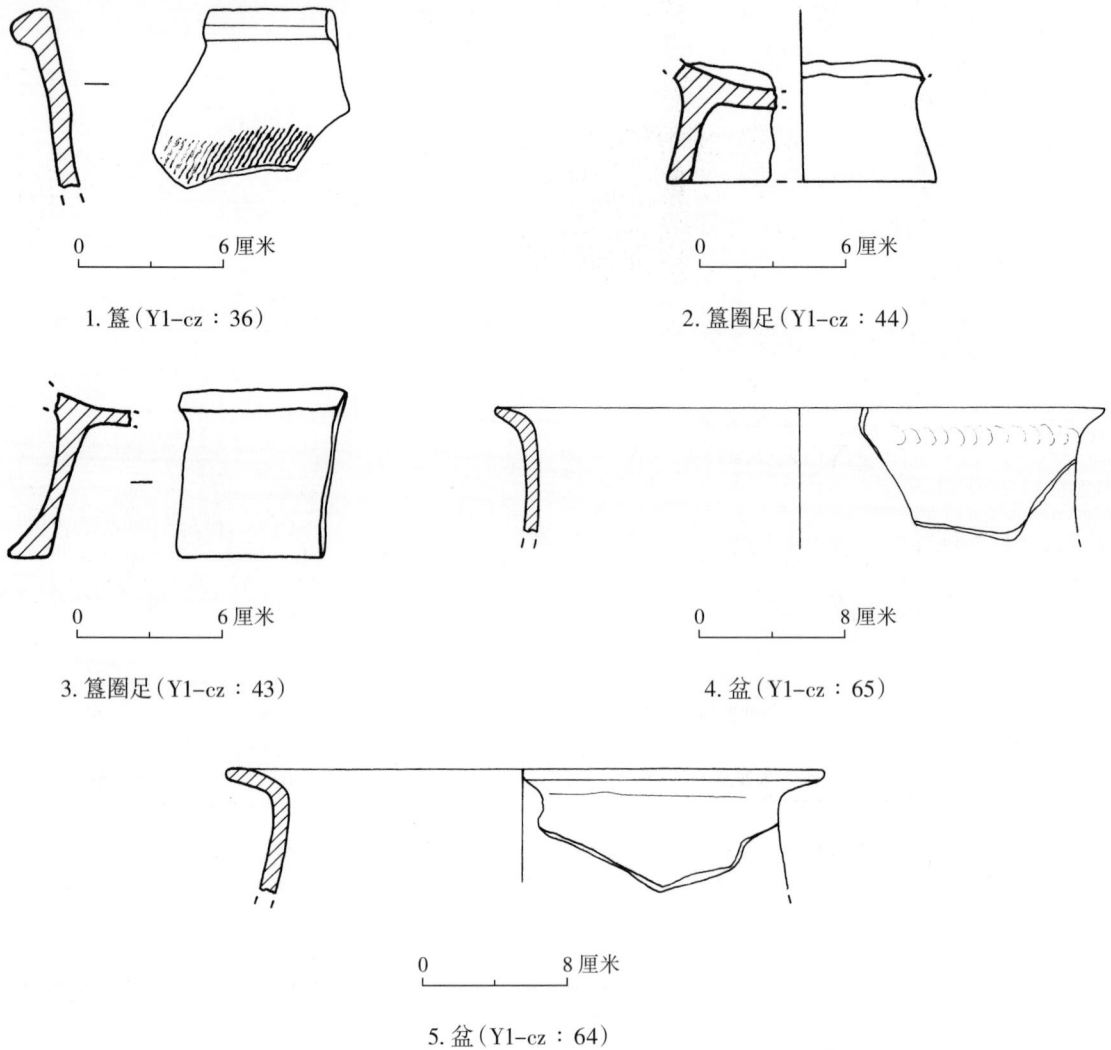

0　　　　　　6厘米

1. 簋（Y1-cz：36）

0　　　　　　6厘米

2. 簋圈足（Y1-cz：44）

0　　　　　　6厘米

3. 簋圈足（Y1-cz：43）

0　　　　　　8厘米

4. 盆（Y1-cz：65）

0　　　　　　8厘米

5. 盆（Y1-cz：64）

图五四　Y1 操作间出土陶簋、盆

标本 Y1-cz：66，夹细砂灰陶。口微侈，卷沿，方唇，矮领，束颈，斜肩。口沿及颈部抹光，肩部施粗绳纹（图五五，3）。

矮领瓮　较多见，有口沿标本 6 件。

标本 Y1-cz：77，泥质灰陶。侈口，窄折沿较平，方唇，矮领内侧有微凹槽一道。口沿及颈部抹光，肩部饰粗绳纹，有旋断。口径 14.5 厘米（图五五，4）。

标本 Y1-cz：78，泥质褐陶。侈口，弧沿隆鼓，斜方唇，束颈，斜肩。沿外侧有一道凹槽。肩部饰粗绳纹，有旋断（图五五，5）。

三足瓮　有口沿标本 3 件。

标本 Y1-cz：45，夹砂灰陶。平沿，厚方唇。素面，内外的表皮脱落（图五五，6）。

钵　3 件。形相近，均残。

标本 Y1-cz：86，夹砂灰陶。敛口，方圆唇，鼓腹，腹以下均残。素面（图五六，1）。

鍪　1 件。

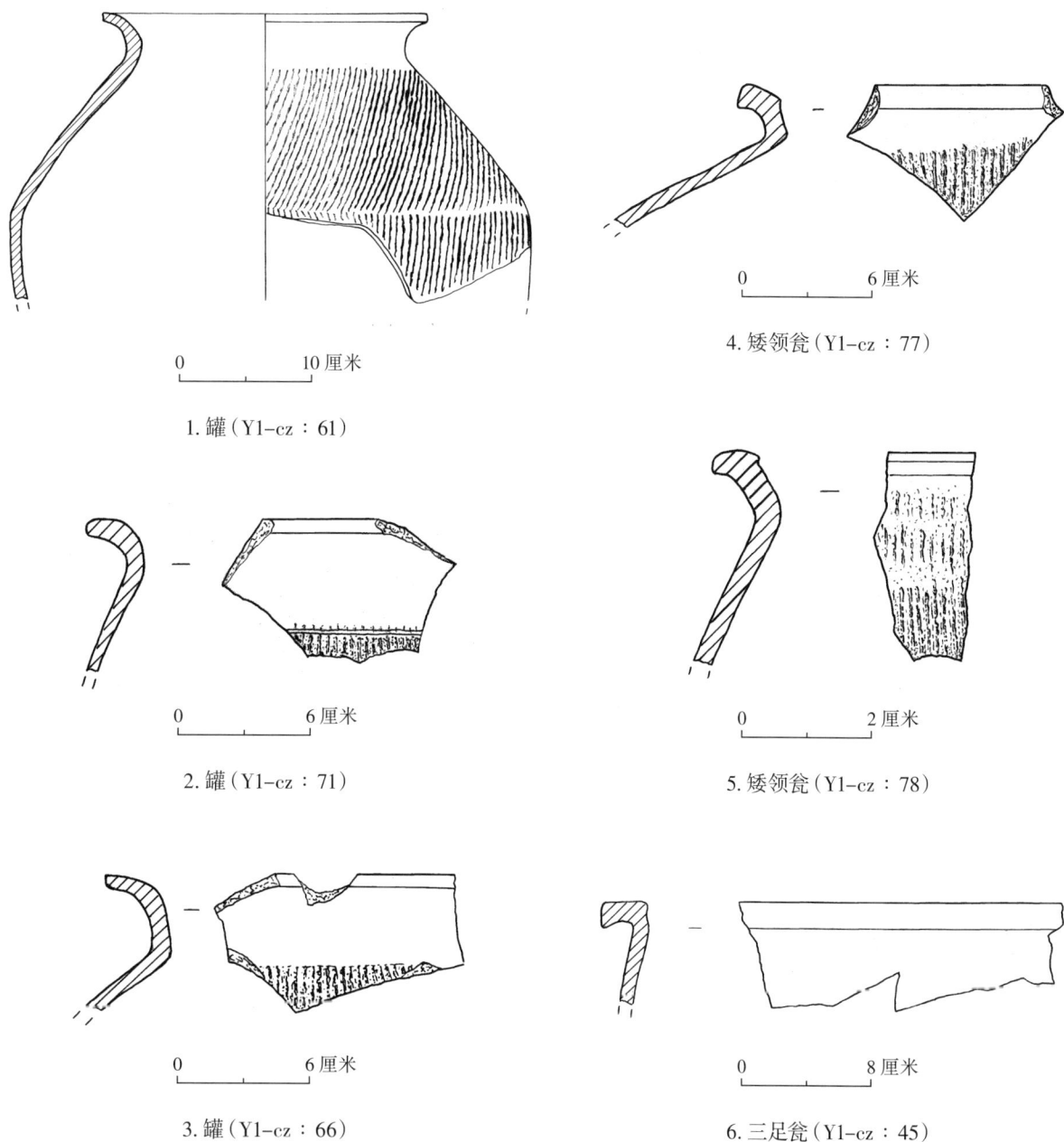

1. 罐（Y1-cz：61）

4. 矮领瓮（Y1-cz：77）

2. 罐（Y1-cz：71）

5. 矮领瓮（Y1-cz：78）

3. 罐（Y1-cz：66）

6. 三足瓮（Y1-cz：45）

图五五　Y1 操作间出土陶罐、瓮

标本 Y1-cz：90，泥质灰陶。略呈梯形，靠近器体部分残留绳纹，其他部分无纹饰。长 6～7.5、宽 2.8 厘米（图五六，2）。

拍　1 件。

标本 Y1-cz：1，夹细砂褐陶。残。略呈椭圆形。捉手上饰绳纹，器面磨光。残长 7.4、宽 9 厘米（图五六，3；彩版一三，4）。

砖状物　2 件。

标本 Y1-cz：93，夹砂灰陶。长方体，形状似砖。一侧面局部有绳纹，棱边留有 4 个深浅不均的指印。长 25、宽 19.5、厚 7.5 厘米（图五七，1；彩版一四，1）。

标本 Y1-cz：92，泥质灰褐陶。残块，正面为不规则长方形，侧面为三角形。正面和侧面局部饰有中绳纹。残长 18、高 11 厘米（图五七，2；彩版一四，2）。

2. 石器

刀　1 件。

标本 Y1-cz：2，残。磨制，较光滑。略呈长方形，近刃一侧存有一单面钻出的圆孔。残长 4、宽 4.1、厚 0.6、孔径 0.4 厘米（图五八，1）。

3. 骨器　2 件。

笄帽器　1 件。

标本 Y1-cz：7，圆锥体。通体磨光。平底，底中部有一柱状圆孔。器高 2.1、底径 1.6 厘米，

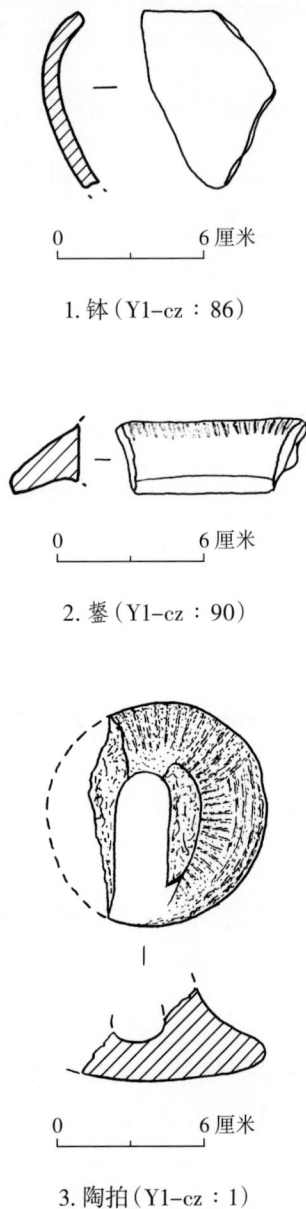

0　　　　　　6 厘米

1. 钵（Y1-cz：86）

0　　　　　　6 厘米

2. 盉（Y1-cz：90）

0　　　　　　6 厘米

3. 陶拍（Y1-cz：1）

图五六　Y1 操作间出土陶钵、盉、拍

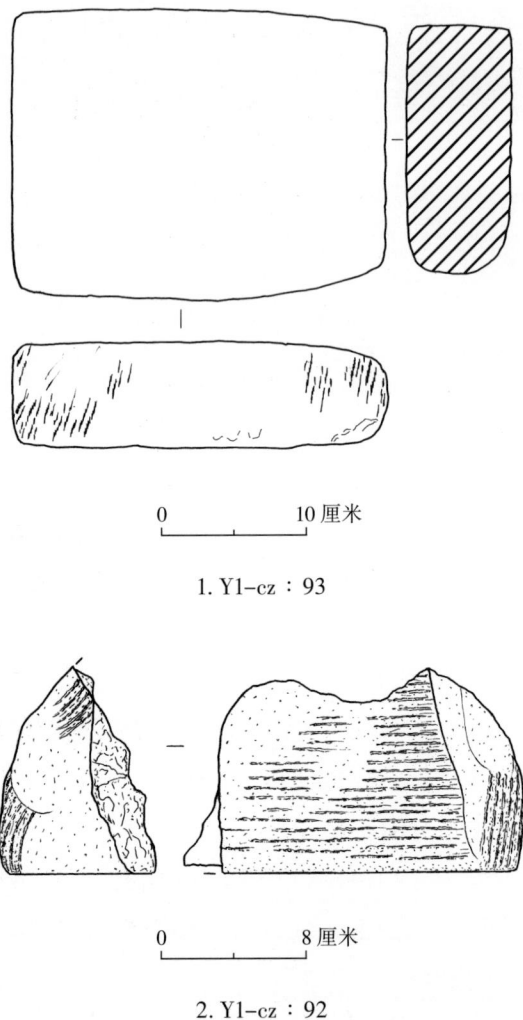

0　　　　　　10 厘米

1. Y1-cz：93

0　　　　　　8 厘米

2. Y1-cz：92

图五七　Y1 操作间出土陶砖状物

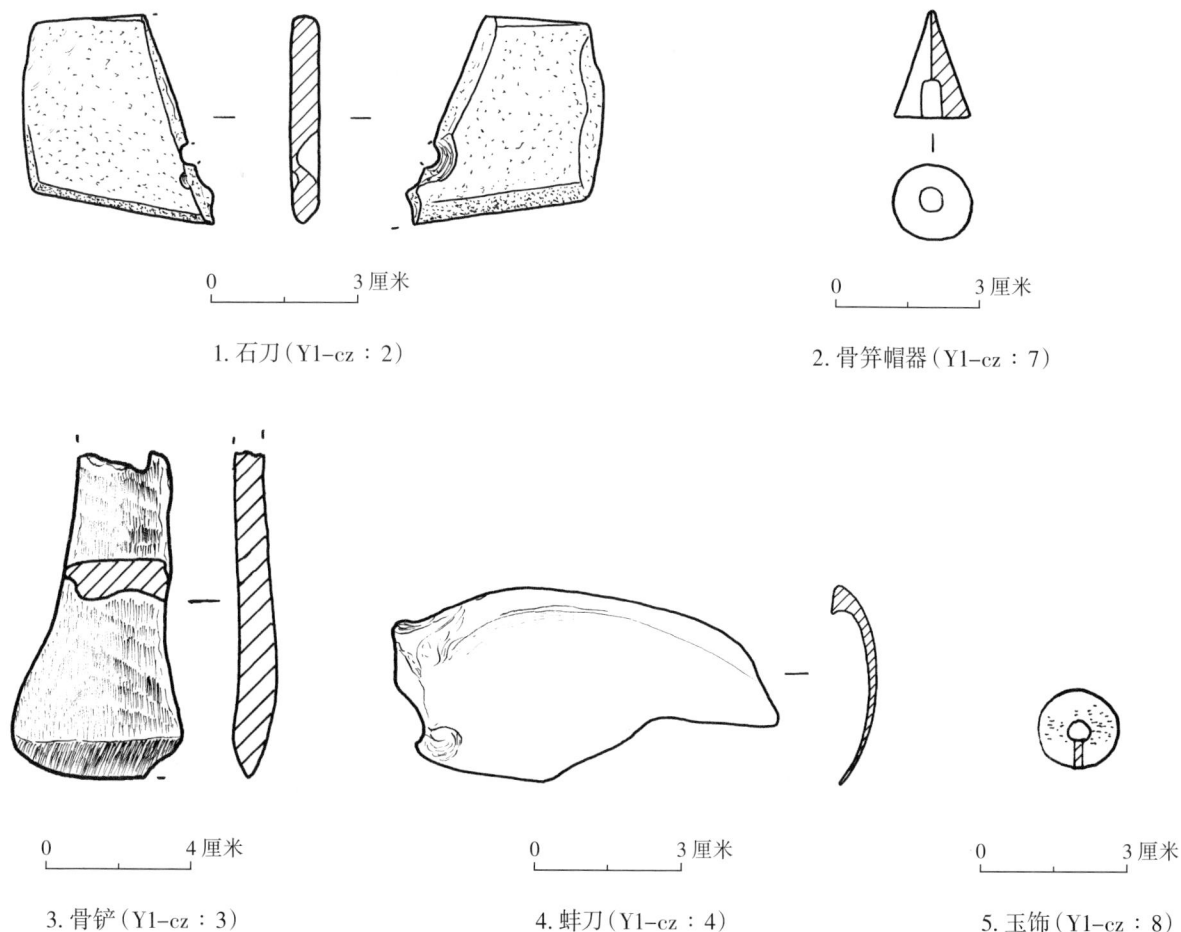

1. 石刀（Y1-cz：2）

2. 骨笄帽器（Y1-cz：7）

3. 骨铲（Y1-cz：3）

4. 蚌刀（Y1-cz：4）

5. 玉饰（Y1-cz：8）

图五八　Y1 操作间出土石、骨、蚌、玉器

孔径0.4、孔深0.7厘米（图五八，2；彩版一四，3）。

铲　1件。

标本 Y1-cz：3，浅褐色。略呈梯形，刃端较宽，弧形直双面刃。残长8.6、刃宽4.8、厚0.8 ~ 1厘米（图五八，3；彩版一四，5）。

4. 其他

蚌刀　1件。

标本 Y1-cz：4，利用天然蚌壳的弧形，几未加工，残为不规则形。残长7.9、宽3.9、厚0.1 ~ 0.5厘米（图五八，4）。

玉饰　1件。

标本 Y1-cz：8，青黑色。环状，中间圆形小孔，一面磨光，另一面略有凹凸。直径1.6、孔径0.5、厚0.1 ~ 0.2厘米（图五八，5；彩版一四，4）。

四　地层和窑室内出土动物骨骸

陶窑所在探方的地层内和窑室内均出土有动物骨骸，可辨识的动物种类有猪、狗、獐、黄牛等。另外还有中华圆田螺。

狗，T1 地层出土。左胫骨一件。长 8.5 厘米（彩版一一，3）。

猪，Y1 第 3 层出土。左上颌骨一段。残长 6 厘米。椎骨一件（彩版一一，2）。

黄牛，Y1 第 3 层出土。左掌骨近端残块。残长 5.2、宽 4 厘米。肋骨两节，残断。残长 12 ~ 13、宽 3 ~ 3.7 厘米（彩版一一，4）。

獐，Y1 第 2 层出土。左掌骨远端一节。残长 4.5 厘米（彩版一一，5）。

中华圆田螺，Y1 第 2 层出土。4 枚（彩版一一，6）。

第三节　墓葬

一　概况

此次发掘的墓地，位于长安区神禾原南坡下西安财经学院西南围墙内外的居民区及农田内，共清理西周时期墓葬 30 座（见图三；见附表一）。处于发掘区域中北部的 M1、M3 ~ M6、M8、M9、M11、M12 等墓，因贾里村八组村民盖房建宅基取土，原地貌普遍遭到较严重的破坏，层位关系多不完整，并有部分墓葬被破坏，考古队征集到少量陶鬲、簋、豆等文物，应属墓葬随葬品。位于发掘区域北部东侧的 M14 ~ M16，南部的 M13、M17 ~ M22、M24 ~ M34 诸座墓葬，均在当时的农田范围，基本保存了原始地层。

发掘清理的墓葬均为小型长方形竖穴土圹式墓，均有二层台，有 9 座墓为生土二层台，其余为熟土二层台。南北向墓较少，共 11 座，编号 M1、M11、M13、M15、M16、M19、M22、M28、M29、M32、M33。余为东西向墓，共 19 座。

保存完好的墓中，东西向最大的墓为 M3，口长 3、宽 1.7、深 2.7 米；最小的墓 M8，长 1.94、宽 0.84、残深仅 0.55 米。南北向最大的墓为 M19，口长 2.5、宽 1.3、深 2.1 米；最小的墓为 M32，长 1.8、宽 0.8、深 0.9 米。迹象明确的墓葬均有木质葬具，11 座墓为一棺一椁，其余均为一棺。有 6 座墓的墓底设置腰坑，部分坑内还保留有动物骨骼，但因残甚而种类不明。

墓葬随葬品主要为陶器，有鬲、罐、豆、簋、盆，还有海贝、蚌片、小玉饰片等。陶器主要置于头端二层台上，部分掉落于头端棺、椁内，少数随葬品置于棺内头端或者棺椁之间的头箱位置。

30 座墓内均各埋葬一人，墓主骨架多为仰身直肢葬，唯 M9、M13 为侧身直肢葬，M22 为俯身直肢葬，M3、M20、M26 因残朽或破坏不清。此外，在 M3 西北角的上部填土中，有儿童骨架一具。

这 30 座墓葬，其中 M24、M28、M32 等 3 座墓葬没有随葬品，余 27 座墓葬均随葬有陶器。随葬陶器的组合形式较多，以鬲、罐、簋、豆等完整组合随葬的墓葬数量有 6 座。具体情况如下：

鬲 1、罐 1、簋 1、豆 1：有 3 座，即 M18、M21、M30；

鬲 1、罐 1、簋 1、豆 2：有 1 座，即 M19；

鬲 2、罐 1、簋 1、豆 1：有 2 座，即 M13、M22；

鬲 1、罐 1、簋 1：有 5 座，即 M1，M3、M4、M27、M34；

鬲 2、罐 1、簋 1：有 2 座，即 M17、M25；

鬲 1、罐 1、豆 1：有 2 座，即 M9、M14；

鬲 1、罐 1、盆 1：有 2 座，即 M6、M20；

鬲 1、罐 1：有 2 座，即 M29、M33；

鬲 1、簋 1：有 1 座，即 M8；

鬲 1：有 6 座，即 M5、M11、M12、M16、M26、M31；

罐 1：有 1 座，即 M15。

二　墓葬分述

M1

M1 东南紧邻 M2、M3，西距灰坑 H1 约 11.5 米。村民取土已将墓口上部的大部分挖去，从残存的东北部可知其开口位置以上有厚约 0.6 米的两层堆积。第 1 层为表土层，厚 0.4 米，土色为褐色。因机械碾压土质结构紧密坚硬，包含物有陶片、石头等。第 2 层为黑垆土层，厚 0.2 米，土质结构紧密，土色黑褐，未见内含物。

（一）墓葬形制

墓室西壁与南壁已被破坏，二层台已出露，墓主骨骸及随葬器物由考古队发掘清理。

长方形竖穴土圹墓，南北长 2.4、北宽 0.7、南宽 1 米，口距地表 0.6、自深 1.1 米。墓向 180 度（图五九；彩版一五，1）。

墓底近中部有近椭圆形腰坑，长约 0.5、宽约 0.3、深约 0.1 米。墓室四壁筑有熟土二层台，宽 0.15 ～ 0.25、高 0.2 米。墓壁竖直，加工平整。墓室内填土为黄褐色五花土，密度大，土质结构紧密坚硬。

葬具为一木棺，棺长 2、宽 0.4 ～ 0.6 米，因残朽，棺板厚度不详，据二层台推测木棺高原应在 0.2 米以上。墓主仰身直肢，头南向，面朝上，骨架长约 1.7 米。头向 180 度。

该墓主骨架略完整，但保存状况不好，除头骨、髋骨、上下肢骨外，其他部分多朽化。肱骨残断，股骨、胫骨骨壁厚，较重，骨盆附近仅留部分髋骨，四肢较纤细，头骨残，留右半处下颌骨，有中门齿、侧门齿、犬齿、第一前臼齿、第二前臼齿。根据散落的右臼齿判断，该骨架为一年龄约 20 ～ 25 岁左右的青年女性（？）个体。

墓室南端二层台放置随葬陶器 3 件。墓主骨架头部有海贝 1 枚，似为口琀。肩部出土海贝 6 枚，或为串系的简单项饰。

（二）随葬品

1. 陶器

3 件。鬲、簋、罐各 1 件。

鬲　M1：3，夹砂褐陶。侈口，斜领，圆唇，束颈，鼓腹，联裆略低，矮尖足。腹部饰绳纹，三足内侧呈棱脊状凸起，表面自口沿至足根有浓重的烟熏痕。口径12、高13厘米（图六〇，1；彩版一五，2）。该器内有羊骨块，其中胸椎3件、腰椎1件。

簋　M1：1，泥质灰陶。侈口，斜沿外翻，尖圆唇，腹部中心略内收，矮圈足外撇。沿下有一周弦纹，腹部饰绳纹，圈足中间有折棱。口径21.5、底径10.8、高14厘米（图六〇，2；彩版一五，3）。

罐　M1：2，泥质灰陶。侈口，唇沿残，束颈，斜折肩，下腹斜收，平底。下腹部饰绳纹，器底饰粗乱的绳纹。残口径8.5、底径9、残高15.5厘米（图六一，1；彩版一五，4）。

2. 其他

海贝　7枚（M1：4 ~ 10）。均为天然海贝，正面有齿槽，背面均有磨出的穿孔用以系戴。标本M1：4，长2.8、宽1.9、最厚1、孔径0.4 ~ 0.7厘米（图六一，2；彩版一五，5）。

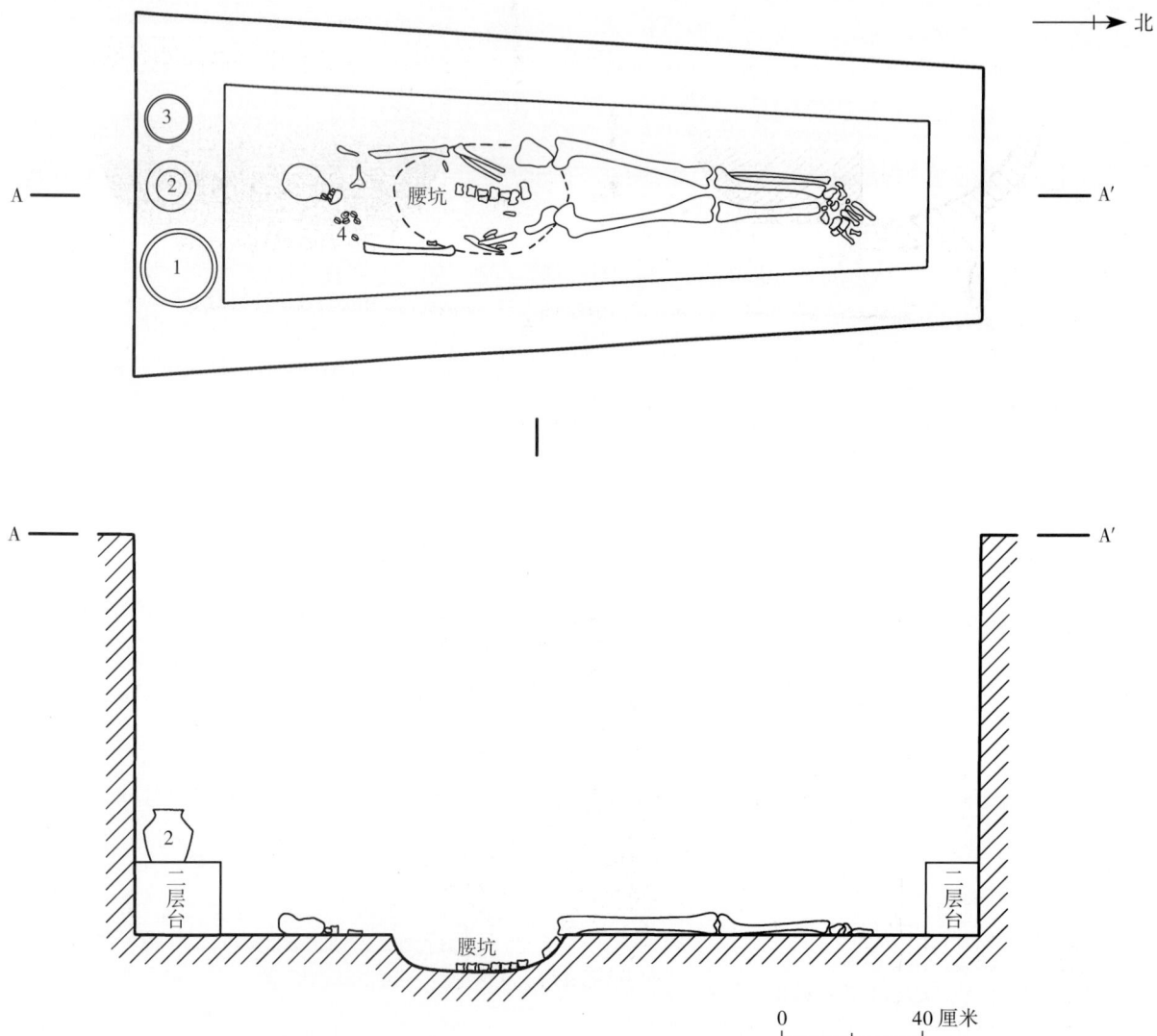

图五九　M1平、剖面图

1. 陶簋　2. 陶罐　3. 陶鬲　4. 海贝

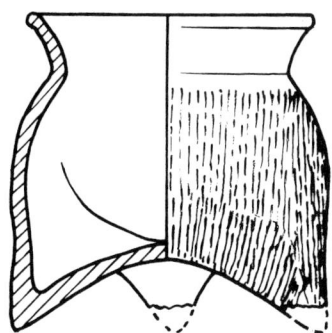

1. 鬲（M1：3）

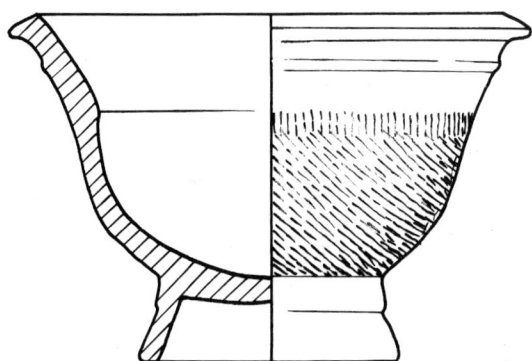

2. 簋（M1：1）

图六〇　M1 出土器物

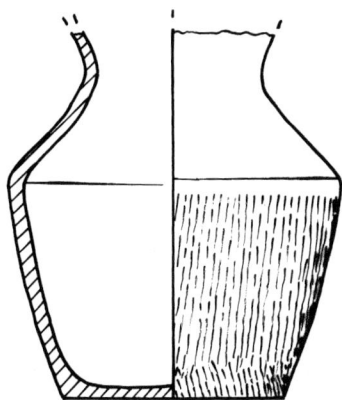

1. 罐（M1：2）　　　　　　　　2. 海贝（M1：4）

图六一　M1 出土器物

M3

　　该墓东南邻 M4，西北紧邻 M1，西距灰坑 H1 约 12 米，中部被晚期墓葬 M2 打破。原始地层已不存，扰土层厚约 0.4 米，包含物有陶片、石块等，因机械碾压而土质坚硬。开口于黑垆土层下。

　　（一）墓葬形制

　　长方形竖穴土圹墓，东西长 3、南北宽 1.6～1.7 米，口距地表 0.6、自深 2.7 米。墓向为 270 度（图六二；彩版一六，1）。

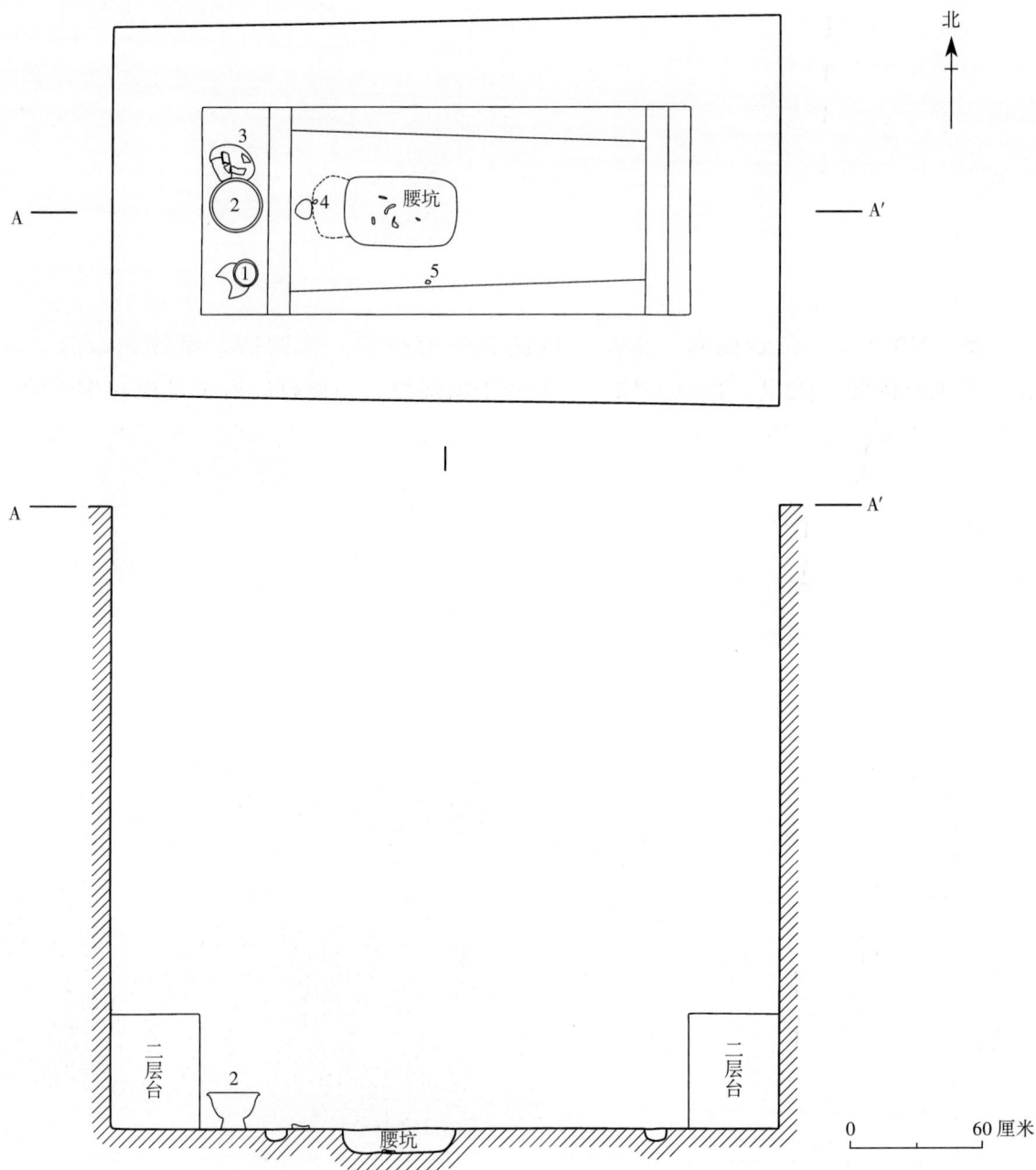

图六二　M3 平、剖面图

1. 陶鬲　2. 陶簋　3. 陶罐　4. 海贝　5. 玉饰片

墓底中部偏西有一椭圆形腰坑，长 0.5、宽 0.3、深 0.1 米，内有动物肋骨，种类不明。墓壁四面筑有熟土二层台，约宽 0.4、高 0.5 米。墓壁加工平整光滑。墓室填土为夯筑的黄褐色五花土，但夯层不清、厚度不详。

葬具为一棺一椁。棺长 1.6、宽 0.6～0.7 米，高度不详。根据椁壁板灰遗留，可知椁长 1.9、宽 0.9、高 0.5 米。椁板下有横置的垫木两根，分别置于靠近东、西的两端，各均长 0.9、直径 0.1 米。

墓室内骨架保存状况差，仅存部分头骨，头向西。葬式、年龄、性别不详。

墓主头端的棺椁之间似有头箱，放置鬲、簋和罐等随葬陶器。墓主头部位置出海贝 1 枚，似为口琀。另有残玉饰 1 件，出在棺内右侧中部。

在墓葬西北角开口下 1 米处的填土内，有一具儿童人骨，推测是用来殉葬的。该骨骸保存状况差，仅存部分头骨及牙齿。头骨残，肢骨朽化。上颌 M' 正在萌出，未与齿列齐平；I1 即将出龈。据此判断，该骨架为 6～7 岁的儿童个体。

（二）随葬品

1. 陶器

3 件。鬲、簋、罐各 1 件。

鬲 M3：1，夹砂褐陶。侈口，低斜领略有折沿，尖圆唇，束颈，鼓腹，联裆较高，三锥足内收，尖足。颈以上抹光，器身饰粗绳纹，表面自口沿至足根有烟熏痕。口径 13.2、高 13.4 厘米（图六三；彩版一六，2）。鬲腹内盛有动物骨块，为羊的胸椎 3 件、腰椎 1 件。

簋 M3：2，泥质灰陶。敞口，厚方唇微卷，上腹内收且形成折棱，下腹弧收，圈足外撇。口沿上有红色彩绘，腹部饰绳纹。口径 23.6、底径 11.6、高 16.2 厘米（图六四，1；彩版一六，3）。

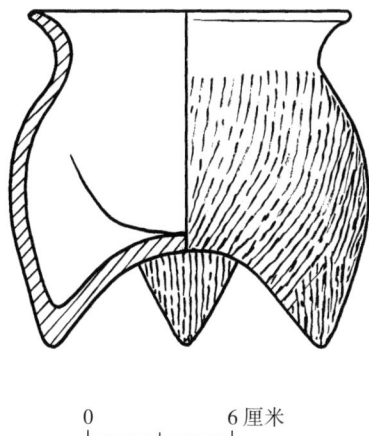

0   6厘米

M3：1

图六三　M3 出土陶鬲

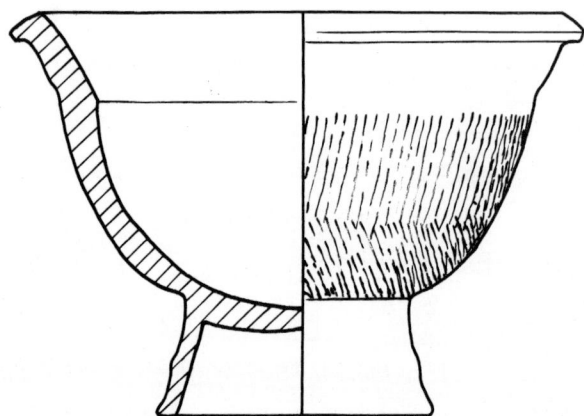

1. 簋（M3：2）

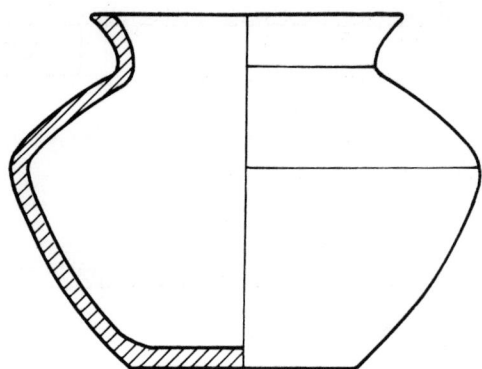

2. 罐（M3：3）

图六四　M3 出土器物

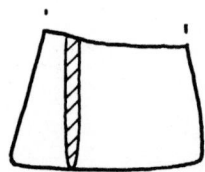

M3：5

0　　　　　2厘米

图六五　M3 出土玉饰片

罐　M3：3，夹砂灰陶。侈口，尖圆唇，束颈，折肩，下腹弧收较快，平底。素面。口径 12.8、底径 9.4、高 14 厘米（图六四，2；彩版一六，4）。

2. 其他

玉饰片　M3：5，近白色。残，略呈长方形。表面磨光，无纹饰。长 2.5、宽 1.6、厚 0.2 厘米（图六五；彩版一六，5）。

海贝　M3：4，残破过甚。

M4

东邻西安财经学院长安校区西南围墙，西邻 M8，北邻 M3。村民盖房取土时已将墓葬东、南、西三侧壁面破坏至椁室高度的位置。

（一）墓葬形制

长方形竖穴土圹墓，东西长 2、宽 1.05 米，口距地表 0.2、自深 1.9 米。墓向 110 度（图六六；彩版一七，1）。

墓底有一椭圆形腰坑，长 0.6、宽 0.3、深 0.15 米。腰坑内有少量动物骨骼，种属不详。墓壁竖直，加工平整。墓壁南、北两侧筑有夯土二层台，宽 0.15 ~ 0.2、残高 0.4 米。墓室内填黄褐色的五花夯土。

葬具为一棺一椁。棺长 1.8、宽 0.4 ~ 0.5 米，高度及板厚度不详。椁长 2、宽 0.7、残

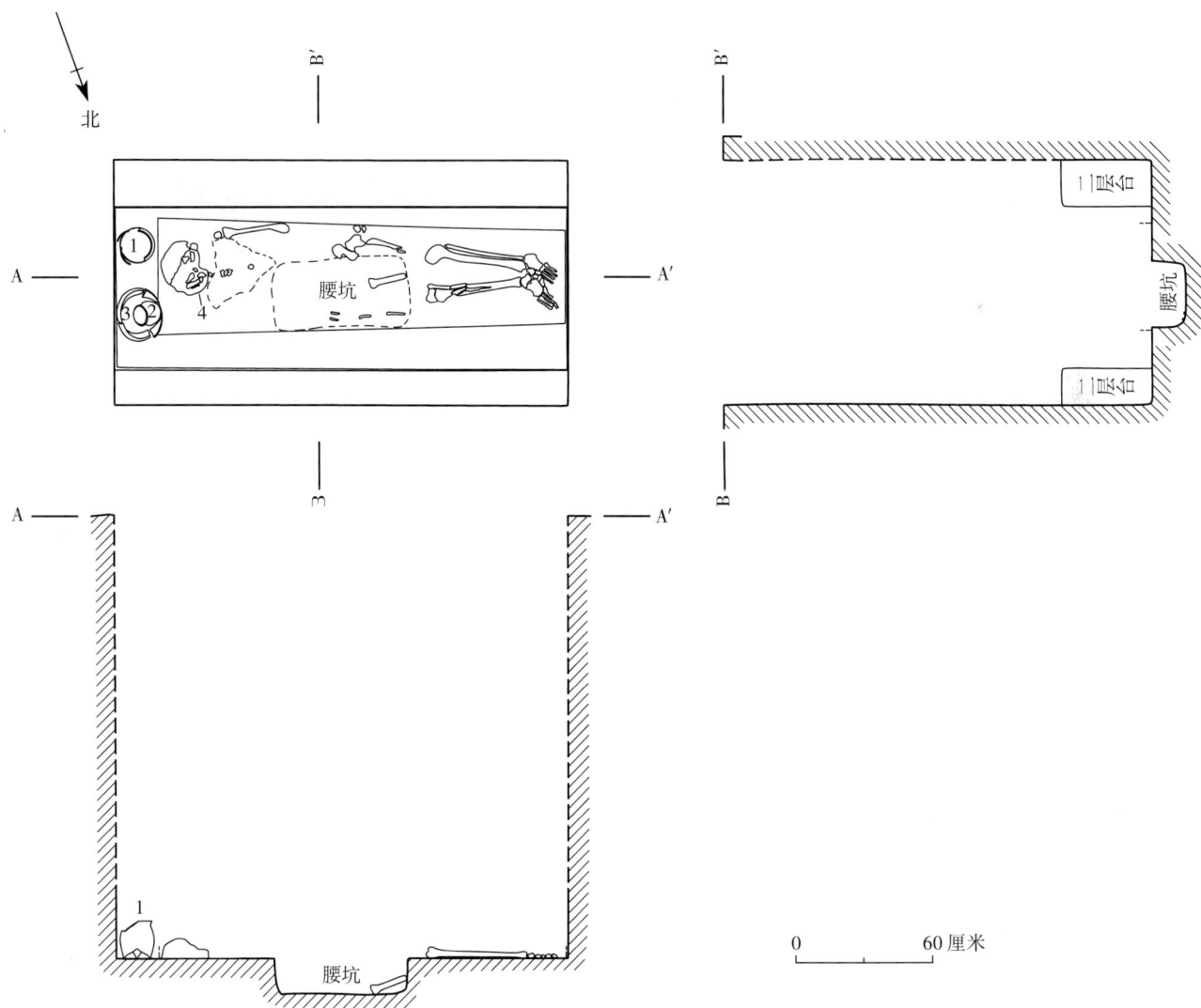

图六六　M4 平、剖面图

1. 陶鬲　2. 陶罐　3. 陶簋　4. 海贝

高 0.4 米。

墓主骨架保存状况差，仅存头骨残片、四肢骨。直肢葬，骨架长约 1.75 米。骨骸经鉴定为一中老年男性，年龄在 40 ～ 50 岁之间。头向 110 度。

头端棺椁之间似设头箱，鬲、罐、簋等随葬陶器置于其中。骨骸头部位置有海贝 26 枚。脚趾部位有海贝 1 枚。

（二）随葬品

1. 陶器

3 件。鬲、簋、罐各 1 件。

鬲　M4：1，夹砂褐陶。侈口，斜低领，方唇，束颈，鼓腹，分裆，锥状足微内收。唇面、腹部饰绳纹，表面自口沿至足尖有烟熏痕。口径 12.8、高 16 厘米（图六七，1；彩版一七，2）。

簋　M4：3，泥质灰陶。敞口，厚斜方唇外翻，上腹壁内折，下腹弧收，圈足略高且外撇。上腹饰绳纹，有旋纹一周，下腹刻划一周三角形纹，其内饰绳纹。口径 23.5、底径 14.2、高 16 厘米（图六七，2；彩版一七，3）。

罐　M4：2，泥质灰陶。侈口，窄沿，厚圆唇，束颈，溜肩，圆鼓腹，平底。沿面上饰粗绳纹，颈部上下抹光，腹饰滚压粗绳纹。口径 9、底径 6、高 10.8 厘米（图六七，3）。

2. 其他

海贝　共 27 枚，正面有齿槽，背面有磨孔。标本 M4：4，长 2.3、宽 1.4、厚 1 厘米，孔径 0.5 ～ 0.8 厘米（图六七，4；彩版一七，4）。

M5

位于发掘区的北部，北邻 H1，东北距离 M1 约 15 米。村民取土已将该墓葬的上部破坏。

（一）墓葬形制

长方形竖穴土圹墓，东西长 2、南北宽 0.95、残深 0.6 米。墓向 110 度（图六八；彩版一八，1）。

墓壁东、南、北三面筑有夯土二层台，宽 0.15 ～ 0.3、高 0.4 米。墓室内填黄褐色五花夯土。

葬具为一木棺，已朽。根据二层台木灰痕迹推测棺长 1.8、宽 0.5、高 0.4 米。棺板厚度不详。

墓内骨架保存状况差，仅存部分头骨碎片、盆骨及腿骨，长约 1.7 米。仰身直肢葬。年龄及性别不详。头向 110 度。

墓葬东壁的二层台上放置陶鬲 1 件。

（二）随葬品

陶鬲　1 件。M5：1，夹砂灰陶。侈口，低斜领略外卷，尖圆唇，束颈，鼓腹，联裆略高，三锥足内收，足内侧呈棱脊状凸起。颈部以上抹光，腹部饰绳纹，肩部有三周凹旋纹，表面有烟熏痕。口径 14.5、高 16 厘米（图六九；彩版一八，2）。

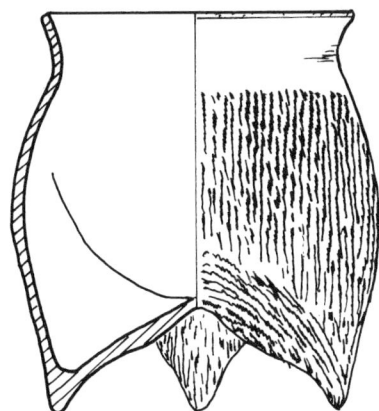

1. 鬲（M4：1）

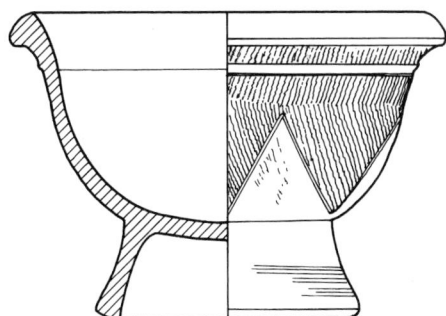

2. 簋（M4：3）

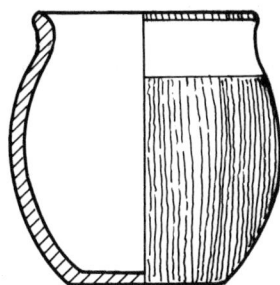

3. 罐（M4：2）

4. 海贝（M4：4）

图六七　M4 出土器物

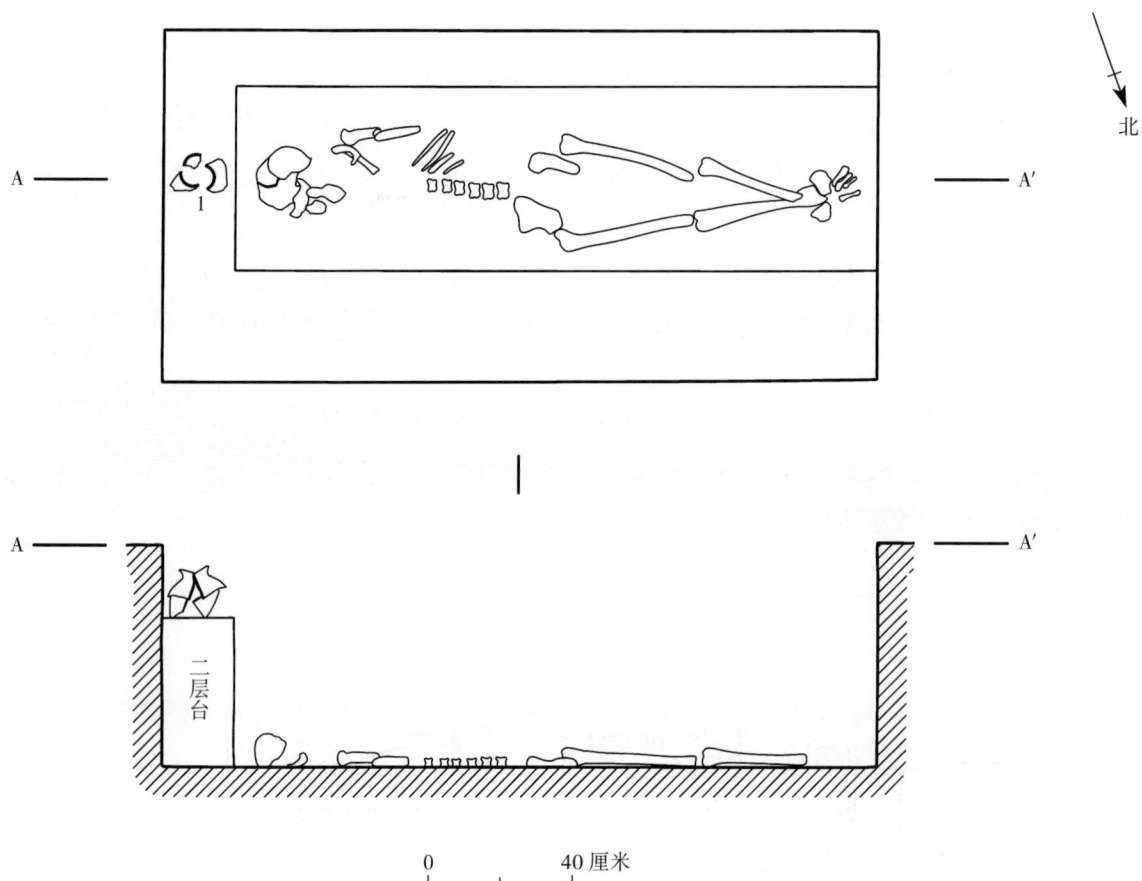

图六八　M5 平、剖面图
1. 陶鬲

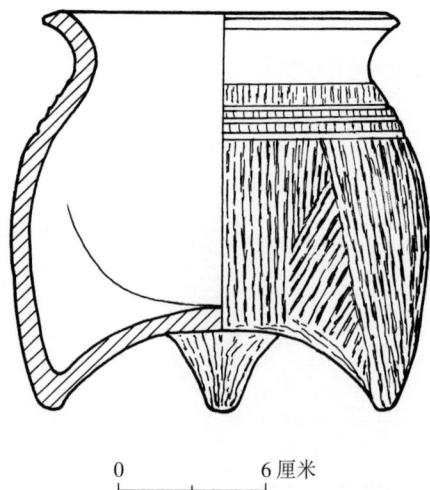

M5：1

图六九　M5 出土陶鬲

M6

位于发掘区中部，打破东侧灰坑 H3，西邻 H4，南邻 H2。

（一）墓葬形制

长方形竖穴土圹墓，东西长 2.3、南北宽 1、自深 2 米。墓向为 300 度（图七〇；彩版一九，1）。

墓底四壁筑有夯土二层台，宽 0.15～0.2、高 0.5 米，二层台面无板灰痕迹。墓壁竖直，加工平整。墓室内填黑褐色五花夯土，土质结构紧密，包含物有少量绳纹灰陶片和绳纹、素面等夹砂陶片。

葬具为一棺一椁。棺长 1.7、宽 0.45 米，高及棺板厚度不详。椁长 1.95、宽 0.7、高 0.5 米。

骨架保存状况较好，头向西，面偏北，骨架长 1.6 米。仰身直肢葬。墓葬头端的棺椁之间放置鬲、罐、盆等随葬陶器。

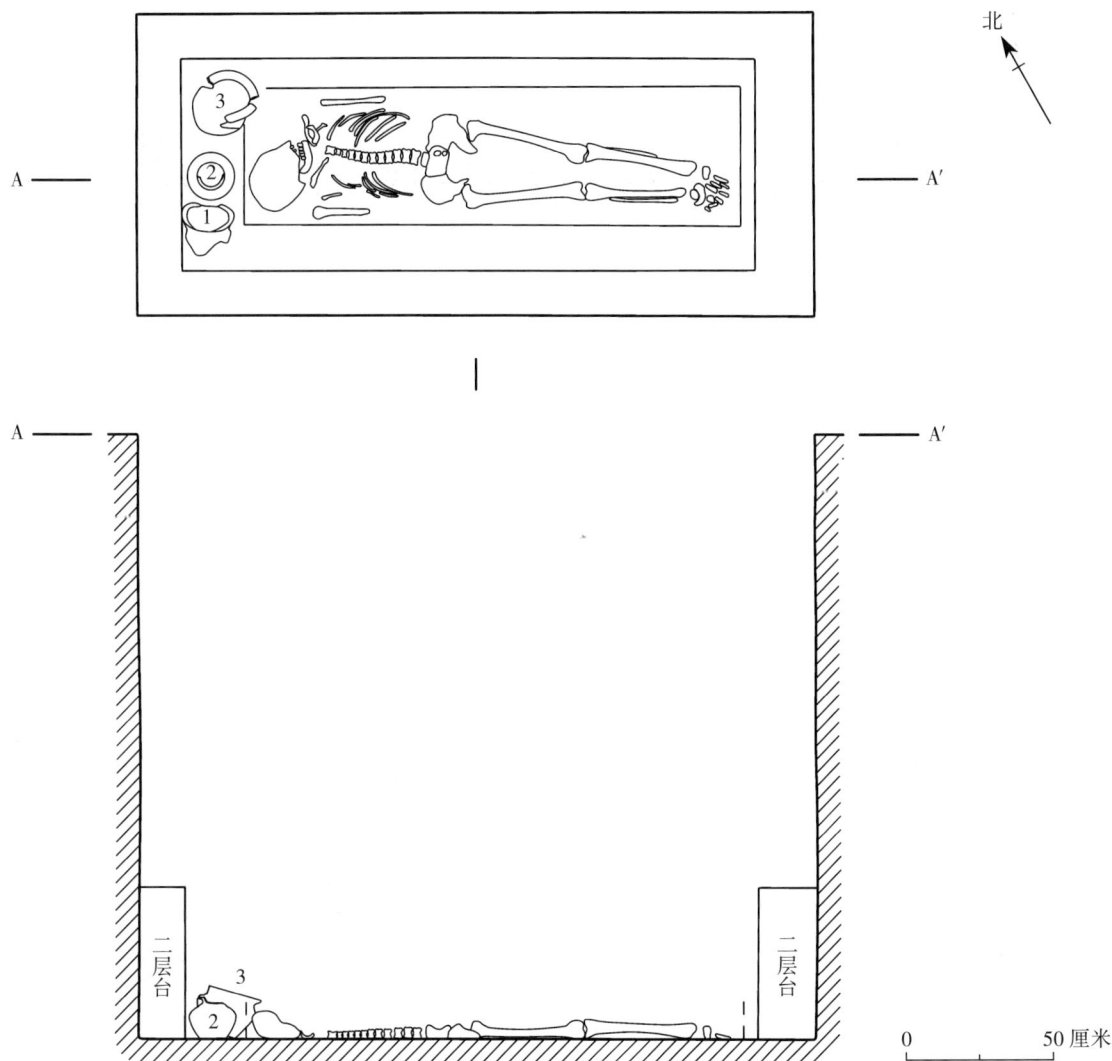

图七〇　M6 平、剖面图
1. 陶鬲　2. 陶罐　3. 陶盆

（二）随葬品

1. 陶器　3 件。鬲、罐、盆各 1 件。

鬲　M6：1，夹砂褐陶。侈口，斜低领，方唇上有一道凹槽，腹略外鼓，分裆，三足均残。腹饰竖行粗绳纹，绳纹有被抹痕迹，内外均有烟熏痕。口径 17、残高 11 厘米（图七一，1；彩版一九，2）。

罐　M6：2，泥质灰陶。口部残，侈口，平沿，圆唇，束颈，斜折肩，下腹略斜内收，平底。肩饰两组各三周旋纹。口径 9.2、底径 8.8、高 13.8 厘米（图七一，2；彩版一九，3）。

盆　M6：3，泥质灰陶。折沿上斜，沿面上有两周凹槽，束颈，斜折肩，下腹弧收，平底。肩部有旋纹一周。口径 21.5、底径 11.5、高 14.4 厘米（图七一，3；彩版一九，4）。器内有一块猪的右肋骨残块。

M8

位于发掘区的北部，由于村民取土，墓葬上部已被严重破坏，开口上无地层堆积。西壁被晚期墓 M7 所打破。

（一）墓葬形制

长方形竖穴土圹墓，墓口长 1.94、宽 0.84、残深 0.55 米。方向 305 度（图七二；彩版二〇，1）。

墓底四壁筑有夯土二层台，宽 0.15 ~ 0.18、高 0.35 米。墓室内填浅黄色土。

葬具为一木棺。木棺仅存局部的白色朽灰，残高约为 0.1 米，长、宽不详。

墓内骨骸保存较好，仰身直肢。头向西，头部略高，面略歪向西侧，双手抱于胸前。两股骨在膝关节处相并，呈"V"形，两胫骨平行。

骨骸的左、右髋骨残，耻骨外翻明显，联合部分呈方形，耳状面弯曲而小，坐骨宽而浅。头骨残破，眉骨发育中等，框上缘锐薄，额结节比较明显。四肢纤细。根据牙齿小、下颌较大、牙齿磨合 2-3 级、耻骨磨合面等信息判断，该骨骸为一 24 ~ 26 岁的青年女性个体。

棺内头端放置有鬲、簋等陶器。头骨部位发现海贝 34 枚，个别表面粘有朱砂。

（二）随葬品

1. 陶器

2 件。鬲、簋各 1 件。

鬲　M8：1，夹砂灰陶。侈口，方圆唇，斜领，束颈，鼓腹，分裆，三锥状足尖。口沿及颈部抹光，颈以下饰绳纹。口径 14.8、高 17 厘米（图七三，1；彩版二〇，2）。

簋　M8：2，泥质灰陶。器形略变形。敞口，方圆唇，圈足略外撇。腹部饰横向绳纹。口径 23、高 12.2 厘米（图七三，2；彩版二〇，3）。

2. 其他

海贝　共 34 枚。应为串饰。M8：3，背面均有磨出穿孔以便系戴。最大长 2.3、宽 1.5厘米（图七三，3；彩版二〇，4）。

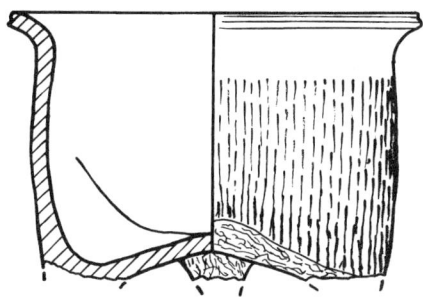

1. 鬲（M6∶1）

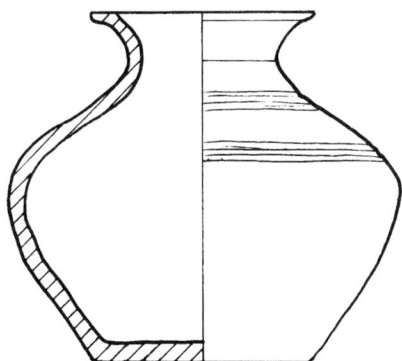

2. 罐（M6∶2）

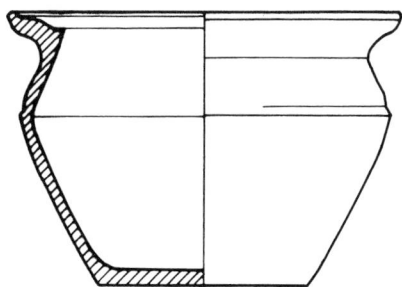

3. 盆（M6∶3）

图七一　M6 出土器物

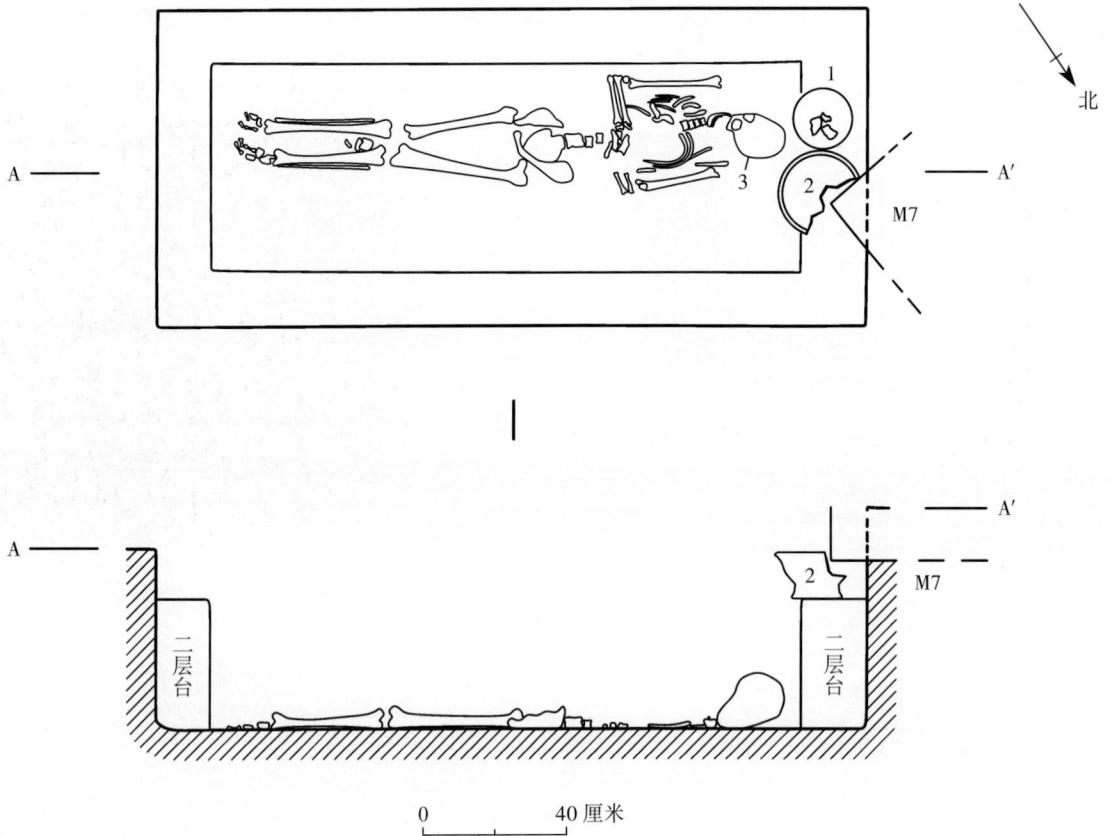

图七二　M8 平、剖面图
1.陶鬲　2.陶簋　3.海贝

M9

位于发掘区的中北部，东邻 H6、Y1。墓葬上部已被破坏。

（一）墓葬形制

长方形竖穴土圹墓，长 2.3、宽 0.84、残深 0.9 米。方向 125 度（图七四）。

墓壁只见东壁筑有熟土二层台，宽 0.2、高 0.5 米。墓室内填浅黄色土。

葬具腐朽严重，仅见白色带状遗迹，似为一木棺。据残存的头端二层台推测，棺高约为 0.5 米，其他尺寸不详。

骨骸残朽严重，头向朝东，直肢葬，两胫骨平行放置，右股骨压于左股骨之上，似为侧身。

该骨骸仅剩余下肢股骨、胫骨残段和一块头骨碎片。骨壁较厚，尖脊发达，关节面达，下肢骨粗壮。可能是成年男性，年龄不详。

墓室头端二层台上放置鬲、罐、豆等陶器。股骨两侧各有海贝 1 枚。

（二）随葬品

1.陶器

3 件。鬲、罐、豆各 1 件。

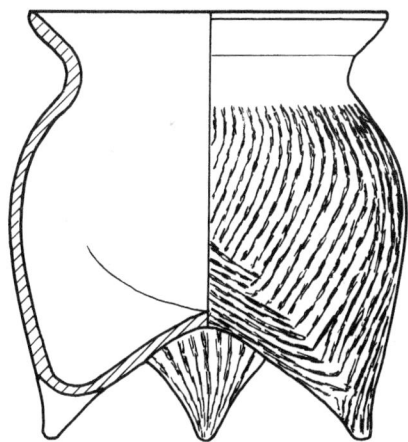

0　　　　　6厘米

1. 鬲（M8∶1）

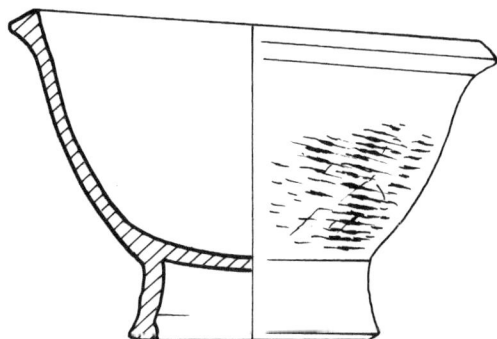

0　　　　　6厘米

2. 簋（M8∶2）

0　　　　2厘米

3. 海贝（M8∶3）

图七三　M8 出土器物

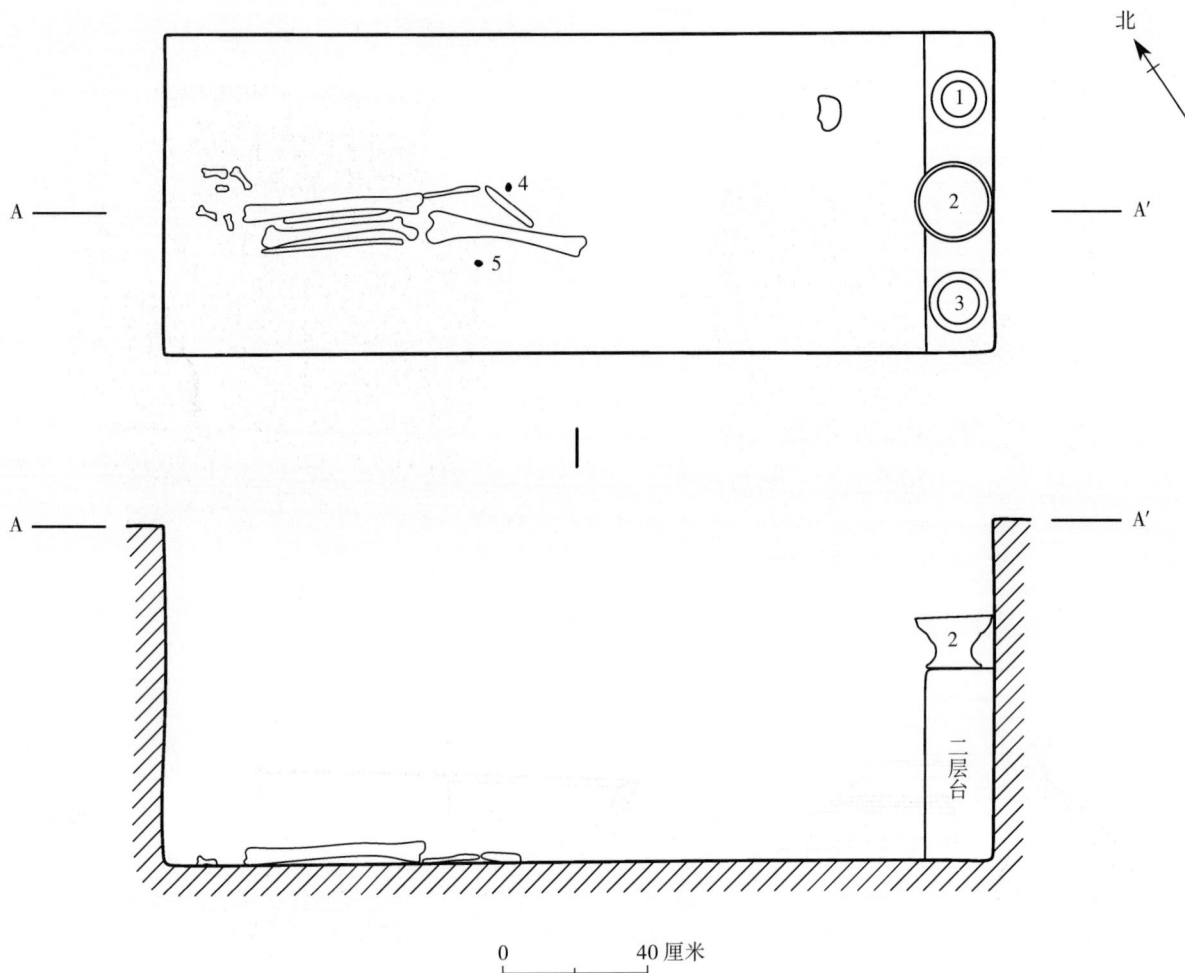

图七四　M9 平、剖面图
1.陶罐　2.陶豆　3.陶鬲　4、5.海贝

鬲　M9：3，夹砂灰陶。敛口，宽折沿略上斜，薄圆唇，束颈，微鼓腹，弧裆，三柱足。颈以上抹光，腹部饰细绳纹，腹部略偏上饰一周凹旋纹，三足上侧的腹部均有鸡冠状扉棱，足部无绳纹。口径 15.8、高 12.2 厘米（图七五；彩版二一，1）。

罐　M9：1，泥质灰陶。侈口，方唇，束颈，圆肩，下腹弧收，小平底。颈部至腹部饰四组九周凹旋纹。口径 9.2、底径 5.2、高 12.5 厘米（图七六，1；彩版二一，2）。

豆　M9：2，泥质灰陶。敞口，尖唇，浅腹，假腹，粗柄呈倒立喇叭口状。表面磨光。口径 21、高 13.6 厘米（图七六，2；彩版二一，3）。

2. 其他

海贝　2 枚。正面有齿槽，背面均有磨出的穿孔。标本 M9：4，为较小的个体。长 2、宽 1.4、厚 1、孔径 0.5 ~ 0.7 厘米（图七六，3；彩版二一，4）。

M11

位于发掘区北端，北邻 M12，因取土墓室上部破坏较甚，仅存墓室底部。

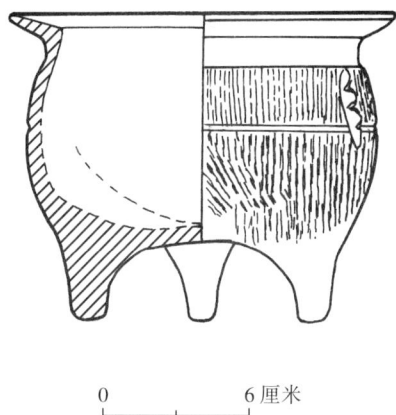

M9 ： 3

图七五 M9 出土陶鬲

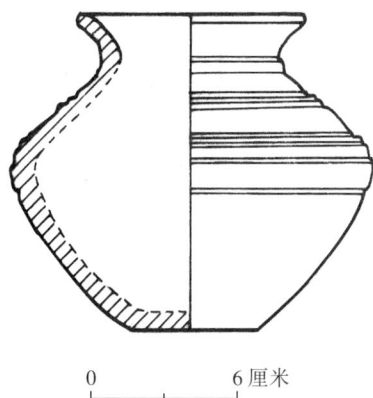

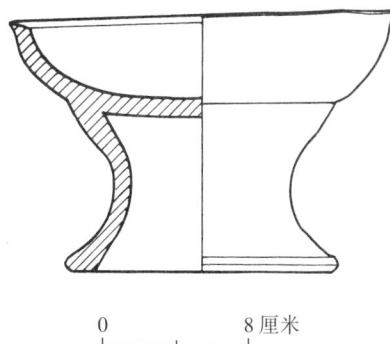

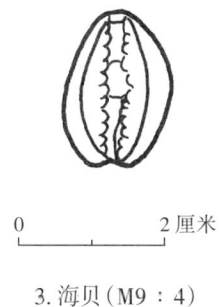

3. 海贝（M9 ： 4）

1. 罐（M9 ： 1）　　　　　　　　2. 豆（M9 ： 2）

图七六 M9 出土器物

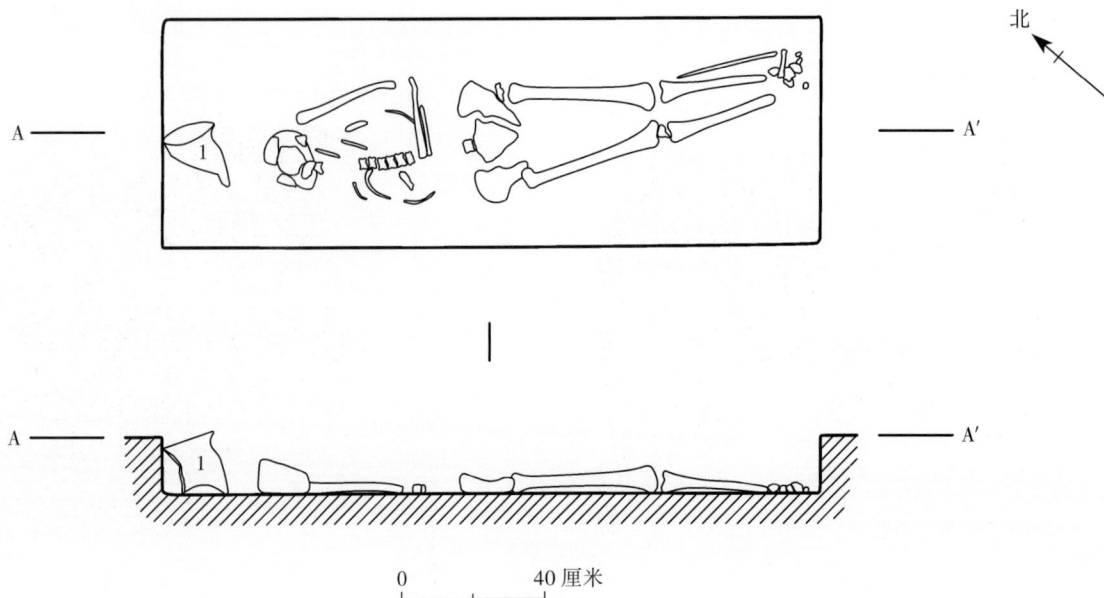

图七七　M11平、剖面图
1.陶鬲

（一）墓葬形制

长方形竖穴土圹墓，长1.8、宽0.6、残深0.15米。方向320度（图七七；彩版二二，1）。

因破坏严重，墓圹结构及葬具不明。墓室内填浅黄色土。骨骸保持尚可，头西脚东，双手抱于胸前，仰身直肢。头向320度。胫骨处有朱砂痕迹。

墓内骨骸的头骨残，眉弓发育弱，框上缘锐薄，髋骨坐骨大切迹髋骨臼小，耳状面小且弯曲，四肢纤细，骨尖脊部发达。据此，该骨骸应为一位成年女性个体。

墓室头端置陶鬲。

（二）随葬品

陶鬲　1件。M11：1，夹粗砂灰陶。侈口，方唇，束颈，腹微鼓，联裆略高，足内收，足尖较钝且接近柱状。颈以上素面，器身饰粗绳纹。口径19、高17厘米（图七八；彩版二二，2）。

M12

位于发掘区域北端，南邻M11，开口在深0.7米的现代耕土层下。

（一）墓葬形制

长方形竖穴土坑墓，长2.2、宽1.2、自深1米。方向60度（图七九）。

墓室四壁筑有熟土二层台，东宽0.25、南和北宽0.2、西宽0.4、高0.5米。西南二层台被村民取土破坏，残留一小部分。墓室内填浅黄色土。

葬具为一木棺。棺长1.8、宽0.6、高0.5米，棺板厚度不详。

骨骸头向东北，小尺骨弯曲与大臂肱骨垂直，双手抱于腹部，下肢呈"V"形，仰身直肢。骨骸长约1.5米。

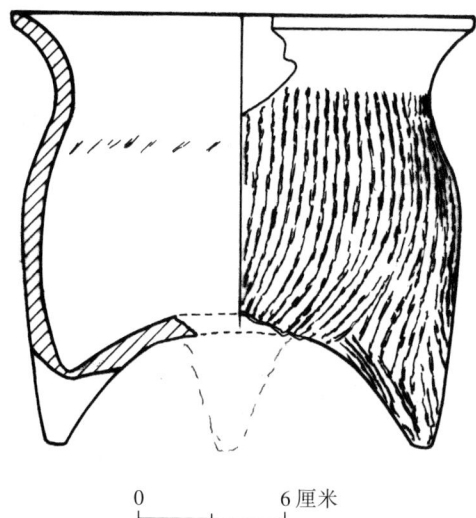

0   6 厘米

M11：1

图七八 M11 出土陶鬲

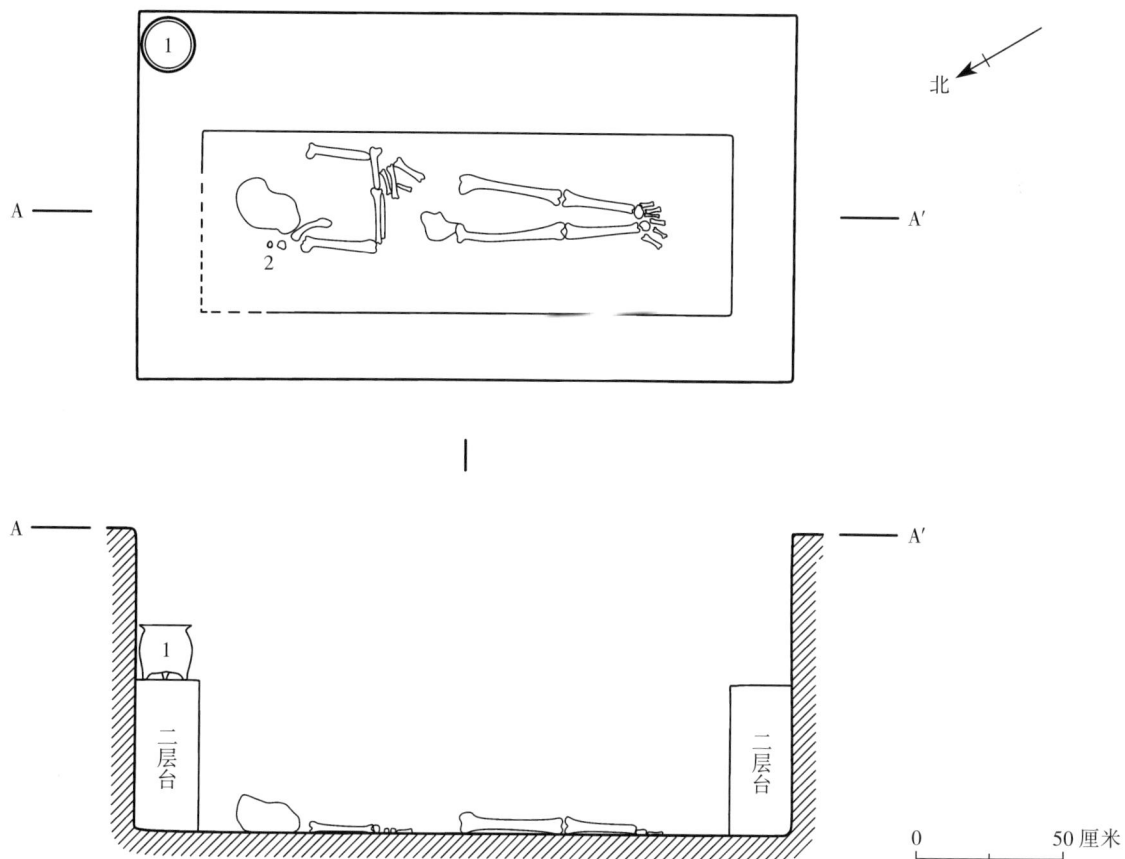

北

A —— —— A'

A —— —— A'

0   50 厘米

图七九 M12 平、剖面图

1. 陶鬲 2. 海贝

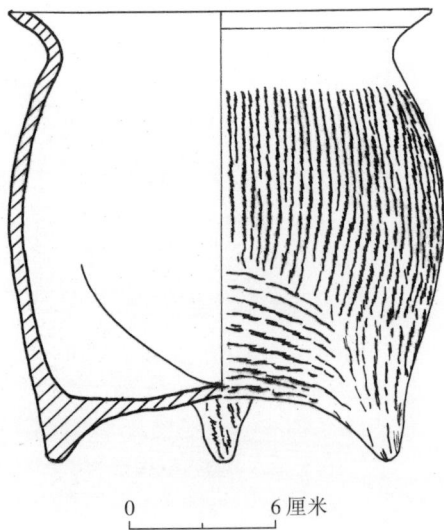

图八〇　M12 出土陶鬲

M12：2

图八一　M12 出土海贝

该骨骸的头骨眉弓发育弱，额结节明显，框上缘锐薄，头骨壁薄，牙齿磨合严重，四肢骨纤细，骨质疏松严重。据此，该骨骸为一约 60 岁的老年女性个体。

墓室东北角二层台上放置 1 件陶鬲。骨骸头部附近出土有 1 枚海贝及残碎的蚌片。

（二）随葬品

陶鬲　M12：1，夹砂灰陶。侈口，窄平沿，斜领，束颈，鼓腹，略呈分裆且较低，足略内收，足尖较钝接近柱形。颈以上抹光，颈以下饰粗绳纹，裆底饰斜绳纹。口径 17.6、高 18 米（图八〇；彩版二二，3）。

海贝　M12：2，天然海贝。正面有齿槽，背面有磨出的圆孔。长 2.1、宽 1.5、厚 0.8、孔径 0.5 ~ 0.7 厘米（图八一）。

M13

位于发掘区域最南端，贾里村七组农田内，北距西安财经学院长安校区西南围墙拐角 3 米，南距鱼包头到贾里村的乡间公路 15 米。

墓葬开口位置距地表约 1 米，开口于第 4 层黑垆土层下（见前言中关于 M13 的介绍）。

（一）墓葬形制

长方形竖穴土圹墓，墓圹口小底大，上口长 2.3、宽 0.7 米，底长 2.5、宽 1.05 米，开口距离地表约 1、自深 1.9 米。方向 140 度（图八二；彩版二三，1，2）。

墓底中部有长椭圆形腰坑，长 0.85、宽 0.58、深 0.1 米。墓葬四壁有夯筑二层台，宽 0.15 ~ 0.2、残高 0.35 米。墓壁加工粗糙。墓室内填黄褐色五花夯土，夯层厚度为 0.07 ~ 0.1 米，密度大，坚硬。

木质葬具，一棺一椁。椁长 2.1、宽 0.7、高约 0.35 米，椁板厚度不详。棺长 1.95、宽 0.45 ~ 0.55 米，高度及板厚度不详。

骨骸保存较好，头向东，面偏南，侧身直肢，骨骸长 1.88 米。头向 140 度。成年人。性别及年龄未做鉴定。

墓室头端二层台放置鬲、罐、簋、豆等陶器。骨骸颈下有海贝串饰，似项饰。口内含有海贝。海贝共计 14 枚。

（二）随葬品

1. 陶器

5 件。有鬲 2 件，罐、簋、豆各 1 件。

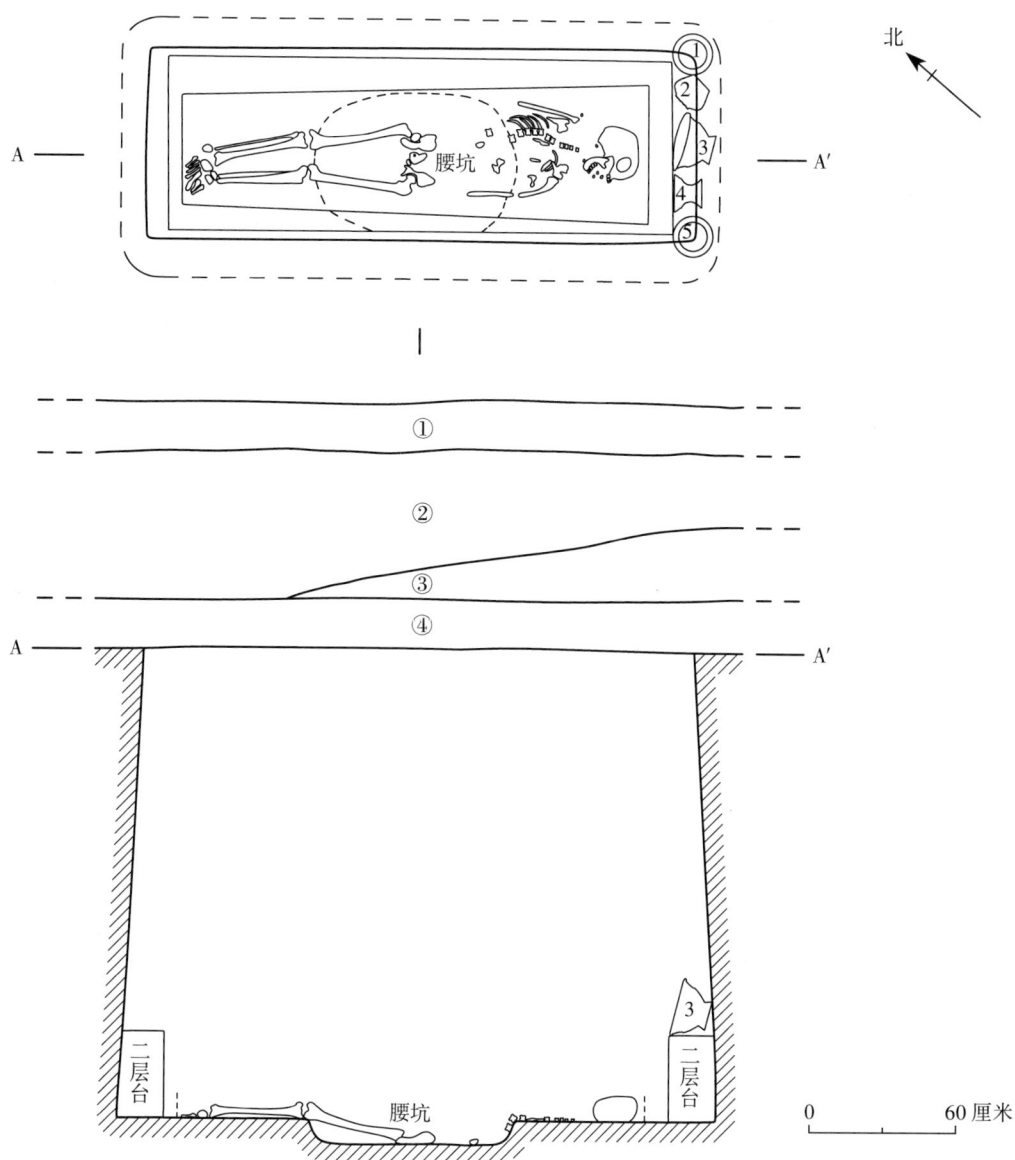

图八二　M13 平、剖面图

1. 陶鬲　2. 陶罐　3. 陶簋　4. 陶豆　5. 陶鬲　6. 海贝

鬲 M13：1，夹砂灰陶。平沿微上斜，方圆唇，敛颈，鼓肩，联裆，三锥状足较高。口沿及颈部抹光，沿面外侧有一周细旋纹，肩饰两周旋纹，腹以下饰微斜的中绳纹，足外侧绳纹被抹不清，三足上部各有一圆饼饰。口径14.7、高15厘米（图八三，1；彩版二四，1）。

鬲 M13：5，夹砂褐陶。侈口，方唇，斜领，束颈，上腹略鼓，联裆较高，三锥状足内收。口沿及颈外抹光，沿面外侧有旋纹一周，颈部以下饰斜绳纹。口径16.4、高17.1厘米（图八三，2；彩版二四，2）。

罐 M13：2，泥质灰陶。口残，束颈，鼓肩，下腹内收，平底。肩部以上磨光，上腹饰较细直绳纹和四道凹旋纹。肩径14.5、底径9、残高12.5厘米（图八四，1；彩版二四，3）。

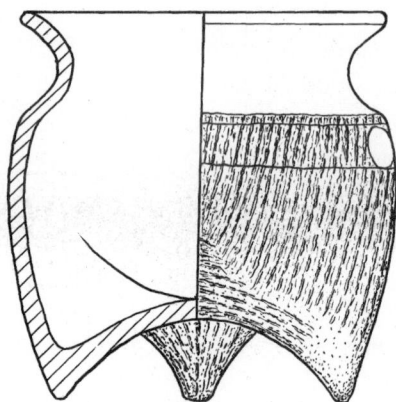

0   6厘米

1. M13：1

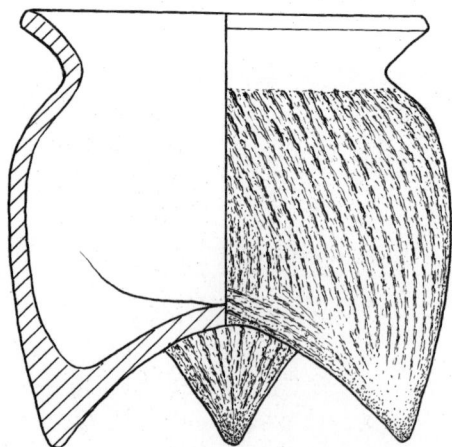

0   6厘米

2. M13：5

图八三　M13出土陶鬲

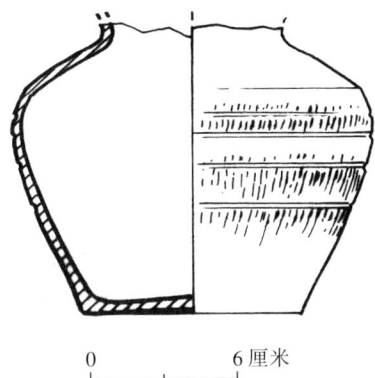

1. 罐（M13：2）

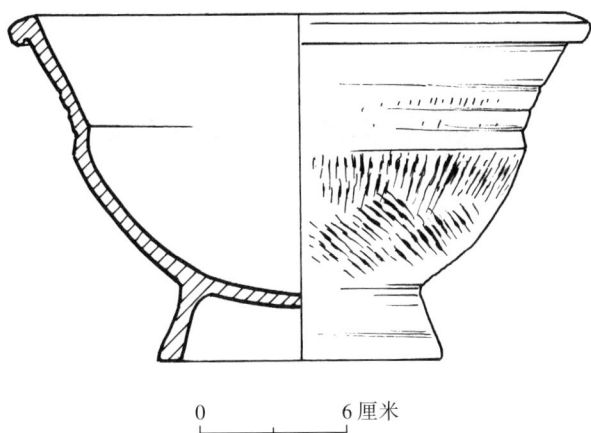

2. 簋（M13：3）

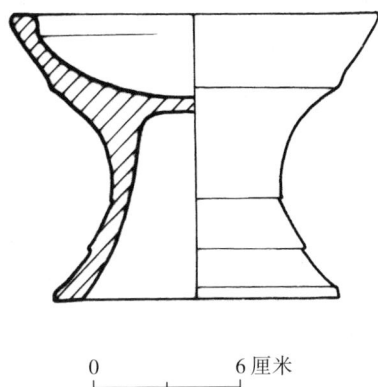

3. 豆（M13：4）

图八四　M13 出土器物

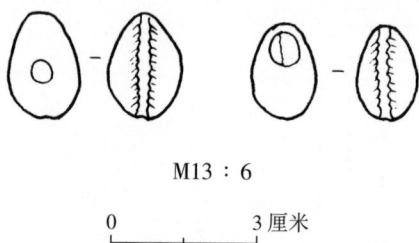

M13：6

0 _____ 3厘米

图八五　M13出土海贝

簋　M13：3，泥质灰陶。敞口，方圆唇，略外卷，腹部内折，圈足外撇。口沿抹光，颈上有旋纹一周，腹饰交错绳纹。口径24、圈足径11.5、高14厘米（图八四，2；彩版二四，4）。

豆　M13：4，泥质灰陶。直口，平沿，浅腹，喇叭状柄较粗。柄素面，中下部有旋纹两周。口径14.6、盘深2.9、圈足径11.5、高11.3厘米（图八四，3；彩版二四，5）。

2.其他

海贝　14枚。有口琀4枚，正面有细密的齿槽，背面有磨出的圆穿。另有标本M13：6，为用10枚海贝串结而成的佩饰，系串物。贝体大小不甚均匀（图八五；彩版二四，6）。

M14

位于发掘区东部，处于西安财经学院长安校区内，东邻西安财经学院长安校区便道，西距西安财经学院长安校区西围墙约10米，南为M15、M16。

（一）墓葬形制

揭去耕土后墓口即现，墓口距地表0.28米。墓葬打破原生黄土。

长方形竖穴土圹墓。墓口略呈梯形，口小底大。口长2.55、东宽1.2、西宽1.05米，底长2.85、东宽1.4、西宽1.2米，自深1.7米。方向300度（图八六；彩版二五，1）。

墓室四壁均有夯筑二层台，宽约0.25～0.3、高0.5米。墓室内填五花色夯土，夯土密度大，坚硬。包含物有少量西周时期陶片。

木质葬具，一棺一椁。椁长2.3、宽0.73、高0.5米，椁板厚度不详。棺长1.85、宽0.5～0.6米，高度及板厚度不详。

墓主骨架腐朽严重，根据骨粉痕迹观察，其为仰身直肢葬，头向300度。

头端二层台中部置陶鬲1件，西侧二层台置陶罐1件。墓底棺椁之间有陶豆1件，可能是棺椁腐朽后从二层台上滑落。头颅部位有海贝3枚，应系口琀。

（二）随葬品

1.陶器

3件。鬲、罐、豆各1件。

鬲　M14：1，夹砂灰陶。侈口，低斜领，方唇，束颈，鼓腹，联裆略高，锥状足内收。唇面有断续旋纹，沿外及颈部有绳纹被抹痕，肩以下饰较粗竖绳纹，足部饰麻点纹。口径15.5、高14厘米（图八七，1；彩版二五，2）。

罐　M14：3，泥质灰陶。侈口，束颈，斜折肩，下腹斜收，平底。口沿及颈部抹光，肩、腹饰绳纹及凹旋纹。口径8.6、肩径15.5、底径10、高16.5厘米（图八七，2；彩版二五，3）。

豆　M14：2，泥质灰陶。平沿，浅腹，底平，柄较粗，足残缺。素面。口径20.6、盘深4.2、

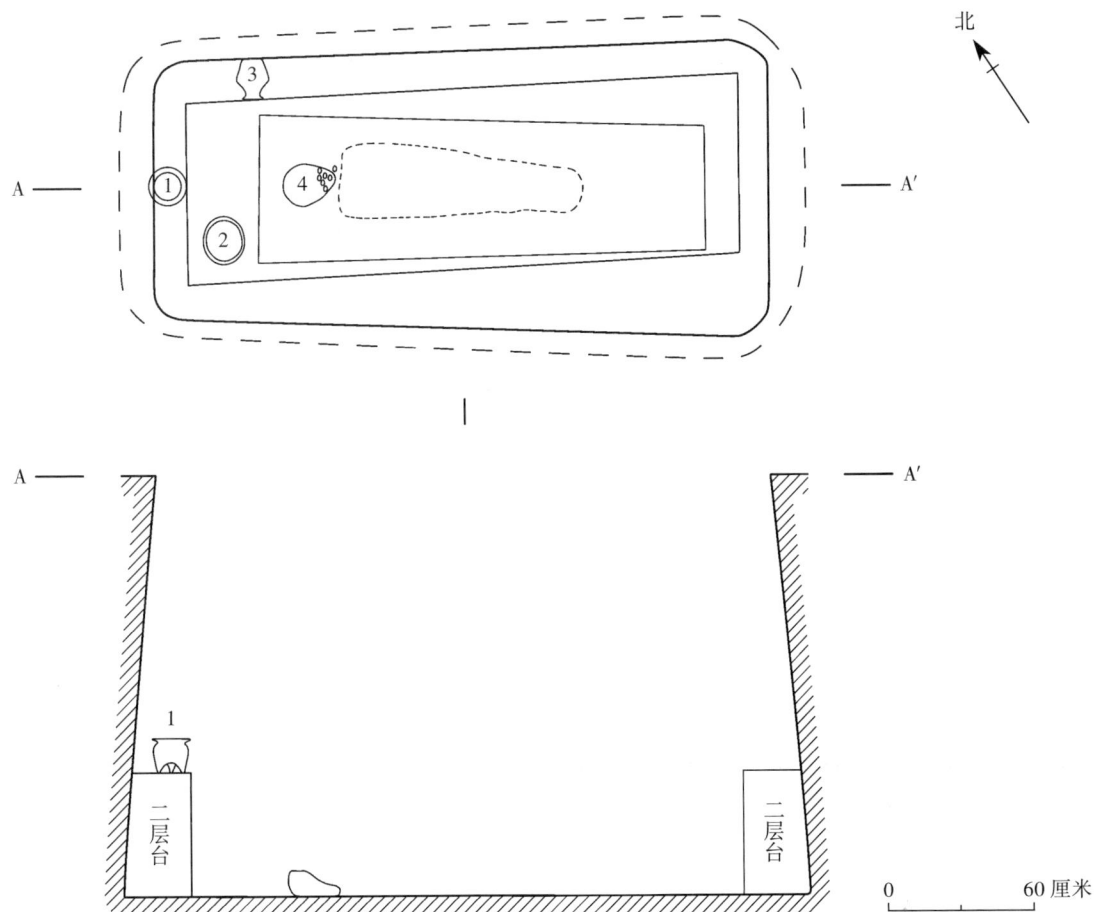

图八六　M14平、剖面图
1.陶鬲　2.陶豆　3.陶罐　4.海贝

残高 11.5 厘米（图八七，3；彩版二五，4）。

2.其他

海贝　M14：4，10枚，其中口琀3枚。正面有细密的齿槽，背面有磨出的圆穿。其余似项饰，部分保存不完整。完整者，长 2.7 ～ 2.4、宽 2.1 ～ 1.8、厚 1.0 ～ 1.1、孔径 0.7 ～ 0.6 厘米。

M15

位于发掘区东部，处于西安财经学院长安校区内，东邻 M16，北邻 M14，西距西安财经学院长安校区西围墙约 15 米。

该墓开口以上地层堆积可分为三层：

第 1 层，浅灰褐色耕土层，土质疏松，厚 0.25 米。土内有大量植物根茎，少量现代残砖、石块等。

第 2 层，黄褐色扰土层，土质疏松，厚 0.25 ～ 0.6 米。土内含有较多的秦代板瓦残片及少量早期陶片。本层为现代平整土地后的二次堆积。

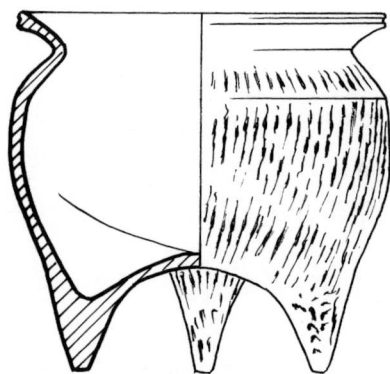

1. 鬲（M14：1）

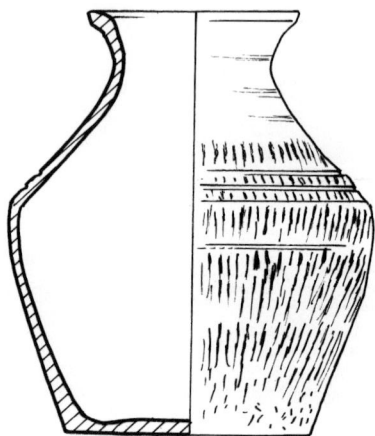

2. 罐（M14：3）

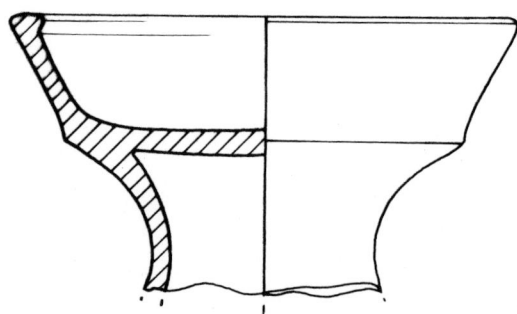

3. 豆（M14：2）

图八七　M14 出土器物

第 3 层，浅黑褐色土层，土质较硬，呈北高南低，厚 0.70 ~ 0.75 米。土内含有较多的秦代板瓦残片。M15 开口于第 3 层下。

（一）墓葬形制

长方形竖穴土圹墓，口长 2.36、北宽 1.1、南宽 0.9 米，开口距离地表 1.2 ~ 1.6 米，自深 1.7 ~ 2.1 米。方向 32 度（图八八；彩版二六，1）。

墓室四壁有夯土二层台，宽 0.15 ~ 0.3、残高 0.3 米。四壁加工平整。墓室内填褐色五花夯土。

葬具为一木棺，已朽，据痕迹可知，棺长 1.9、宽 0.6 ~ 0.7 米，高度及板厚度不详。

墓主骨骸保存较完整，手臂放于胸前，头向北，面向不详，仰身直肢葬。头端二层台置陶罐 1 件。

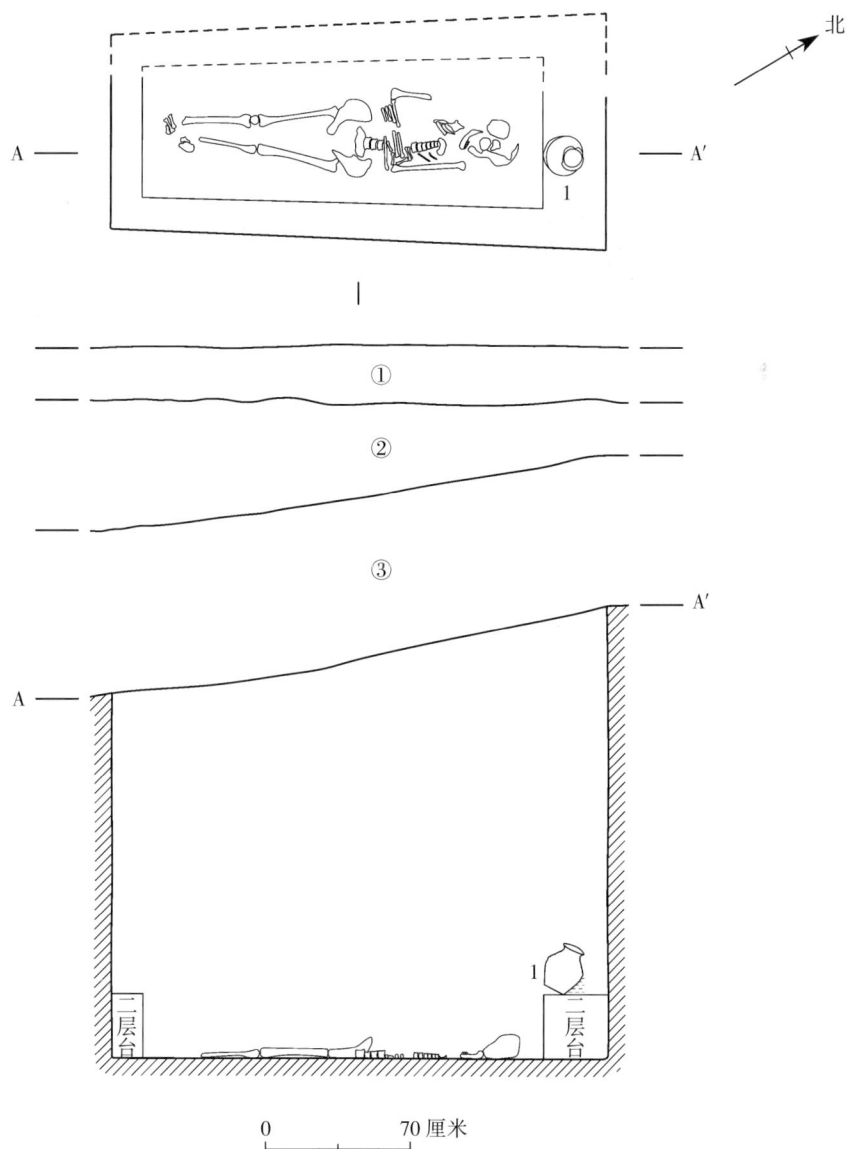

图八八　M15 平、剖面图

1. 陶罐

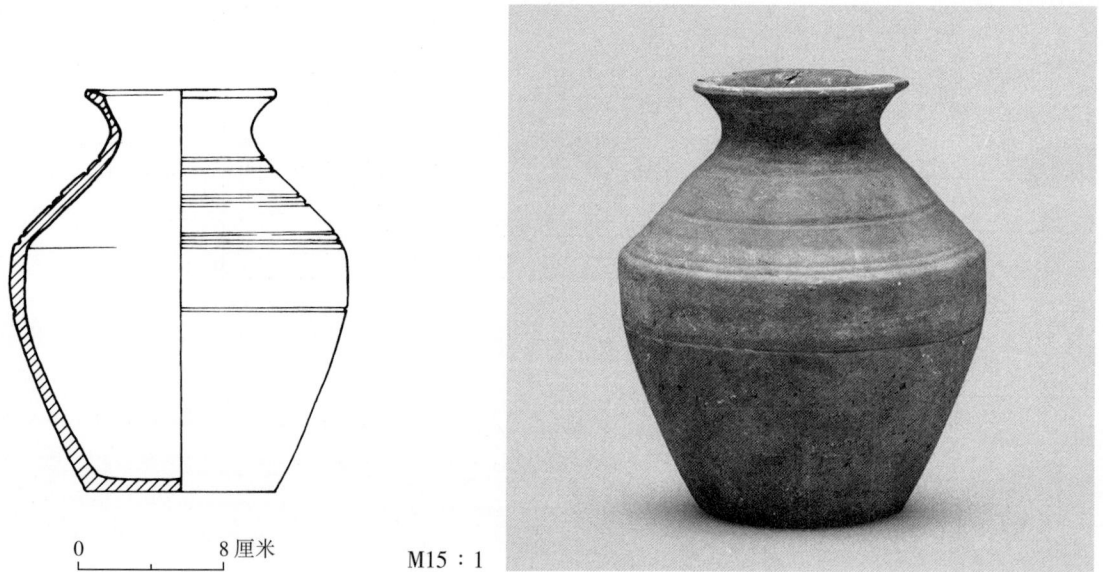

图八九　M15 出土陶罐

（二）随葬品

陶罐　1件。M15∶1，泥质灰陶。侈口，小平沿，圆唇，束颈，折肩，下腹弧收，平底。肩上饰旋纹三组，每组两周；腹上部饰旋纹一周。口径10.4、肩径18.5、底径10、高21.3厘米（图八九；彩版二六，3）。

M16

位于发掘区东部，西邻 M15，东距西安财经学院长安校区内便道约 15 米，墓上地层堆积与 M15 的相同，开口于秦代堆积下，开口距地表 1.5 米。

（一）墓葬形制

长方形竖穴土圹墓，口长 2.3、宽 1.1、自深 1.8 ~ 2.3 米。方向为 32 度（图九〇；彩版二六，2）。

墓室四壁夯筑二层台，台宽 0.1 ~ 0.3、残高 0.3 米。墓壁加工竖直平整。墓室内填褐色五花夯土。

木质葬具，一棺一椁。椁长 2.05、宽 0.75、高约 0.3 米，椁板厚度不详。棺长 1.75、宽 0.55 米，高度及板厚度不详。

墓主骨骸保存较完整，头向北，面向西，手臂放于胸前，下肢微屈。仰身直肢葬。头向 32 度。

头端的棺椁之间置有陶鬲。

（二）随葬品

陶鬲　1件。M16∶1，夹砂灰陶。侈口，方唇，低斜领，束颈，鼓腹，联裆略高，三锥状足。口沿外及颈部的绳纹被抹，颈以下绳纹清楚。口径 16.8、高 16.3 厘米（图九一；彩版二六，4）。

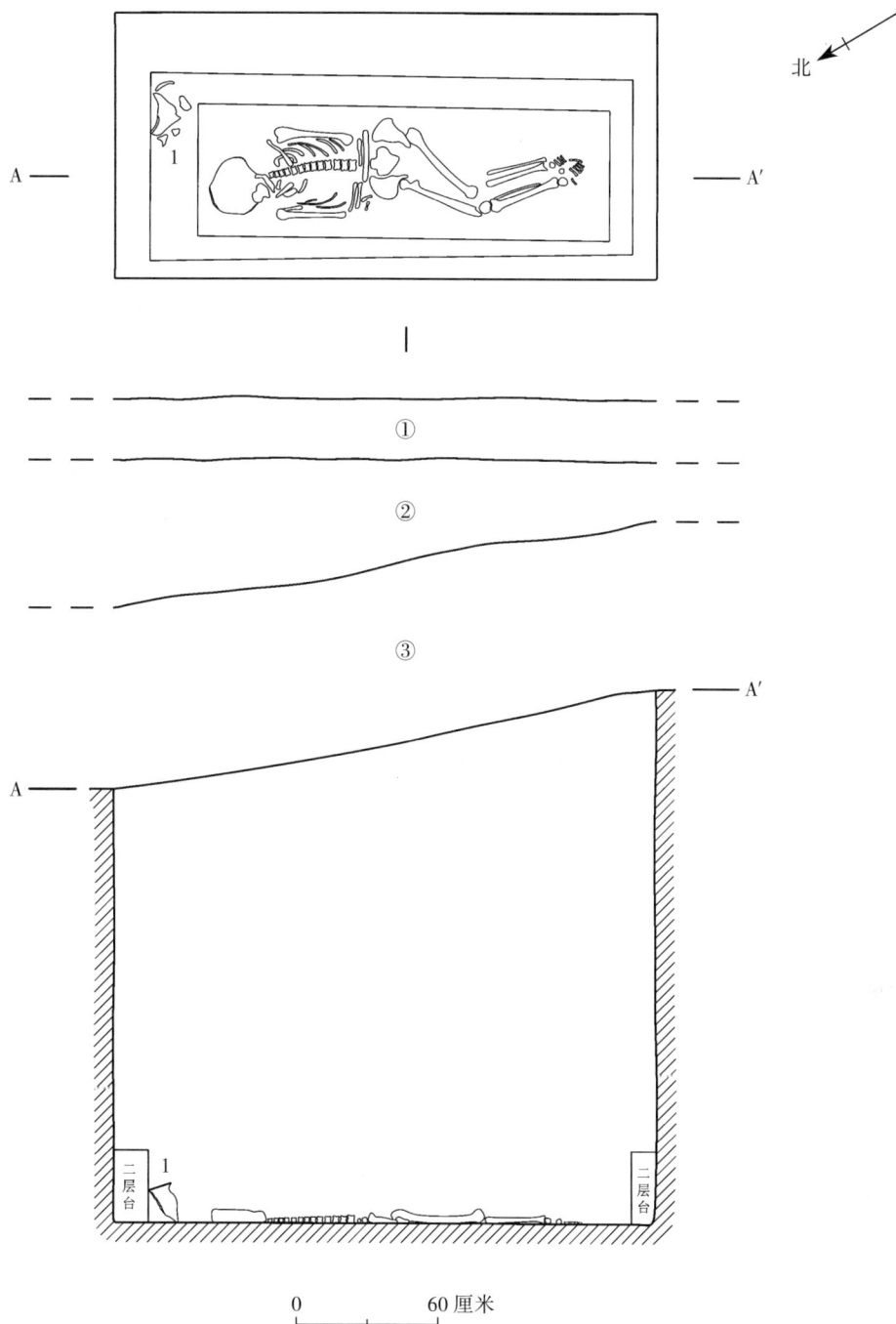

图九○　M16 平、剖面图
1. 陶鬲

M17

位于发掘区域西南部，距其他墓葬均较远，西、北两边与贾里村八组村民住宅区相邻。墓葬开口于黑垆土层下，开口处距地表 0.96 米。

（一）墓葬形制

M17 为长方形土圹竖穴墓，墓口长 2.9、宽 1.3、自深 2 米。方向 310 度（图九二；彩版

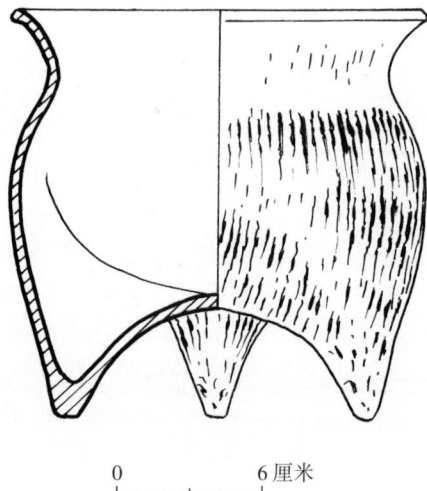

M16：1

图九一　M16 出土陶鬲

二七，1）。

墓室底部四周均设生土二层台，东宽 0.1、北宽 0.15、西和南均宽 0.2、高 0.5 米。墓主骨骸盆骨的位置有一椭圆形腰坑，长 0.5、宽 0.35、深 0.12 米。腰坑内未见包含物。

墓室四壁较直。墓室内填五花色土，土质疏松，包含少许陶片。

木质葬具，一椁一棺，均已朽成白色板灰。据痕迹可知，椁长 2.6、宽 0.94、高 0.5 米。棺的长、宽等数据不清。棺下有枕木，胫骨部位下的一道枕木痕迹较清楚，宽 0.15、深 0.06～0.08 米。

墓主骨骸保持较差，朽为黄褐色骨粉，头向西，面向不清，仰身直肢。头向 310 度。

头端二层台上有陶鬲残片。头端棺椁之间放置陶鬲、簋、罐等。

（二）随葬品

共 4 件。均为陶器，有鬲 2 件，罐、簋各 1 件。

鬲　M17：1，夹砂红褐陶。侈口，圆唇，束颈，分裆，三锥状足。口沿及颈部抹光，颈以下饰粗斜绳纹。口径 13、高 15.8 厘米（图九三，1；彩版二七，2）。

鬲　M17：4，夹砂灰陶。侈口，小平沿，圆唇，束颈，浅鼓腹，联裆内瘘，三锥状足内收。口沿抹光，颈以下饰较直中绳纹。口径 15.5、高 12 厘米（图九三，2；彩版二七，3）。

罐　M17：2，泥质灰陶。近喇叭口，圆唇，短束颈，折肩，腹微弧收，平底。肩部有对称的錾手，呈倒八字形。口沿及肩部磨光，腹饰有绳纹和旋纹，底有较粗的交错绳纹。口径 14.2、肩径 20.5、底径 10 厘米（图九三，3；彩版二七，4）。

簋　M17：3，泥质灰陶。敞口，方圆唇，略外翻，腹上部略内折，圈足外撇。口沿及颈部抹光，腹饰交错绳纹，圈足有弦纹一周。口径 23、圈足径 11、高 14.3 厘米（图九四；彩版二七，5）。

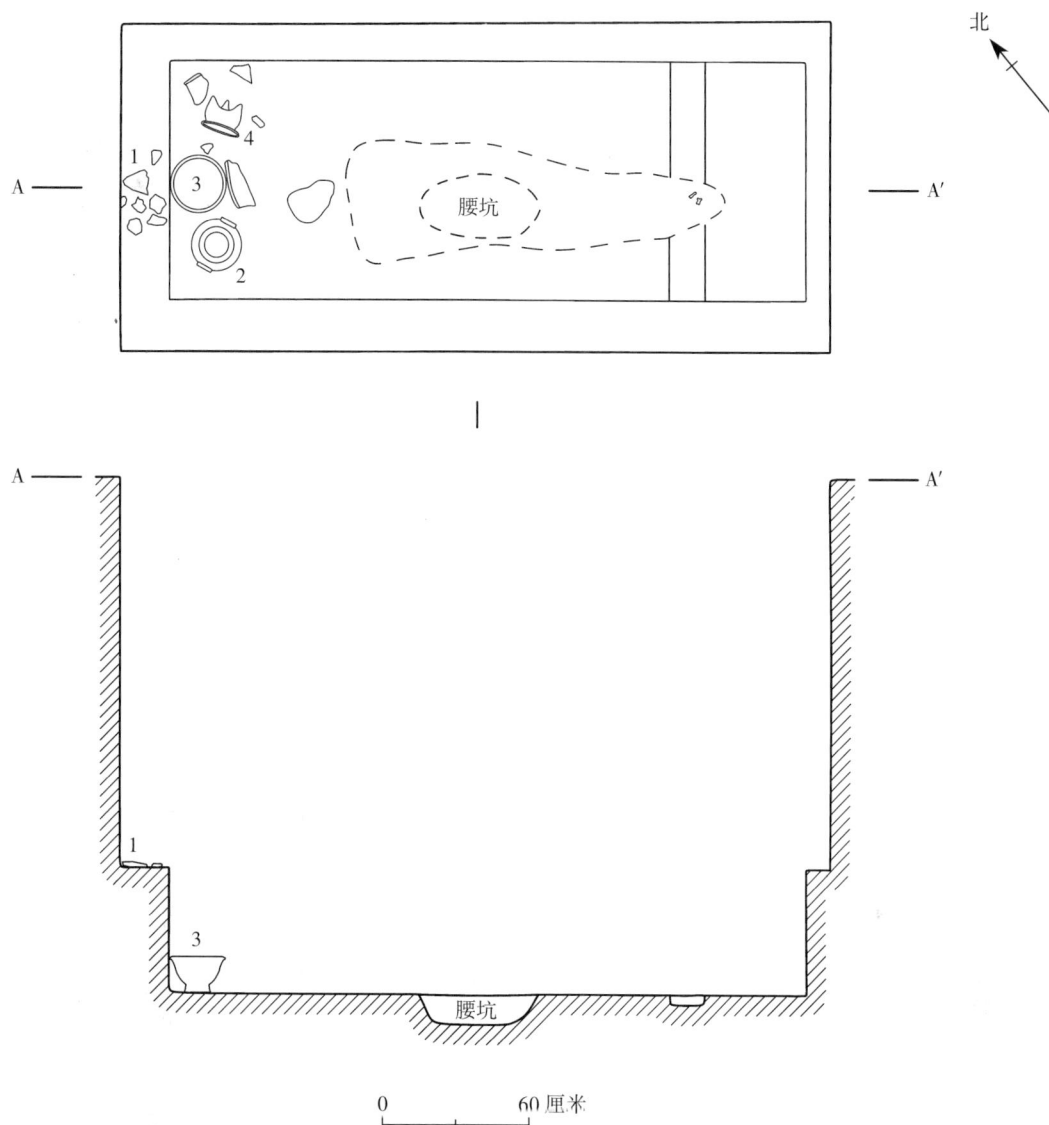

图九二　M17 平、剖面图

1.陶鬲　2.陶罐　3.陶簋　4.陶鬲

M18

位于发掘区南部，西安财经学院长安校区南墙外，南邻 M22 及乡村公路，北为村民住宅区。墓葬开口于黑垆土层下，打破黄生土层，开口距地表 0.7 米。

（一）墓葬形制

长方形竖穴土圹墓，口小底大，口长 2.2、宽 0.85 米，底长 2.3、宽 1 米，自深 1.7 米。方向 80 度（图九五；彩版二八，1）。

墓底四周设有生土二层台，东宽 0.24、南宽 0.16、西宽 0.18、北宽 0.17 米，高 0.44 米。墓室内填五花夯土，较密实。

葬具为一木棺。棺长 1.75、宽 0.6 米，高度不详。

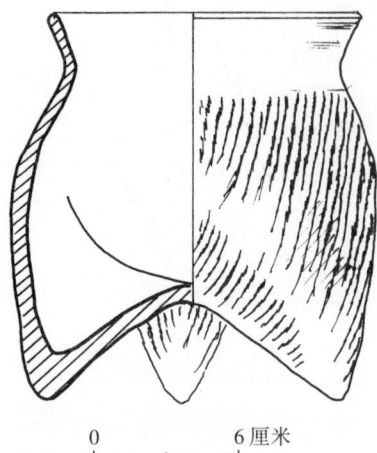
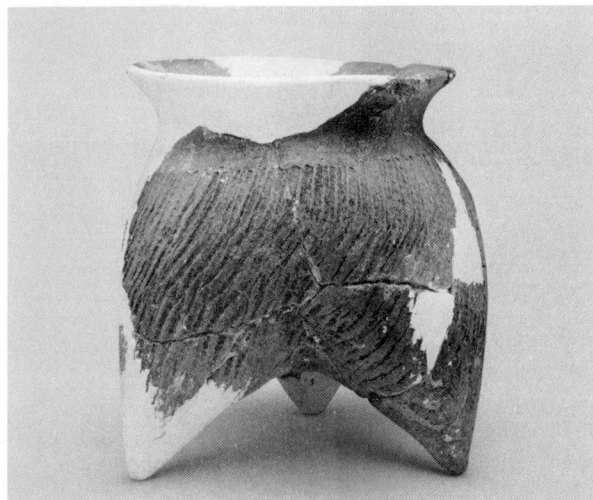

1. 鬲（M17：1）

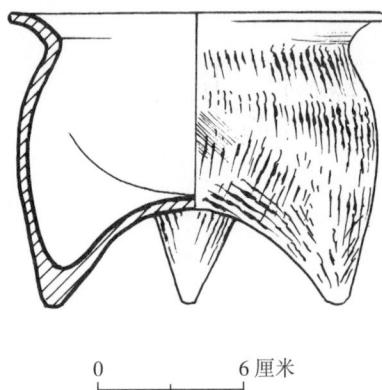

2. 鬲（M17：4）

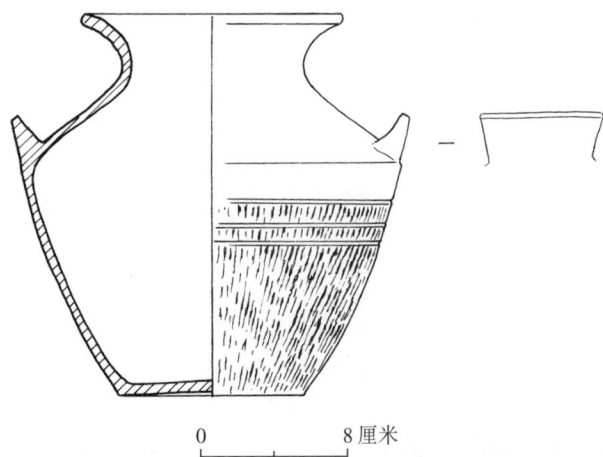
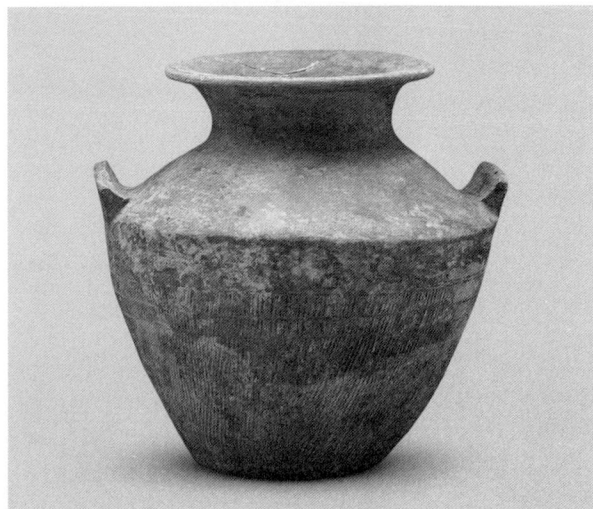

3. 罐（M17：2）

图九三　M17 出土器物

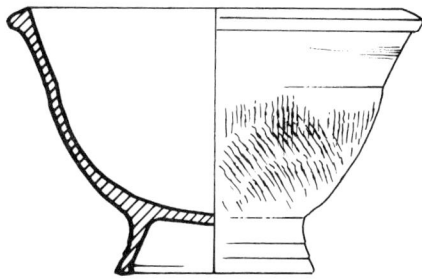

M17：3

图九四　M17 出土陶簋

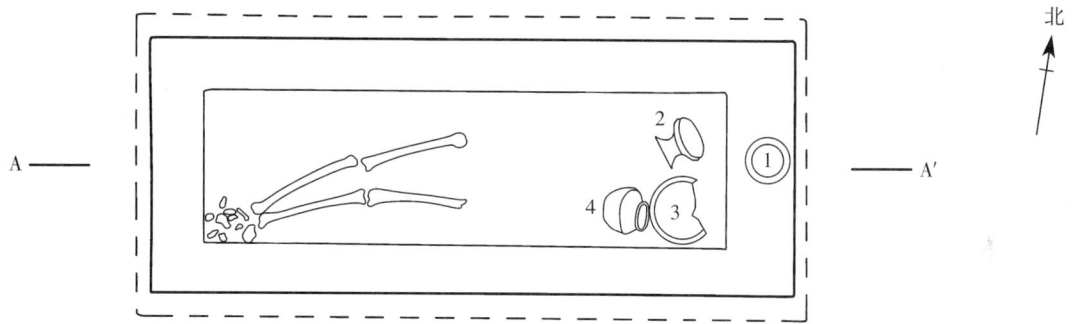

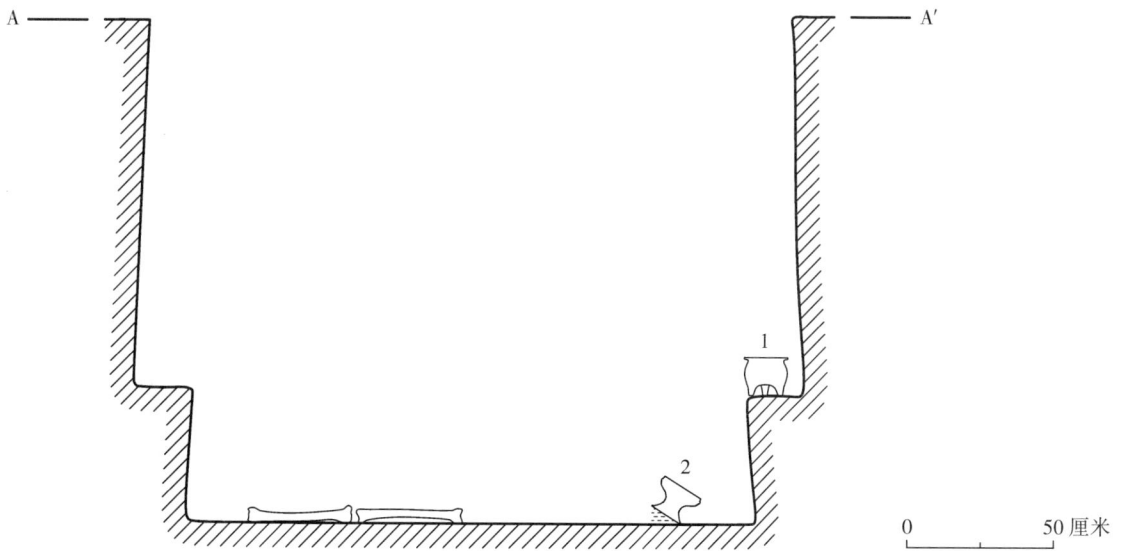

图九五　M18 平、剖面图

1.陶鬲　2.陶豆　3.陶簋　4.陶罐

墓主骨骸保存较差，盆骨以上仅存骨粉印痕，下肢骨尚存，可辨直肢，头东向，面向不详。头向 80 度。股骨骨面光滑，骨间嵴不发达，据此推测该骨骸可能是一成年女性个体。

头端二层台置陶鬲 1 件。棺内头端有豆、罐、簋等陶器，似自二层台跌落。

（二）随葬品

4 件。均为陶器，鬲、豆、罐、簋各 1 件。

鬲 M18：1，夹砂灰陶。敛口，斜平沿，方唇，束颈，低领，鼓腹，联裆内瘪明显，三柱足。口沿抹光，腹饰较粗绳纹。口径 15.8、高 12.5 厘米（图九六，1；彩版二八，2）。

豆 M18：2，泥质灰陶。敛口，方唇，鼓腹，柄较粗。腹、柄饰凹凸弦纹。口径 14、圈足径 11.5、高 11 厘米（图九六，2；彩版二八，3）。

簋 M18：3，泥质灰陶。侈口，翻沿外斜，圆唇，深腹，喇叭状圈足。素面。口径

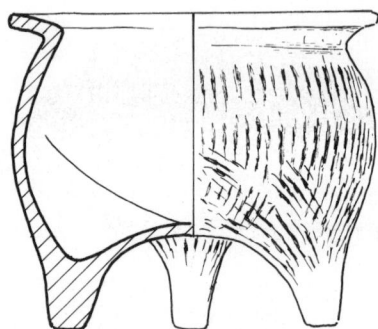

0 　　　　　　 6 厘米

1. 鬲（M18：1）

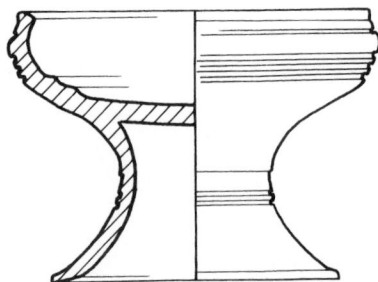

0 　　　　　　 6 厘米

2. 豆（M18：2）

图九六　M18 出土器物

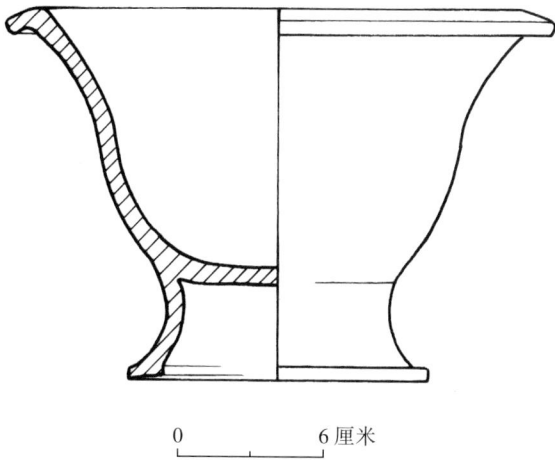

1. 簋（M18：3）

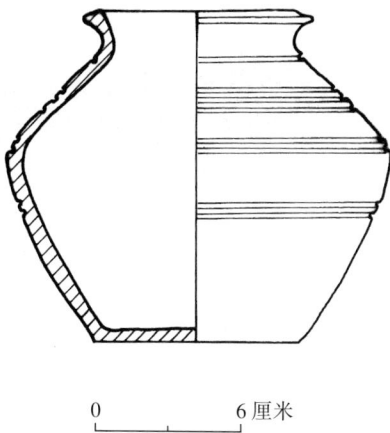

2. 罐（M18：4）

图九七　M18 出土器物

22.3、圈足径 12、高 15 厘米（图九七，1；彩版二八，4）。

罐　M18：4，泥质灰陶。侈口，窄平沿，圆唇，束颈，圆折肩，下腹弧收，平底。颈、肩、腹部均饰弦纹。口径 9.5、底径 8、高 13.5 厘米（图九七，2；彩版二八，5）。

M19

位于发掘区域南部，南邻贾里村通往常宁宫的乡村公路，西、北边为贾里村八组村民住宅区。墓葬开口距地表约 0.75 米。

（一）墓葬形制

长方形竖穴土圹墓，长 2.5、南宽 1.3、北宽 1.1、自深 2.1 米。方向 195 度（图九八；彩版二九，1）。

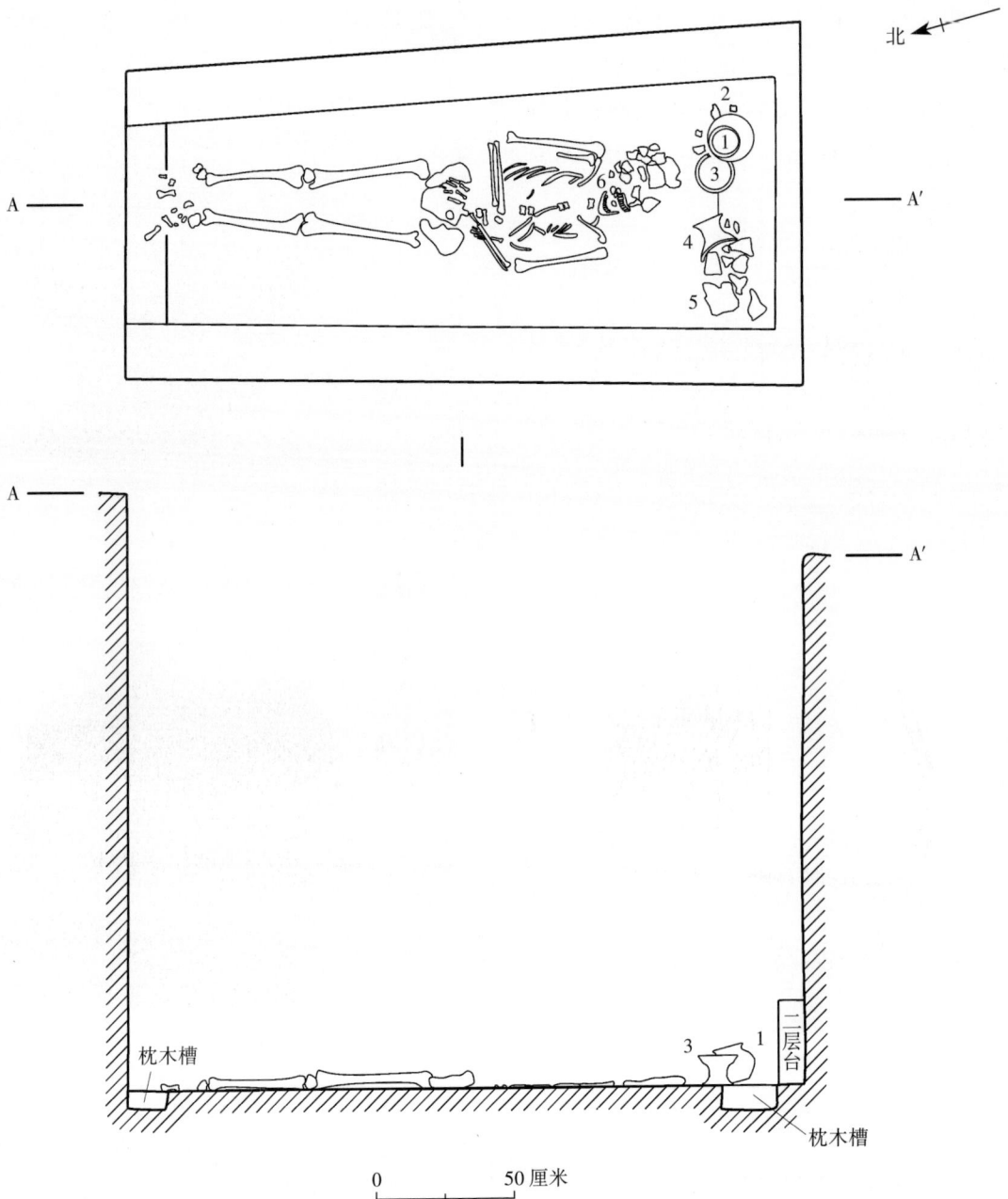

图九八　M19 平、剖面图
1.陶罐　2.陶鬲　3.陶豆　4.陶豆　5.陶簋　6.海贝

　　墓室底部东、南、西三侧设有夯土二层台，南宽 0.1、东西两侧宽 0.2、高 0.3 米。墓室内填土为深褐色五花土，土质疏松，土内夹杂早期陶片。

　　葬具为一木棺。根据木棺痕迹，可知南宽 0.9、北宽 0.7、高约 0.3 米。棺下的南、北两端均有枕木。南端枕木槽宽 0.2、北端枕木槽宽 0.15、深 0.08 ～ 0.06 米。

　　墓主骨骸保持较好，头向南，面偏西，双臂屈置腹前，仰身直肢。头向 195 度。从盆骨看，骨臼大、深，坐骨大切迹窄，耻骨联合部分呈三角形。从耻骨连合面磨损看，该骨骸为一约 20 岁的青年男性个体。

　　棺内头端有鬲、罐、簋、豆等陶器。骨骸头部及肩部
附近出土海贝共 41 枚,部分为口琀。

　　在叠压 M19 的地层中采集到石球(M19 : 01)一枚,
淡灰色,表面光滑,打磨较好。直径 3.2 厘米(图九九;
彩版二九,2)。

　　(二)随葬品

1. 陶器

　　5 件。鬲、罐、簋各 1 件,豆 2 件。

　　鬲　M19 : 2,夹砂红陶。侈口,窄平沿,圆唇,束颈,
鼓腹较深,联裆,三柱足。足尖有包加的痕迹,一足完整,余两足的包尖脱落或磨损。口沿
及颈部抹光,颈以下饰交错绳纹,裆腹部有较厚烟炱痕。口径 13、高 14 厘米(图一〇〇,1;

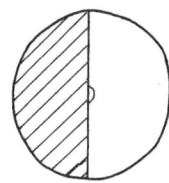

M19 : 01

0 ————— 3 厘米

图九九　M19 上部地层中采集石球

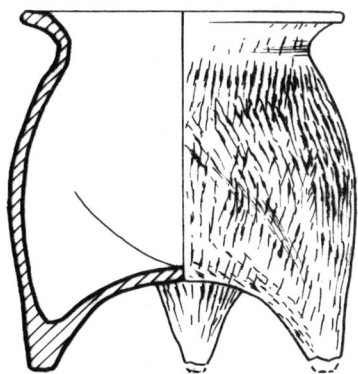

0 ————— 6 厘米

1. 鬲(M19 : 2)

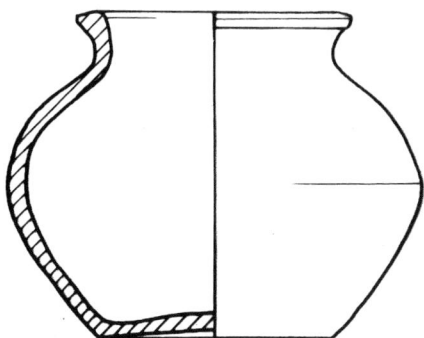

0 ————— 6 厘米

2. 罐(M19 : 1)

图一〇〇　M19 出土器物

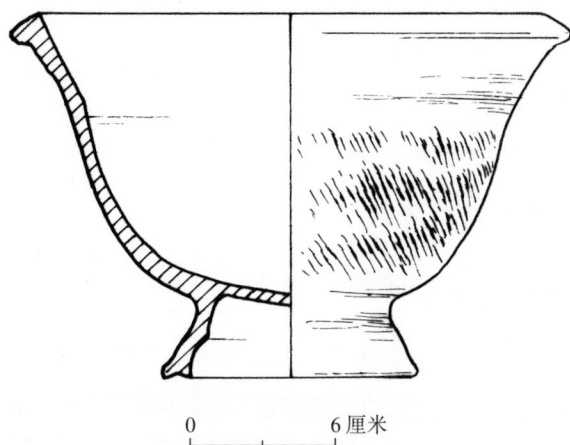

0　　　　　　6 厘米

1. 簋（M19：5）

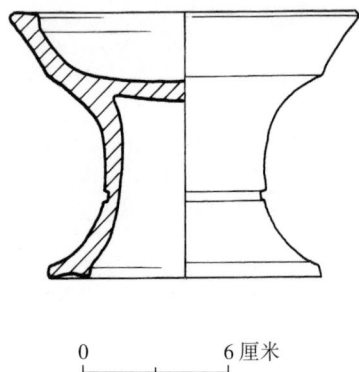

0　　　　　　6 厘米

2. 豆（M19：3）

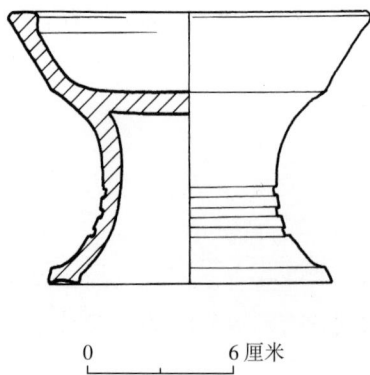

0　　　　　　6 厘米

3. 豆（M19：4）

图一〇一　M19 出土器物

彩版三〇，1）。

罐　M19：1，泥质灰陶。侈口，圆唇，低领，束颈，圆肩，下腹弧收，底微凹。素面。口径11.6、肩径17、底径9.5、高13厘米（图一〇〇，2；彩版三〇，2）。

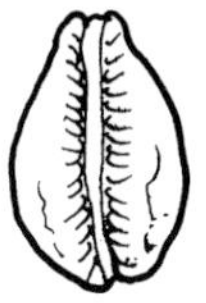

簋　M19：5，泥质灰陶。敞口，沿外翻，尖唇，弧腹内收，圈足外撇。口沿及颈部抹光，腹饰细斜绳纹。口径23、圈足径10.5、高15厘米（图一〇一，1；彩版三〇，3）。

豆　M19：3，泥质灰陶。直口，窄平沿，方唇，浅斜腹，喇叭状柄较粗。柄饰旋纹一周。口径14.2、圈足径11、高10.5厘米（图一〇一，2；彩版三〇，4）。

豆　M19：4，泥质灰陶。形制与M19：3相同，唯柄中下部有三周旋纹。口径14.5、圈足径11.6、高10.5厘米（图一〇一，3；彩版三〇，5）。

2. 其他

海贝　41枚。标本M19：6，较小。正面有细密的齿槽。背面有磨出的圆穿，穿径0.6厘米。长2.7、宽1.8厘米（图一〇二；彩版二九，3）。

M19：6

0 ____ 3厘米

图一〇二　M19出土海贝

M20

位于发掘区域南部，东邻M21，西北为村民住宅地。墓葬开口于黑垆土层下，开口距地表0.7米，打破黄生土层。

（一）墓葬形制

长方形竖穴土圹墓，口小，中部较大，口长2、宽1米，二层台处墓长2.3、宽1.1米，墓底长1.9、宽0.66米，自深2.1米。方向96度（图一〇三；彩版三一，1）。

墓壁四周设生土二层台，东、西台宽0.2米，南、北台宽0.15米，高0.7米。墓室内填五花土，未见包含物。

木质葬具，一椁一棺。椁长1.9、宽0.8、高0.7米，椁板灰宽度为0.05米。棺长1.7、宽0.65米，高度及厚度不明。

墓主骨骸保存状况较差，朽化成黄褐色骨粉，葬式可辨直肢。头向东，面向不详。

头端二层台放置有陶鬲。棺椁之间有陶罐、陶盆。

（二）随葬品

3件。均为陶器，鬲、罐、盆各1件。

鬲　M20：1，夹砂灰陶。侈口，方圆唇，低斜领，束颈，腹微鼓，联裆较高，三柱足较直。一足尖稍残。口沿内、外侧各有旋纹一周，沿外及颈部绳纹被抹不清，颈以下饰较直绳纹，裆底绳纹有交错，腹部有旋纹三周。三足上的腹部各有一鸡冠状扉棱。口径14、高13.5厘米（图一〇四，1；彩版三一，2）。

罐　M20：2，泥质灰陶。侈口，窄平沿，斜方唇，束颈，圆折肩，腹弧收。平底。肩上饰八周旋纹。口径10.5、肩径16.7、底径9.5、高15.3厘米（图一〇四，2；彩版三一，3）。

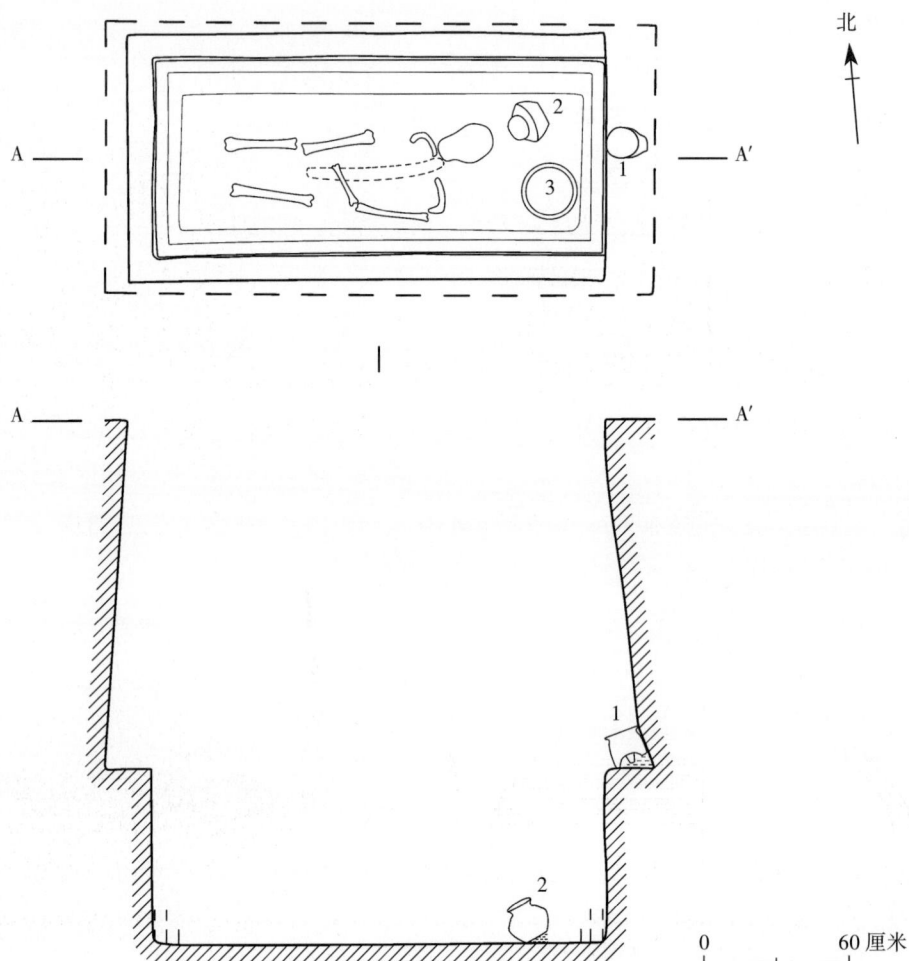

图一〇三　M20 平、剖面图

1.陶鬲　2.陶罐　3.陶盆

盆 M20：3，泥质灰陶。敛口，宽平沿微内倾，尖圆唇，束颈，折腹较深，下腹斜收明显，平底。腹部上、下各有旋纹，个别被抹不清。腹内壁存泥条盘筑的接茬痕多道。口径 22.5、底径 9、高 15 厘米（图一〇四，3；彩版三一，4）。

M21

位于发掘区域南部，东邻 M22，东南邻 M27，西邻 M20，北邻 M18 及民居住宅。开口距地表 0.84 米。

（一）墓葬形制

长方形竖穴土圹墓，墓壁中弧状向外，口长 2.5、宽 1.1 米，二层台处墓长 2.85、宽 1.4 米，墓室底部长 2.42、宽 1.1 米，自深 2.6 米。方向 296 度（图一〇五；彩版三二，1）。

墓室四周设生土二层台，宽 0.2 ~ 0.3、高 0.5 米。墓底中部有一腰坑，平面呈椭圆形，径 0.62 ~ 0.32、深 0.2 米。墓室内填五花夯土，未见包含物。

木质葬具，一棺一椁。椁长 2、宽 0.6、高 0.5 米，椁板宽约 0.18 ~ 0.2 米。棺长 1.86、

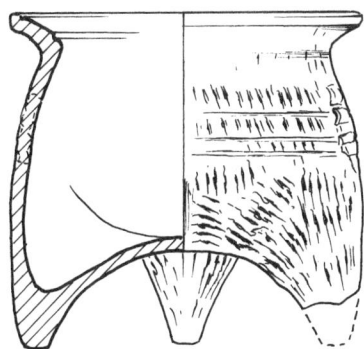

1. 鬲（M20∶1）

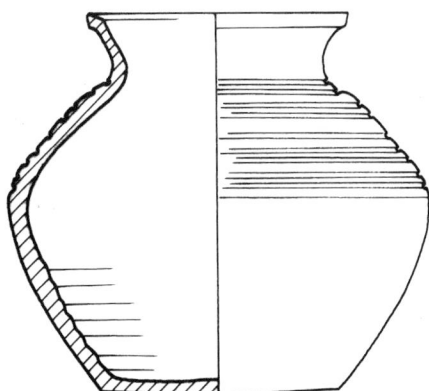

2. 罐（M20∶2）

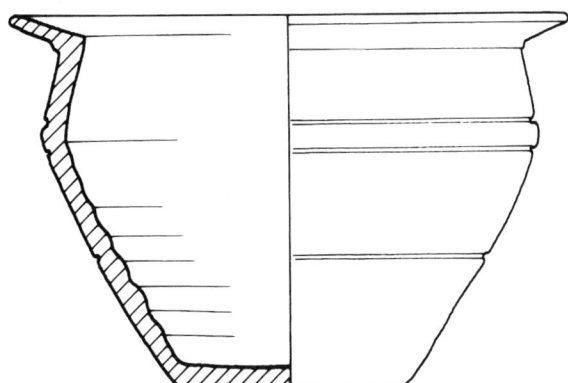

3. 盆（M20∶3）

图一〇四　M20 出土器物

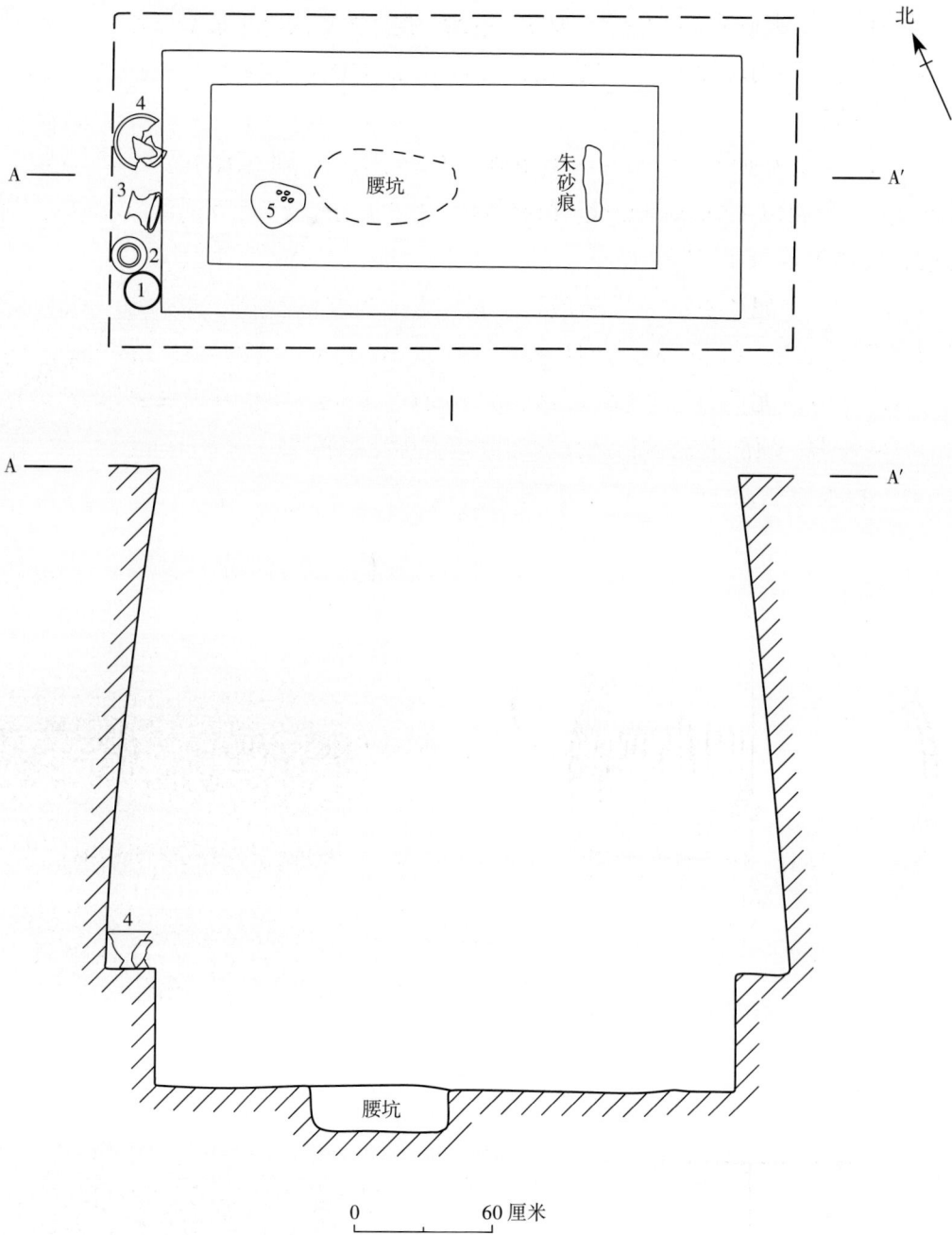

图一〇五　M21 平、剖面图

1.陶鬲　2.陶罐　3.陶豆　4.陶簋　5.海贝

宽 0.55 米，仅留板灰，厚度及高度不详。

墓内骨骼保存状况较差，头向西，面向不详。仰身直肢可辨。年龄及性别不清楚。

头端二层台置陶鬲、罐、簋、豆等。头部位置有海贝 4 枚，可能为口琀。

（二）随葬品

1.陶器

4 件。鬲、罐、簋、豆各 1 件。

鬲　M21：1，夹砂褐陶。侈口，圆唇，束颈，腹微鼓，内壁稍显分裆痕，三锥足，近内收。口沿及颈部抹光，唇内侧沿面有一周旋纹，颈以下饰较粗直绳纹。口径15.7、高14厘米（图一〇六，1；彩版三二，2）。

罐　M21：2，泥质红陶。一侧有黑色痕。侈口，圆唇，沿面略弧，斜领，束颈，圆折肩，下腹弧收，平底。肩以上饰八周旋纹。口径9.8、肩径15.2、底径8.2、高14.5厘米（图一〇六，2；彩版三二，3）。

豆　M21：3，泥质灰陶。口微敛，折沿略斜，圆唇，浅盘，底近平，喇叭状柄较粗。柄中部饰有两周旋纹。口径15.5、圈足径11.5、高10厘米（图一〇七，1；彩版三三，1）。

簋　M21：4，泥质灰陶。侈口，微卷沿外倾，圆唇，上腹内收形成折棱，下腹弧收，近圜底，圈足外撇。颈部绳纹被抹，腹饰绳纹有交错。口径23.5、圈足径12.5、高16厘米（图一〇七，2；彩版三三，2）。

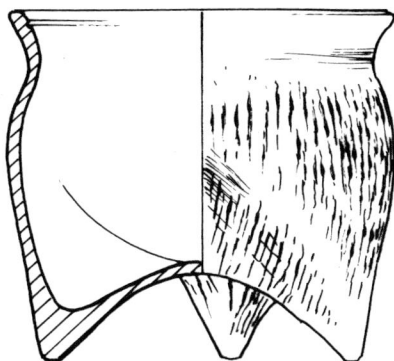

0　　　　　6厘米

1. 鬲（M21：1）

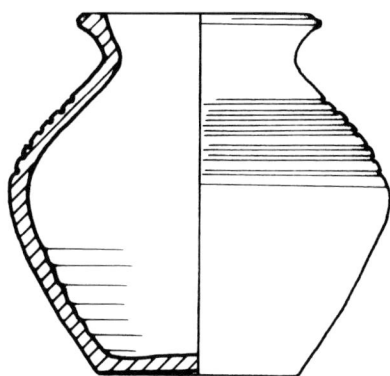

0　　　　　6厘米

2. 罐（M21：2）

图一〇六　M21 出土器物

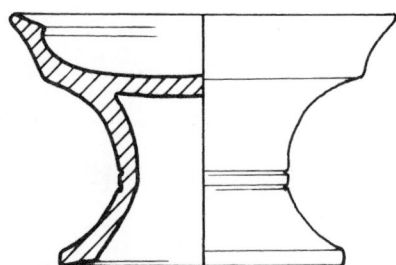

1. 豆（M21：3）

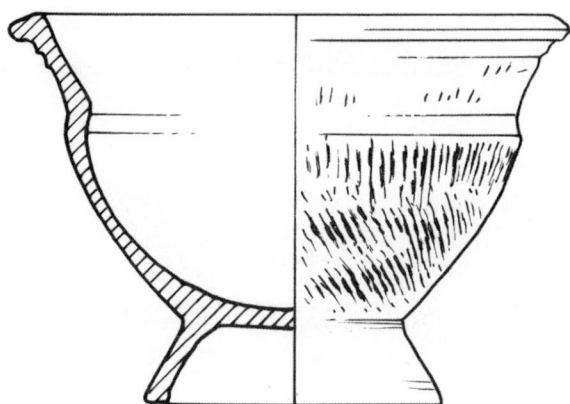

2. 陶簋（M21：4）

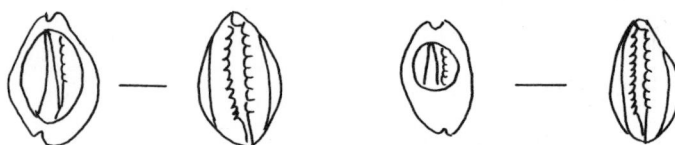

3. 海贝（M21：5）

图一〇七　M21 出土器物

2. 其他

海贝　4 枚。M21：5，较大，正面有较宽的齿槽，背面磨出较大的圆穿，孔径 1 厘米。长 2.6、宽 1.9 厘米（图一〇七，3；彩版三三，3）。

M22

位于发掘区域的南部中间，东邻 M23，南邻 M27，西邻 M21，北邻 M18、M19。墓葬开口于黑垆土层下，打破黄色生土层，开口距地表 1 米。

（一）墓葬形制

近梯形竖穴土圹墓，口长 2.2、宽 0.95 ~ 0.8 米，底长 2.28、宽 0.95 ~ 0.8、自深 1.4 米。方向 350 度（图一〇八；彩版三四，1）。

墓室四周有夯土二层台，北宽 0.26、东西宽 0.1 ~ 0.12、高 0.8 米。

墓室内填五花夯土。填土内有动物骨骼、蚌器、贝币。

木质葬具，一棺一椁。椁长 2、宽 0.94 ~ 0.7、高约 0.75 米。棺长 1.95、宽 0.6 ~ 0.55 米，高度不详。棺、椁板厚度均不清。

墓内骨骼保存状况较好，头向北，面向下，俯身直肢葬。头向 350 度。头骨乳突大，颧骨高且宽，下颌支宽，角小，下颌第一臼齿磨耗 4 级。据此判断该骨骼为一年龄 40 岁左右男性个体。

墓室填土内出土蚌器、中华圆田螺及海贝各 1 枚。头端二层台置有鬲、罐、豆、簋等陶器。棺内有田螺 1 枚。

（二）填土中出土器物

蚌器 M22：01，残。略呈梯形，大端中间有一直径 0.7 厘米的圆孔，一侧保持蚌片边沿较厚，一侧较薄似有磨出的锋刃，小端残，似蚌镰。残长 7、宽 2.2 ~ 4 厘米（图一〇九，1）。

中华圆田螺 M22：02，1 枚。顶端较宽，底较尖，呈螺旋状。高 4、宽 2.8 厘米（图一〇九，2）。

海贝 M22：03，1 枚。天然海贝，正面有细密的齿槽，背面有磨出的圆穿。长 2.7、宽 1.9 厘米（图一〇九，3）。

（三）随葬品

1. 陶器

5 件。鬲 2 件，罐、豆、簋各 1 件。

鬲 M22：5，夹砂褐陶。侈口，低斜领，圆唇，束颈，微鼓腹略深，联裆，三柱足较直。口沿及颈部抹光，颈以下饰略斜绳纹。口径 17、高 17 厘米（图一一〇，1；彩版三四，1）。

鬲 M22：2，泥质灰陶。侈口，低斜领，沿微卷，方唇，束颈，腹微鼓，裆部略瘪，三足内收，足尖略残。颈部及口沿抹光，颈以下饰竖绳纹，腹部饰旋纹两周。口径 16、高 13 厘米（图一一〇，2；彩版三四，2）。

罐 M22：1，泥质灰陶。侈口，尖唇，束颈，折肩，鼓腹，平底。肩以上抹光，腹部饰绳纹及旋纹，绳纹呈交错状。口径 10.2、肩径 16.5、底径 10.4、高 14.5 厘米（图一一〇，3；彩版三五，1）。

簋 M22：4，泥质灰陶。敞口，折沿外翻，斜方唇，上腹内折，下腹弧鼓，圈足外撇。

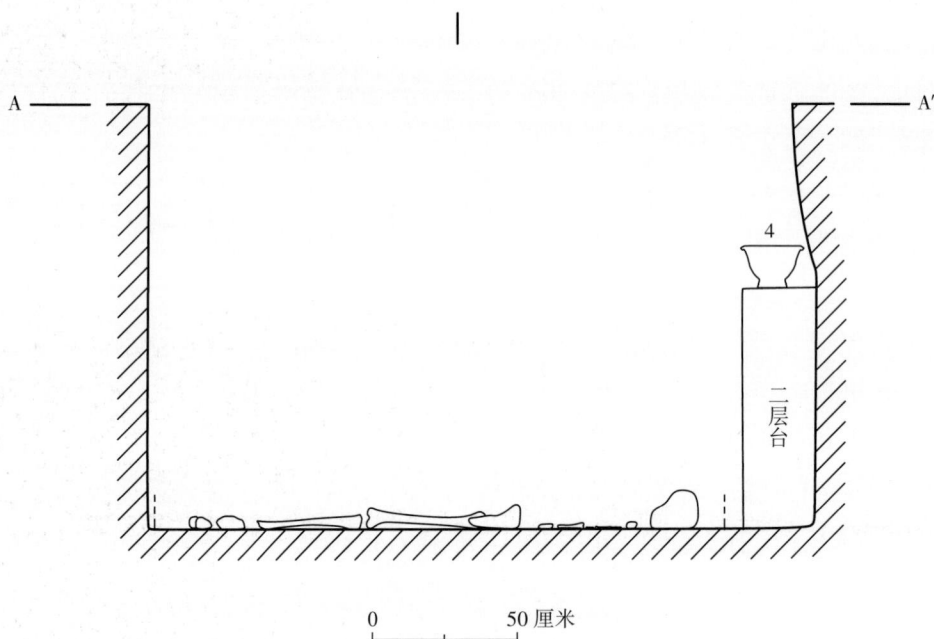

图一○八　M22 平、剖面图

1. 陶罐　2. 陶鬲　3. 陶豆　4. 陶簋　5. 陶鬲

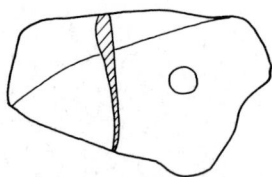

1. 蚌器（M22∶01）　　2. 中华圆田螺（M22∶02）　　3. 海贝（M22∶03）

图一○九　M22 填土中出土器物

颈以上抹光，腹饰较细绳纹、略见交错，圈足有一周弦纹。口径 21、圈足径 9.5、高 13.5 厘米（图一一一，1；彩版三五，2）。

　　豆　M22∶3，泥质灰陶。窄平沿，斜直浅腹，粗柄，喇叭状圈足。素面。口径 14、底

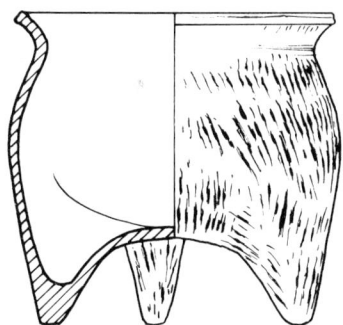

1. 鬲（M22：5）

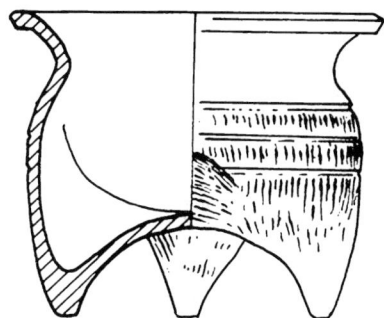

2. 鬲（M22：2）

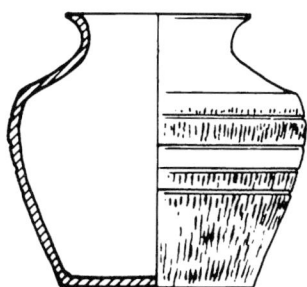

3. 罐（M22：1）

图一一〇　M22 出土器物

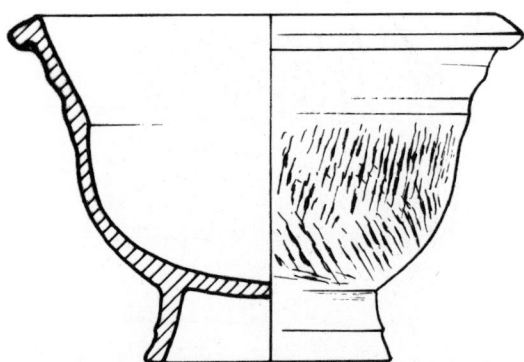

1. 簋（M22：4）

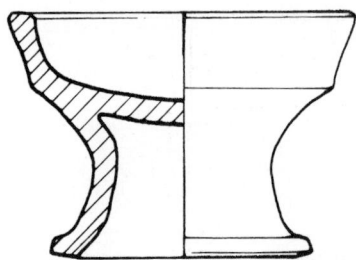

2. 豆（M22：3）

3. 中华圆田螺（M22：6）

图一一一　M22 出土器物

径 10.5、高 9.8 厘米（图一一一，2；彩版三五，3）。

　　2. 其他

　　中华圆田螺　M22 ：6，1 枚。天然螺壳。最大径 2.2、长 3.8 厘米（图一一一，3）。

M24

位于发掘区域的南部，东邻 M26、M34，南邻 M25，西部被唐代墓葬 M23 打破。墓葬开口于黑垆土层下，打破黄色生土层，开口距地表 0.8 米。

（一）墓葬形制

长方形竖穴土圹墓，口长 2、宽 1.2 ～ 1.1、自深 1.4 米。方向 300 度（图一一二；彩版三六，1）。

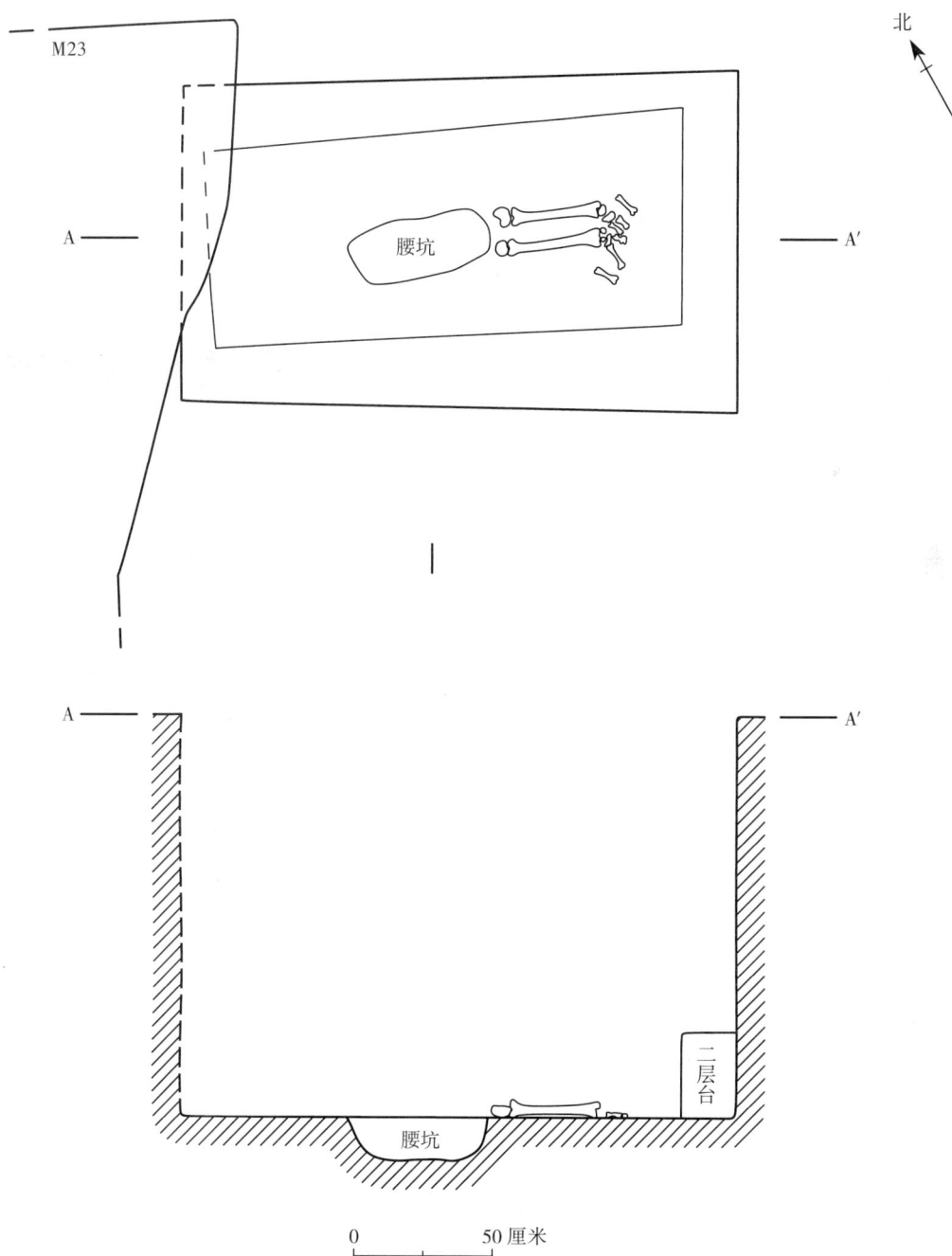

图一一二　M24 平、剖面图

墓壁除西侧外，其他三面均有夯土二层台，东宽 0.2、南宽 0.18 ~ 0.3、北宽 0.12 ~ 0.22、残高 0.15 ~ 0.3 米。墓底中部有一长方形腰坑，深约 0.15 米。墓室内填土为五花夯土。

葬具似一木棺，残朽严重，仅存白色板灰，头端被 M23 打破，残长 1.7、宽 0.7 ~ 0.8 米，高度不明。

骨骼保存较差，只存下肢的胫骨，余朽化，可辨头向西，仰身直肢。头向 300 度。

（二）随葬品

墓内未见随葬品，似因唐墓 M23 的扰乱而失去。

M25

位于发掘区域的南部，东邻 M26、M34，南邻 M27，西邻 M22，北邻 M24，西端被 M23 墓道打破。墓葬开口距地表 0.7 米。

（一）墓葬形制

长方形竖穴土圹墓，口底同大，残长 2、宽 1.1、自深 1.5 米。方向 120 度（图一一三；彩版三六，2）。

墓底有夯土二层台，除西侧被破坏外，其余三面台宽均约 0.1、残高 0.45 米。墓内填土为五花夯土。

葬具为一木棺，只存棺板朽灰印痕。棺残长 1.9、宽 0.8 米，高度及板厚度不明。

二层台东南角置陶鬲，墓底棺内头端有鬲、簋、罐等。墓主骨骼颈部有海贝一串，16 枚。

墓主骨骼保存尚可，头向东，面向上，左手置于腹前，右手置于髋下，仰身直肢。头向 120 度。骨骼头骨眉弓显著，髋骨宽，乳突大，下颌髁突宽大，牙齿磨耗 5-6 级，盆骨坐骨脊发达，耳状面长、直。据此认为该骨骼为一年龄约 55 岁的老年男性个体。

（二）随葬品

1. 陶器

4 件。鬲 2 件，罐、簋各 1 件。

鬲 M25 : 1，夹砂灰褐陶。侈口，圆唇，束颈，微鼓腹，分裆较低，略内瘪，三锥足内收，足尖残。颈部及口沿抹光，颈以下饰竖绳纹，裆下绳纹较乱，器表存有较厚烟炱。口径 13.5、残高 14 厘米（图一一四，1；彩版三七，1）。

鬲 M25 : 4，夹砂红陶。侈口，窄平沿，圆唇，束颈，鼓腹较深，三锥足微内收。口沿及颈部绳纹被抹不清，颈以下饰纹路清晰的交错绳纹，裆间器表涂抹有一层黄泥致使纹饰模糊，器表存留有烟炱。口径 17.8、高 21 厘米（图一一四，2；彩版三七，2）。

罐 M25 : 3，泥质褐陶。侈沿，圆唇，束颈，圆鼓腹较浅，微凹底。素面。口径 7.2、腹径 9.8、底径 6.3、高 7.5 厘米（图一一四，3；彩版三七，3）。

簋 M25 : 2，泥质灰陶。侈口，斜沿外翻，上腹内收有折棱，颈腹无明显分界，下腹弧收，圈足略外撇。口沿及颈部抹光，腹饰斜绳纹略有交错，腹部、圈足各有弦纹一周。口径 21.5、圈足径 11.2、高 15 厘米（图一一五，1；彩版三七，4）。

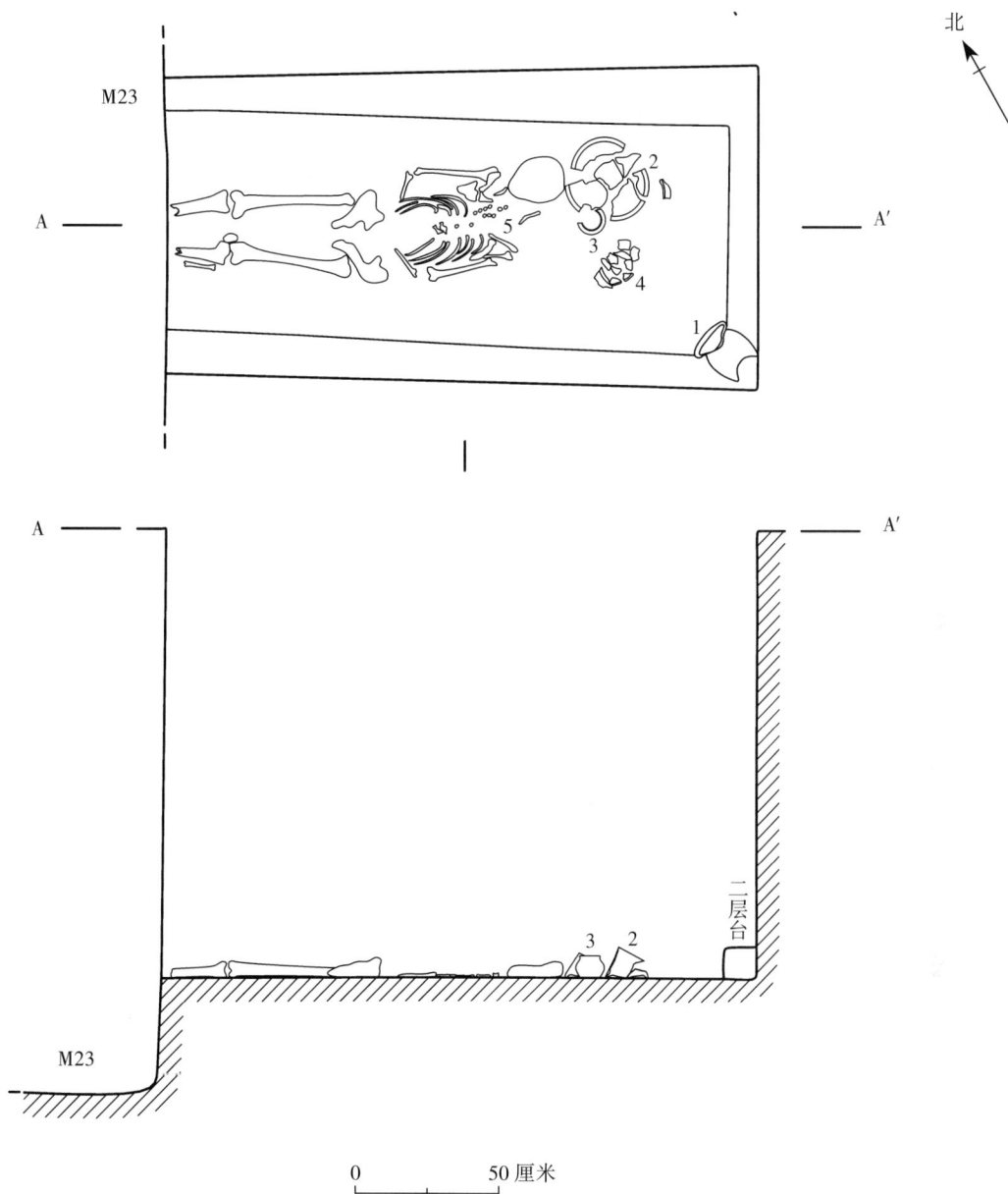

图一一三　M25 平、剖面图

1. 陶鬲　2. 陶簋　3. 陶罐　4. 陶鬲　5. 海贝

2. 其他

海贝　M25：5，共 16 枚，串结成一串，系串饰无疑。该串饰出在墓主颈部附近，大体呈两排，有规律地分布。贝体大小不甚均匀，最大者长 2.5、宽 1.9、高 1.4 厘米，最小者长 1.8、宽 1.1、高 0.8 厘米（图一一五，2；彩版三七，5）。

M26

位于发掘区域的南部，北为 M34，西邻 M24、M25，墓葬一侧壁面被近代墓打破。墓葬开口于黑垆土层下，开口距地表 1 米。

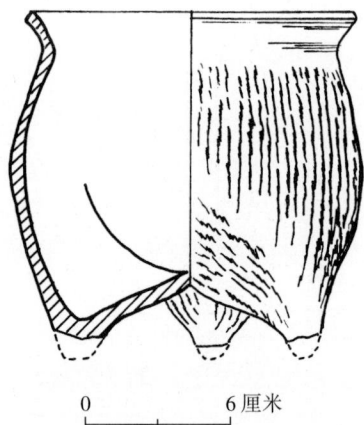

1. 鬲（M25∶1）

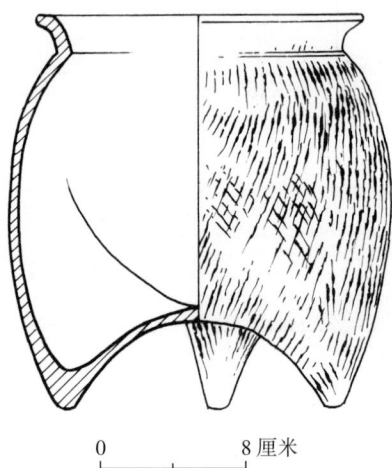

2. 鬲（M25∶4）

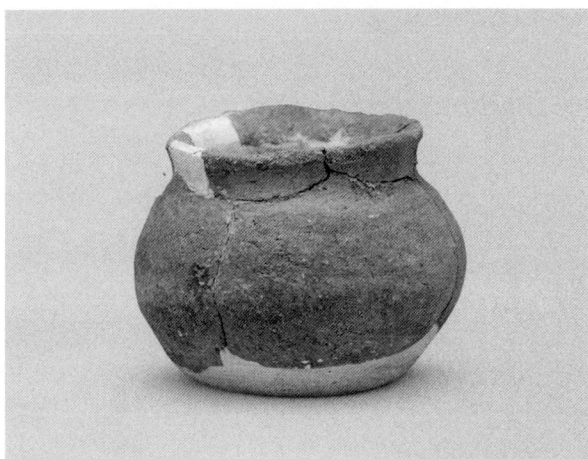

3. 罐（M25∶3）

图一一四　M25 出土器物

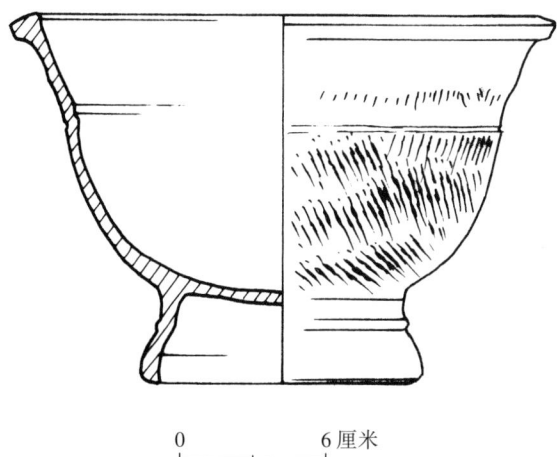

1. 簋（M25：2）

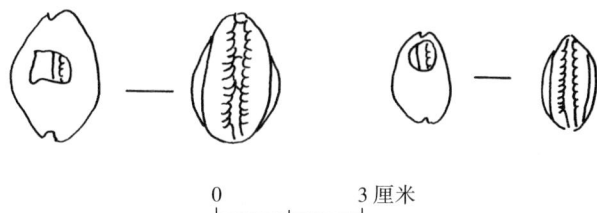

2. 海贝（M25：5）

图一一五　M25 出土器物

（一）墓葬形制

长方形竖穴土圹墓，墓口长 2.3、宽 1.04 米，墓底长 2.06、宽 0.74 米，自深 1.05 米。方向 275 度（图一一六）。

墓室四周有生土二层台，台宽 0.1 ~ 0.2、高 0.28 米。墓室内填五花土，未经夯打，较疏松。墓底有草木灰。

木质葬具，已朽化，为一棺。尺寸不详。

墓主骨骸朽化。据朽化痕迹推测，头向西，方向 275 度。

二层台西北角置陶鬲 1 件。

（二）随葬品

陶鬲　M26：1，夹砂灰陶。低斜领，方唇，束颈，鼓腹，联裆较高，三柱足。口沿及颈部抹光，颈以下饰竖直粗绳纹，三足相应的腹部各有鸡冠状扉棱。口径 16.5、高 13.2 厘米（图一一七；彩版三七，6）。

M27

位于发掘区域的南部中间，南邻 M30，北邻 M21、M22、M25。此区域的第 1 层为浅灰

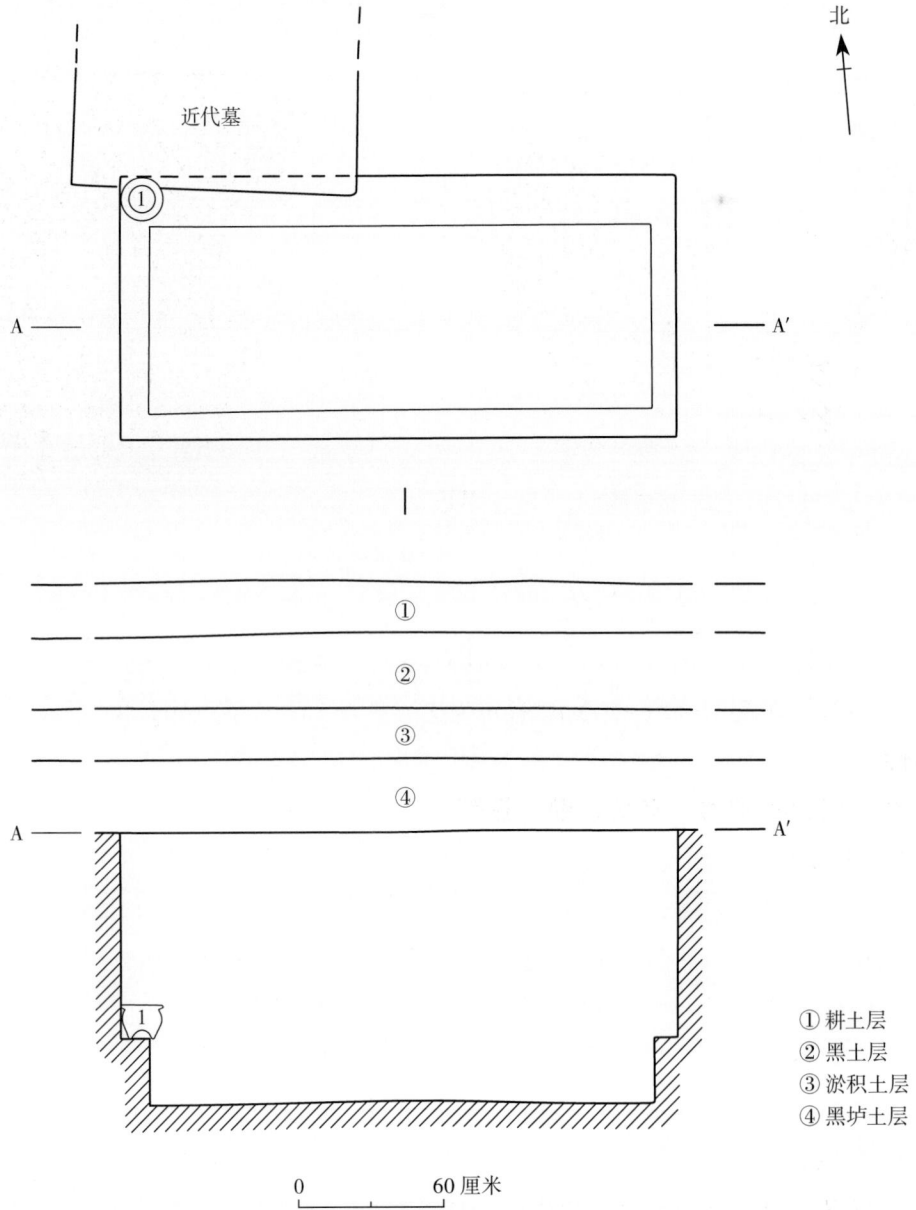

图一一六　M26 平、剖面图

1. 陶鬲

色耕土层，第 2 层为黄褐色扰土层，第 3 层为黑垆土层。M27 开口于第 3 层下，墓口距地表 0.96 米。

（一）墓葬形制

长方形竖穴土圹墓，墓口长 2、宽 0.8、自深 1.75 米。方向 115 度（图一一八；彩版三八，1）。

墓壁四周设有夯土二层台，东宽 0.2 米，西、南、北均宽 0.14 米，高 0.25 米。墓壁较直。墓室内填五花土，土质疏松，夹杂陶片。

葬具为一棺，残朽较甚。棺长 1.66、宽 0.5、残高 0.25 米。

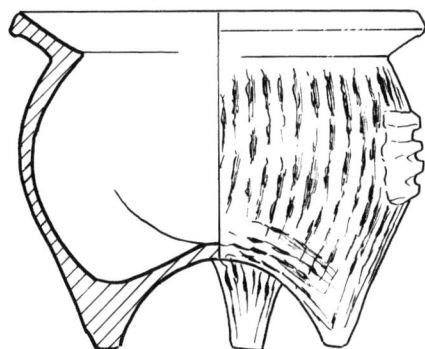

图一一七　M26 出土陶鬲

墓主骨骼保存情况较差，但可辨头东向，右手置于腹部，仰身直肢。头向 115 度。

该骨骸头骨骨壁厚，下颌连合部高支宽，下颌第一臼齿磨耗 III 级，推测可能为 30 岁左右的男性。

头端二层台置陶器，有鬲、罐、簋等。

（2）随葬品

3 件。均为陶器，鬲、罐、簋各 1 件。

鬲　M27：3，夹砂灰褐陶。低斜领，方唇，束颈，鼓腹较浅，联裆，三锥状足内收。沿面内、外侧各有旋纹一周，沿外及颈部绳纹被抹，腹饰直绳纹，上部饰有旋纹两周。三足相对的腹上部各有一道鸡冠状扉棱。口径 14、高 12 厘米（图一一九，1；彩版三八，2）。

罐　M27：1，夹砂灰陶。侈口，平沿，圆唇，束颈，圆肩，鼓腹，平底微凹。素面。口径 8.8、肩径 12.6、底径 7、高 12 厘米（图一一九，2；彩版三八，3）。

簋　M27：2，泥质灰陶。敞口，斜沿外倾，圆唇。上腹略内收，下腹弧收，圜底，圈足外撇较甚。口沿及颈部抹光，腹饰交错绳纹，腹内中部有一周旋纹，接端相错。口径 23、圈足径 12.5、高 14.5 厘米（图一一九，3；彩版三八，4）。

M28

位于发掘区域南部西侧，东邻 M29，北邻 M20。墓葬开口在黑垆土层下，打破黄生土层，开口距地表 0.9 米。

（一）墓葬形制

长方梯形竖穴土圹墓，墓口长 2、宽 0.8～0.7、自深 0.5～0.6 米。墓底略倾斜，北高南低。方向 340 度（图一二〇；彩版三九，1）。

墓壁的生土二层台迹象不明确。四壁较直。墓室内填五花土。

葬具已朽，根据痕迹可辨为一木棺。棺长 1.65、宽 0.4～0.38 米，高度不详。

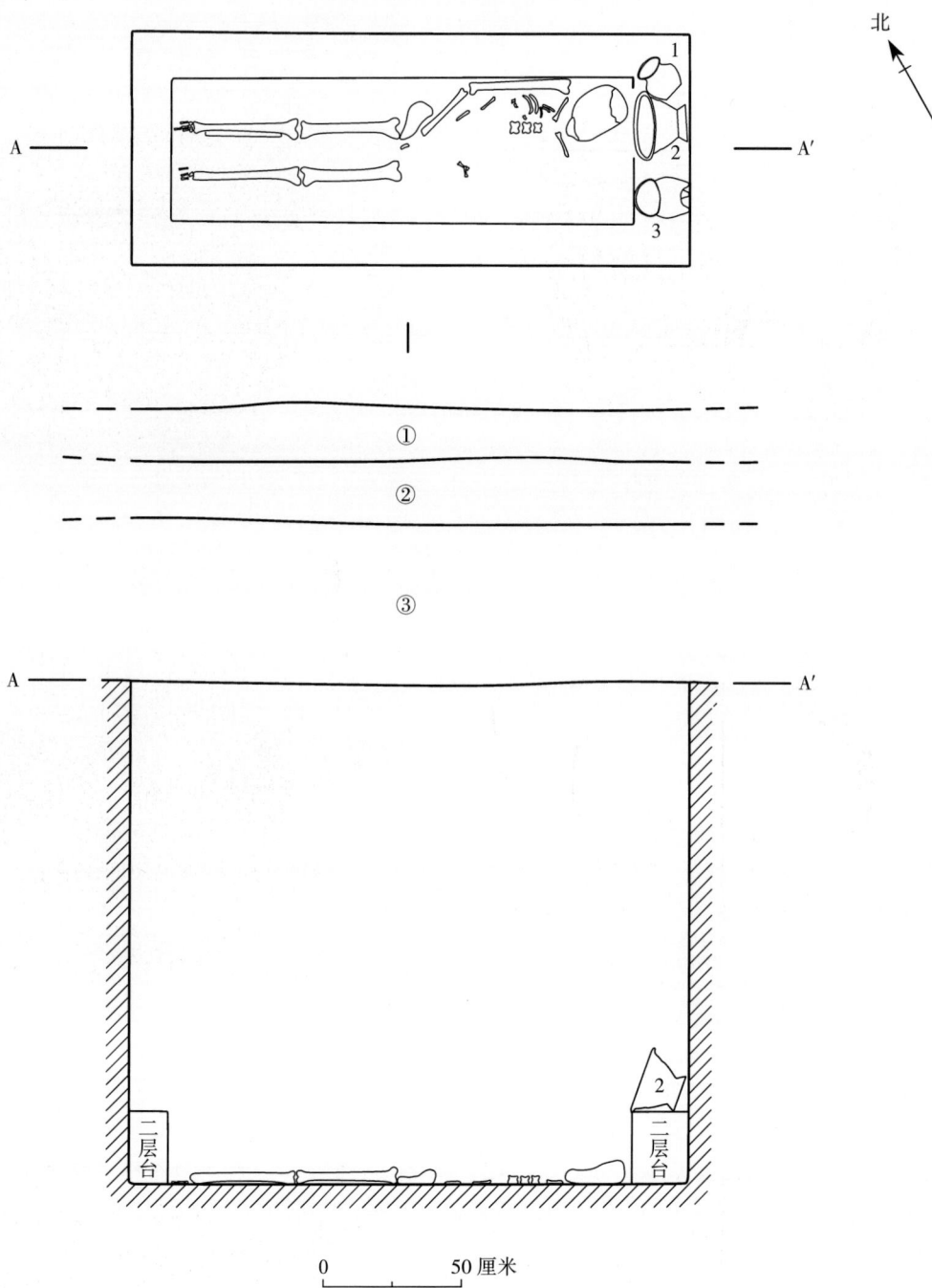

图一一八　M27 平、剖面图

1. 陶罐　2. 陶簋　3. 陶鬲

　　墓主骨骸保存尚可，长约1.5米，头向北，面向上，上肢骨曲于胸前，仰身直肢。头向340度。该具骨骸的盆骨、骨骺、嵴骨骺线尚未愈合，头骨眉弓弱，乳突小，下颌第一臼齿磨耗一级。据此认为，是一16～17岁青年女性的个体。

　　（二）随葬品

　　墓内未见随葬品。

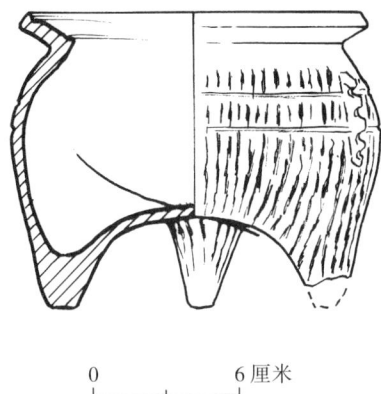

1. 鬲（M27：3）

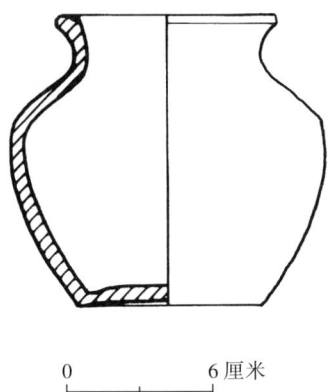

2. 罐（M27：1）

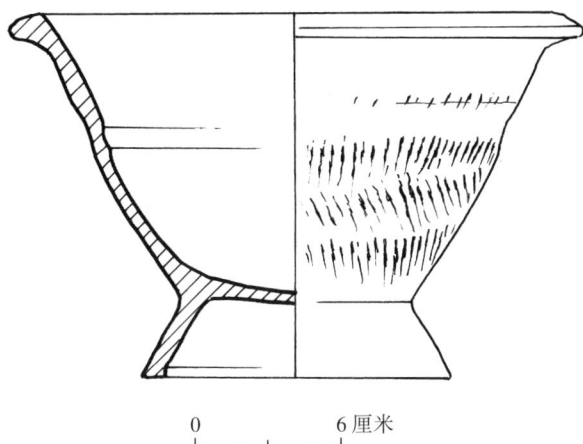

3. 簋（M27：2）

图一一九　M27 出土器物

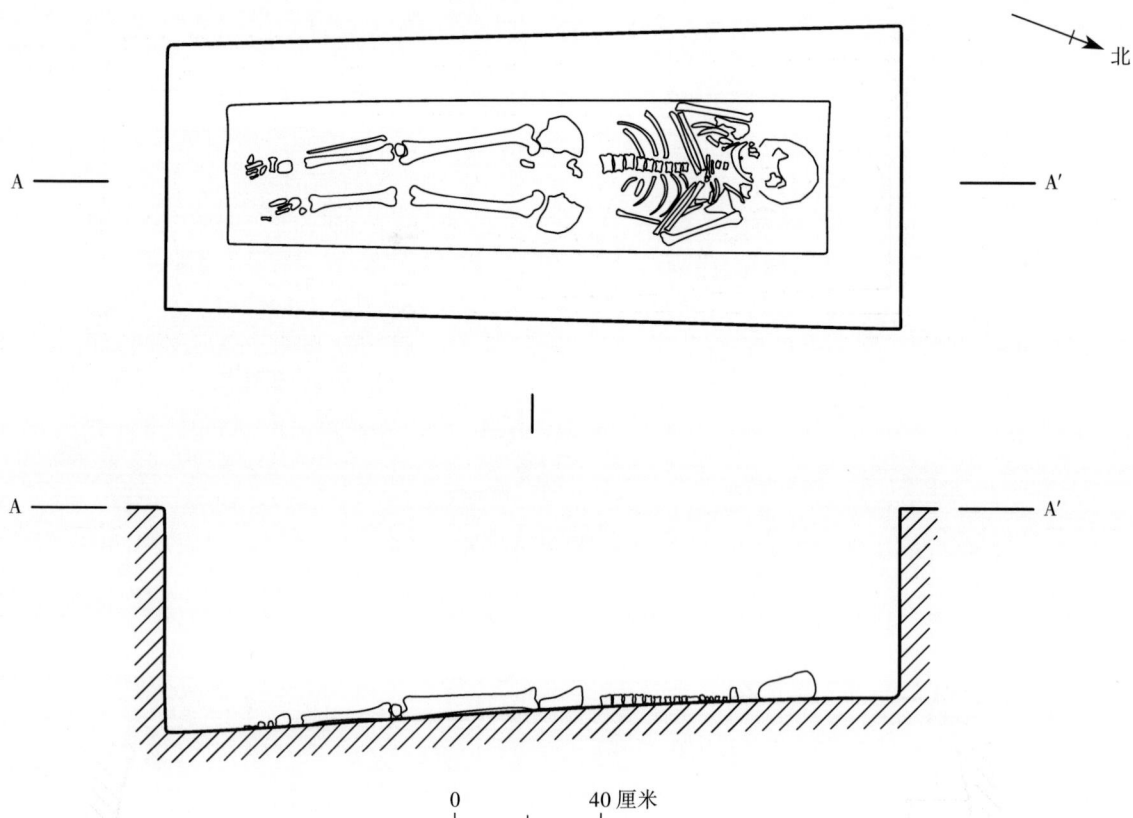

图一二〇　M28 平、剖面图

M29

位于发掘区域南部，东邻 M30，西邻 M28，北邻 M20、M21。墓葬开口距地表 0.6 米，打破黄色生土层。

（一）墓葬形制

长方形竖穴土圹墓，口小底大，上口长 2、宽 0.75 米，底长 2.4、宽 0.8 米，自深 1.18 米。方向 15 度（图一二一；彩版三九，2）。

墓壁四周有夯土二层台，宽 0.1 ～ 0.2、高 0.28 米。墓室内填五花夯土。

葬具为一木棺，朽化过甚。棺长不详、宽 0.48、高约 0.28 米。

墓主骨骼保存较好，头向北，面向上，上肢屈于胸前，仰身直肢葬。鉴定为一成年女性，年龄不详。

头端二层台东北角置陶鬲、罐等。

（二）随葬品

均为陶器。鬲、罐各 1 件。

鬲　M29：1，夹砂红陶。侈口，低斜领，方圆唇，颈微束，腹较深，联裆，三柱状足。口沿及颈部抹光，颈以下饰较直中绳纹，裆底有黑色烟炱痕。口径 15.5、高 15 厘米（图一二二，1；彩版三九，3）。

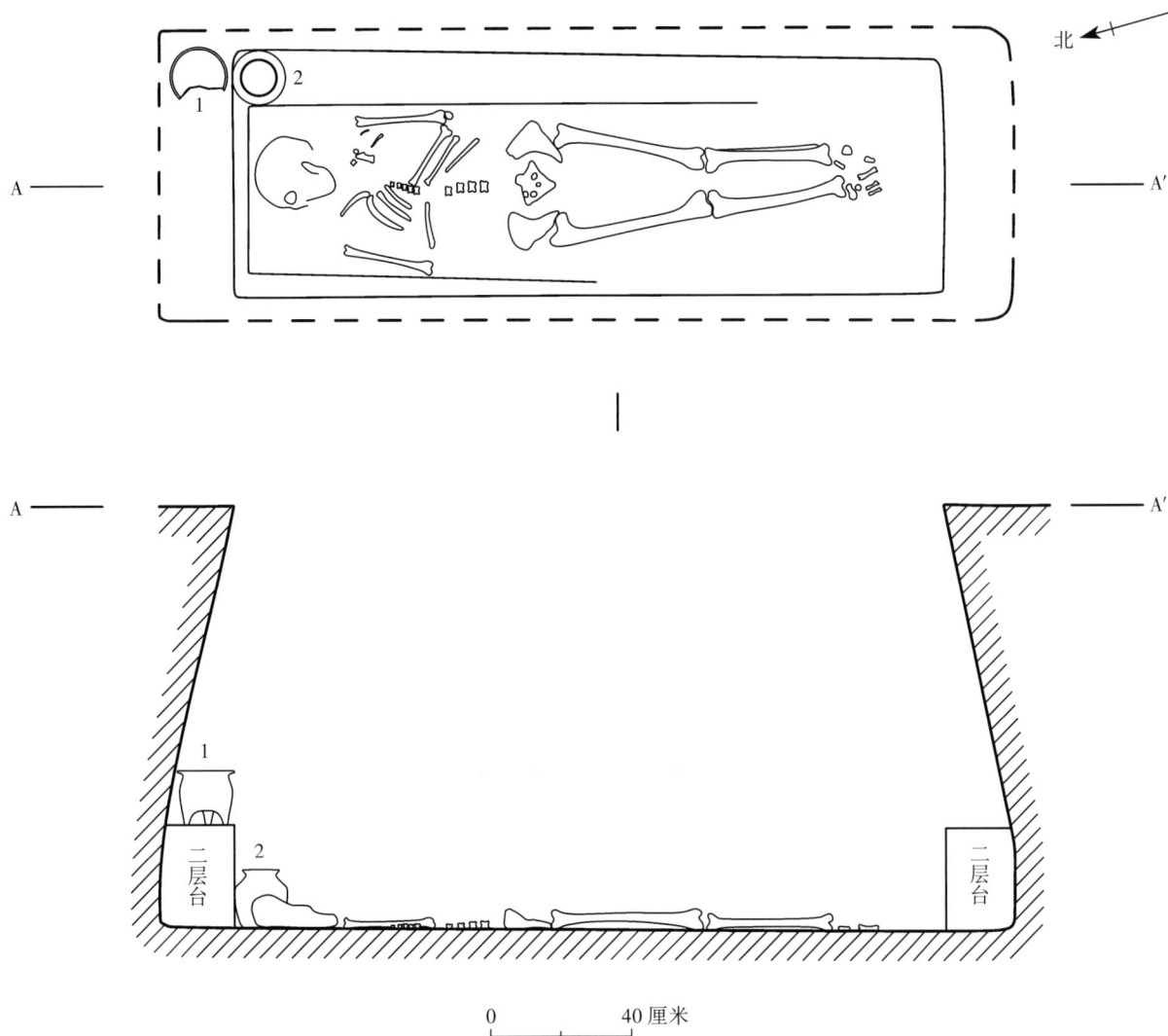

图一二一　M29 平、剖面图

1.陶鬲　2.陶罐

罐　M29：2，泥质灰陶。侈口。圆唇，低斜领，束颈，折肩，下腹弧收，平底。肩部有绳纹被抹痕，底部饰绳纹。口径 10.2、肩径 14.5、底径 9.5、高 16 厘米（图一二二，2；彩版三九，4）。

M30

位于发掘区域南部中间，西邻 M29，北邻 M27。墓葬开口于黑垆土层下，开口距地表 0.68 米。

（一）墓葬形制

长方形竖穴土圹墓，口小底大，墓口长 2.1、宽 0.9 米，底长 2.3、宽 1 米，自深 2.05 米。方向 120 度（图一二三；彩版四〇，1）。

墓室四壁设有夯土二层台，东、西台宽约 0.2～0.3 米，南、北台宽 0.05 米，高约 0.5 米。

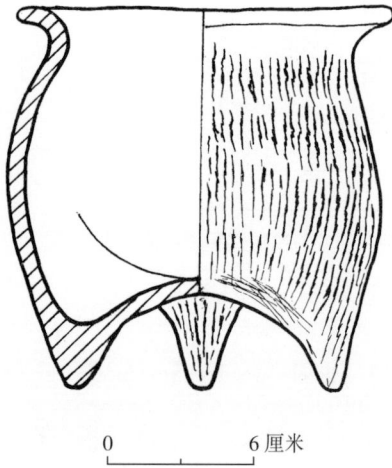

1. 鬲（M29：1）

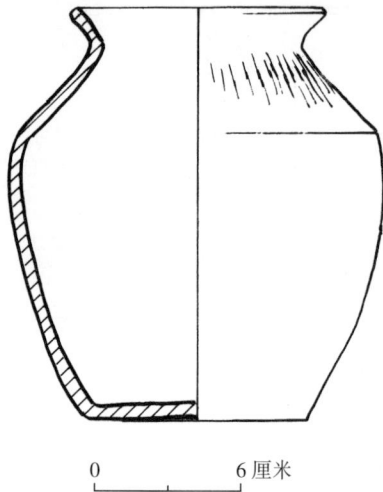

1. 罐（M29：2）

图一二二　M29 出土器物

墓室填五花夯土，较坚实。

　　根据朽化痕迹，判断葬具为一木棺。棺长 1.8、宽 0.66、高约 0.5 米，棺板厚约 0.05 ～ 0.08 米。

　　墓主骨骼保存较差，但可辨头向东，仰身直肢，骨骼长度及面向均不详。头骨残片的颧骨纤细，乳突小，下颌体低，支纤细，角大，下颌大部分牙齿脱落，齿槽窝闭合。据此推断其为一老年女性的个体。具体年龄不详。

　　随葬陶器共 4 件。头端二层台有簋、豆、罐各 1 件。棺室有鬲 1 件，疑自二层台跌落。骨骼头部有海贝 14 枚，似为项饰。

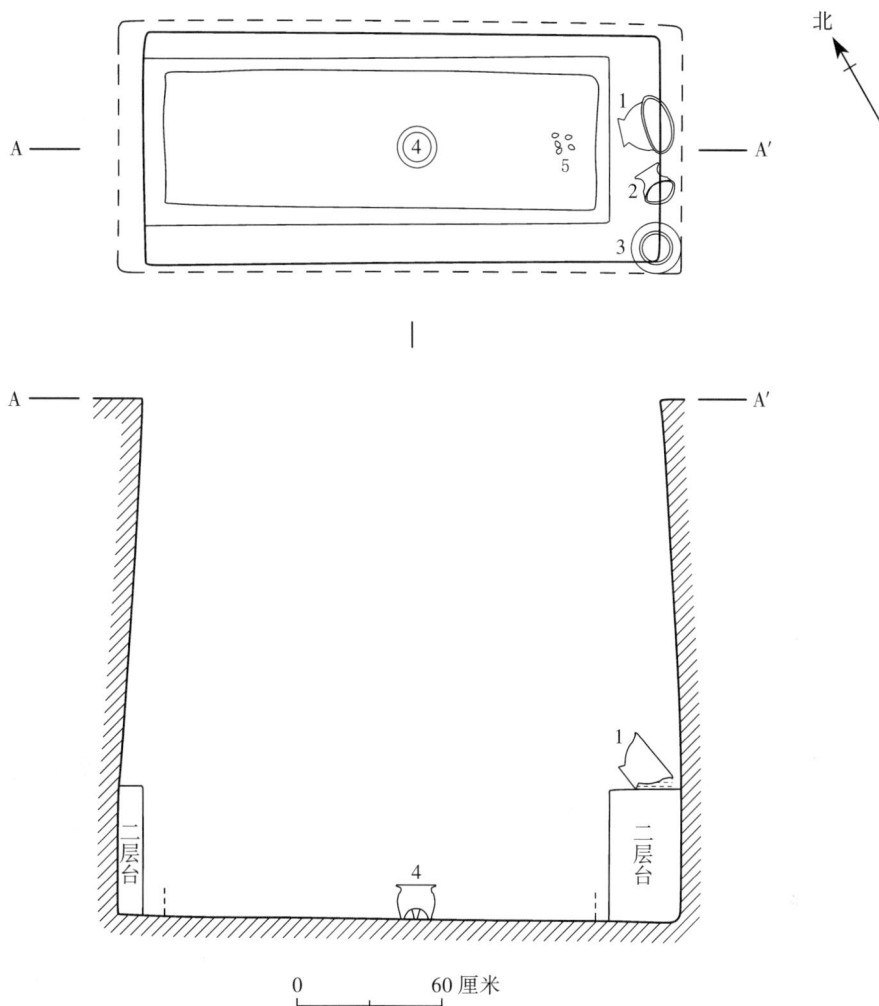

图一二三　M30 平、剖面图
1.陶簋　2.陶豆　3.陶罐　4.陶鬲　5.海贝

（二）随葬品

1.陶器

4 件。鬲、罐、簋、豆各 1 件。

鬲　M30 : 4，夹砂灰陶。敛口，微斜沿，圆唇，束颈，鼓肩，联裆略高，三足近柱形。颈部以上抹光，沿面内外各有一周旋纹，腹饰斜绳纹，肩部刻划旋纹两周，与三足相对应的肩部有圆饼形堆纹。口径 16、高 13.5 厘米（图一二四，1；彩版四〇，2）。

罐　M30 : 3，泥质灰陶。侈口，斜低领，厚圆唇，束颈，圆肩，下腹弧收，平底。素面。口径 13.2、肩径 20、底径 13、高 19.8 厘米（图一二四，2；彩版四〇，3）。

簋　M30 : 1，泥质灰陶。敞口，微卷沿外翻，圆唇，颈微束，腹弧收，圜底，圈足稍外撇。口沿及颈部抹光，腹饰交错绳纹。口径 23.2、圈足径 11、高 14.6 厘米（图一二五，1；彩版四一，1）。

豆　M30 : 2，泥质灰陶。平沿微鼓，圆唇，壁近斜直，底略平，喇叭状粗柄。素面。口径 13.5、圈足径 11.8、高 10.5 厘米（图一二五，2；彩版四一，2）。

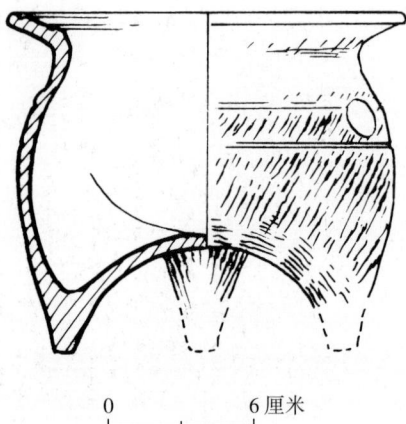

1. 鬲（M30：4）

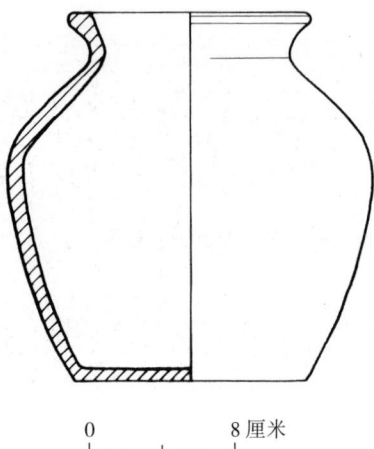

2. 罐（M30：3）

图一二四　M30 出土器物

2. 其他

海贝　M30：5，14 枚，串结而成一串，系串饰无疑。该串饰出在墓主骨骸头部附近，有规律地分布。贝体大小不甚均匀，最大者长 2.8、宽 2、高 1.5 厘米，最小者长 2、宽 1.6、高 1.1 厘米（图一二五，3；彩版四一，3）。

M31

位于发掘区域南部，东南邻 M32，南邻 M33，西北邻 M30。开口于黑垆土层下，开口距地表 0.65 米。

（一）墓葬形制

长方形竖穴土圹墓，口较底稍大，墓口长 2、宽 0.7～0.65 米，底长 2、宽 0.8 米，自深 1.26

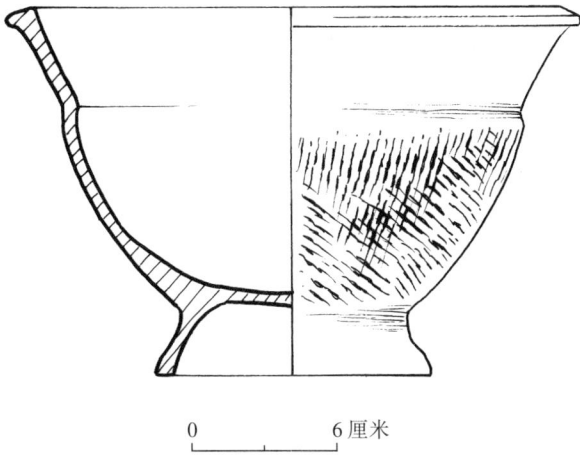

0　　　　　6厘米

1. 簋（M30：1）

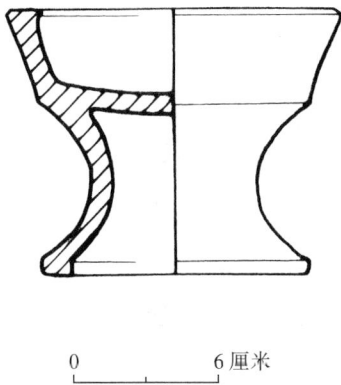

0　　　　　6厘米

2. 豆（M30：2）

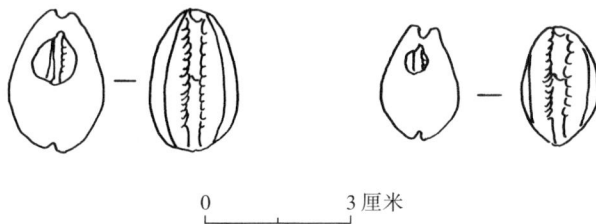

0　　　　3厘米

3. 海贝（M30：5）

图一二五　M30出土器物

米。方向130度（图一二六；彩版四二，1）。

墓壁筑有二层台，残高0.1、台宽0.1米。墓室内填五花夯土，较坚实。

葬具为一长方形木棺，仅存局部板灰痕迹。棺长约1.8、宽约0.6米，高度不详。

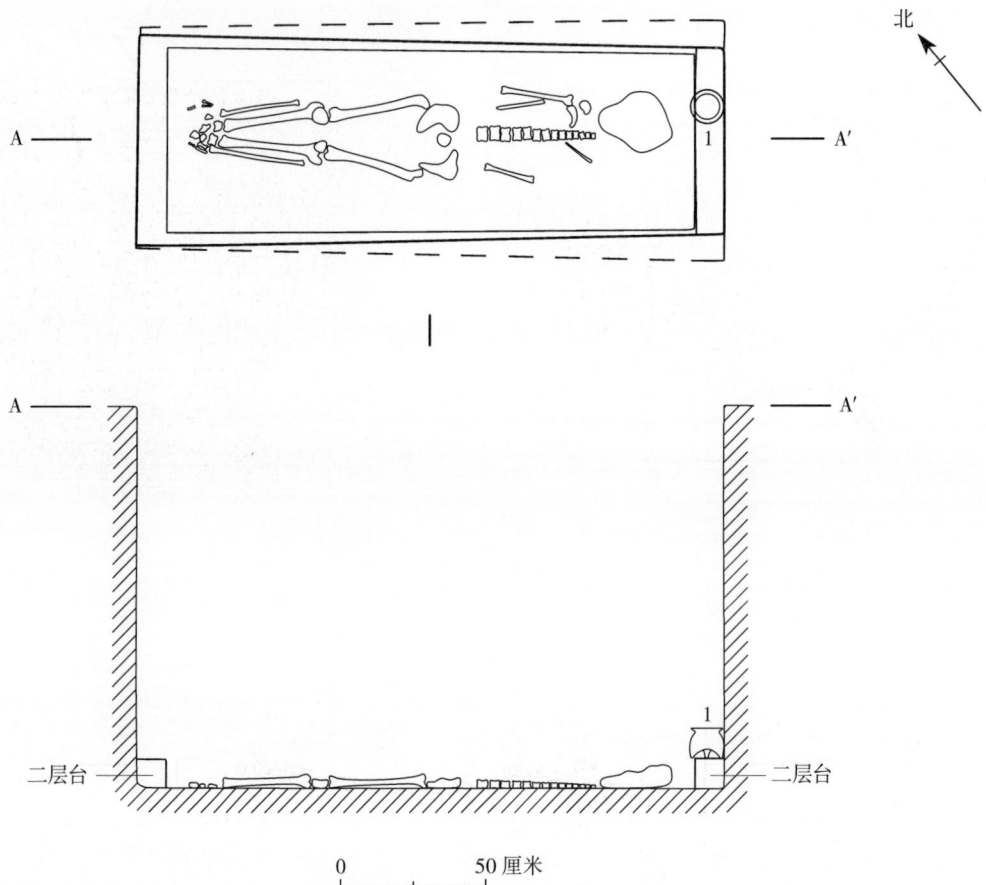

图一二六　M31 平、剖面图
1. 陶鬲

墓主骨骸保存尚好，头向东，面向南，仰身直肢。

随葬陶鬲 1 件，置于头端二层台。

（二）随葬品

陶鬲　M31：1，夹砂灰陶。侈口，微卷沿，唇残，束颈，腹微鼓，联裆内瘪，三足外撇，足尖均有残损。颈以上抹光，颈以下饰略斜绳纹，体有较多烟炱。残口径 11、残高 11.5 厘米（图一二七；彩版四二，2）。

M32

位于发掘区域南部，东邻西安财经学院西墙及 M13，西南邻 M33，西北邻 M31。墓葬开口于黑垆土层下，开口距地表 0.9 米。

（一）墓葬形制

长方形竖穴土圹墓，墓壁较直，墓口长 1.8、宽 0.8、自深 0.9 米。方向 225 度（图一二八；彩版四二，3）。

墓壁东、西两侧有生土二层台，宽约 0.05～0.15、高 0.2～0.3 米。墓室内填五花土。

葬具朽化成灰，为一木棺。棺长 1.8、宽 0.64～0.52 米，厚度及高度不详。

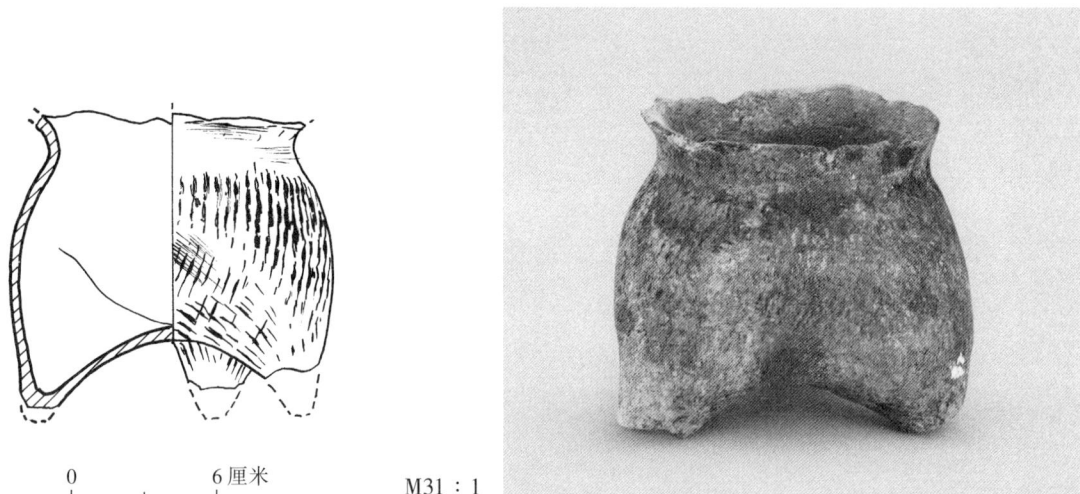

M31：1

图一二七　M31 出土陶鬲

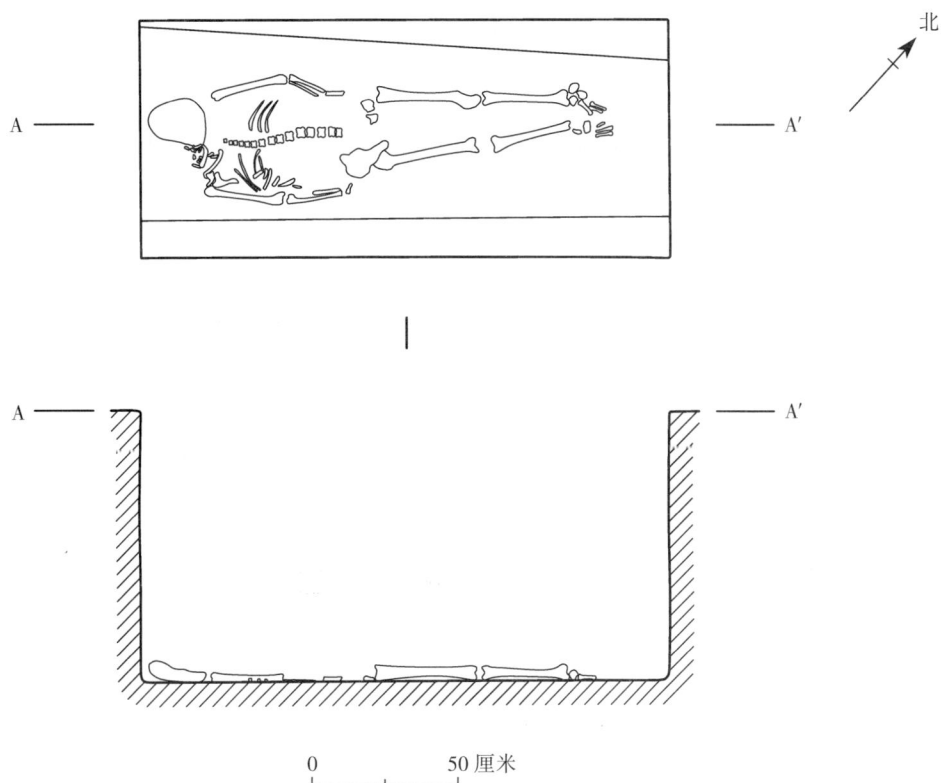

图一二八　M32 平、剖面图

　　墓主骨骸保存较好，长约 1.54 米，仰身直肢。头向 225 度。该骨骸的盆骨耳状面小，坐骨大切迹宽，髋臼小，头骨顶结节明显，颧骨纤细，下颌第一臼齿磨耗 1 级。据此认为是年龄 18～19 岁的女性个体。

　　（二）随葬品

　　该墓未见随葬品。

M33

位于发掘区域南端，东北邻 M32，东南邻 M13，北邻 M31。墓葬开口于黑垆土层下，开口距地表 1.1 米。

（一）墓葬形制

长方形竖穴土圹墓，墓口长 2、宽 0.8 米，墓底长 1.82、宽 0.82 米，自深 1.05 米。方向 40 度（图一二九；彩版四三，1）。

墓壁有生土二层台，南、北宽 0.18 米，东宽 0.09、西宽 0.06 ～ 0.02 米，高 0.25 米。墓壁两端外扩。墓室内回填五花夯土，较坚实。

葬具为一木棺，已朽。据灰痕可辨棺长 1.8、宽 0.64 米，板厚度、高度不详。

墓主骨骸保存较差，仅保存头骨残片和一盆骨残片。骨骸头向北，面向东，仰身直肢，长约 1.6 米。根据头骨的眉弓显著，框上缘圆钝，下颌体高，支宽，下颌第一臼齿磨耗 1 ～ 2 级，判断该骨骸为 20 ～ 25 岁青年男性的个体。

随葬陶器 2 件，有鬲、罐各 1 件，均置于头端棺内。头部侧旁有海贝 15 枚。

（二）随葬品

1. 陶器

共 2 件。鬲、罐各 1 件。

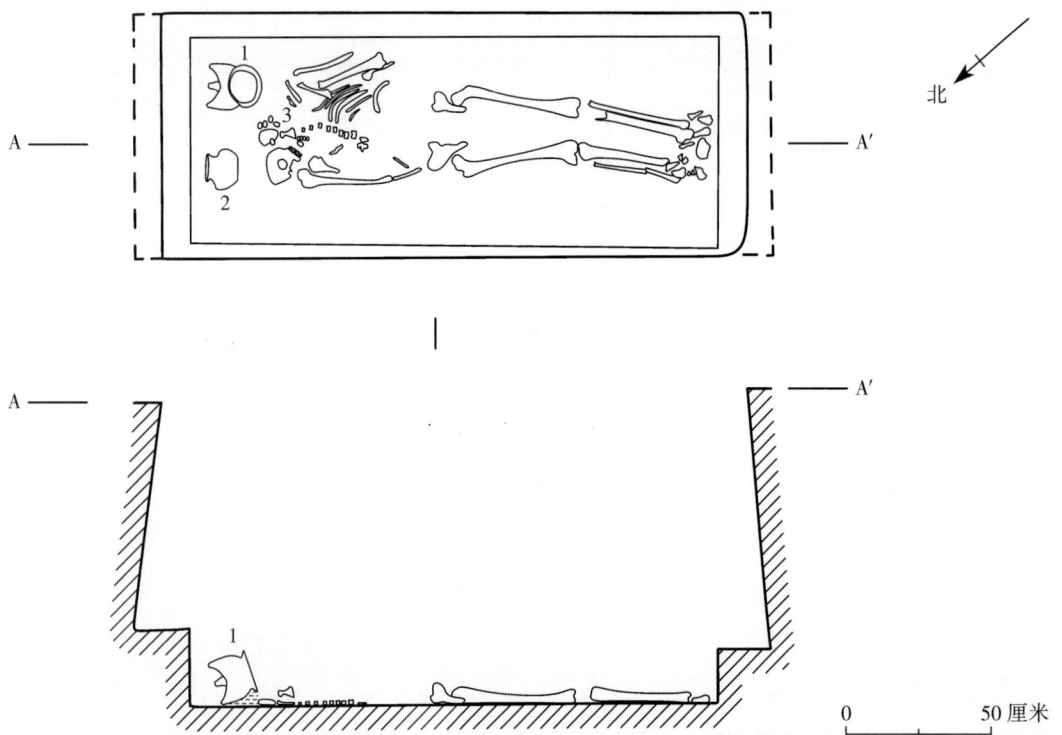

图一二九　M33 平、剖面图

1. 陶鬲　2. 陶罐　3. 海贝

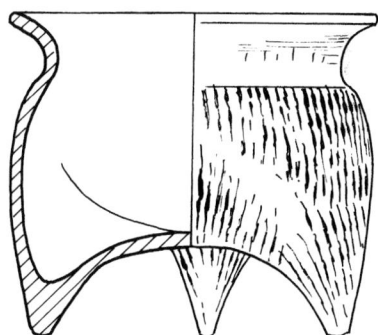

0　　　　　6厘米

1. 鬲（M33：1）

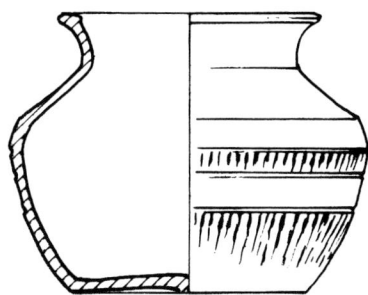

0　　　　　6厘米

2. 罐（M33：2）

0　　　　3厘米

3. 海贝（M33：3）

图一三〇　M33 出土器物

鬲　M33：1，夹砂灰陶。侈口，低斜领，圆唇，束颈，腹微鼓，联裆，三锥足，足尖接近柱形。颈部及口沿抹光，颈以下饰竖绳纹。口径 15、高 13 厘米（图一三〇，1；彩版四三，2）。

罐　M33：2，泥质灰陶。器体较矮。侈口，小平沿，尖唇，束颈，圆肩，浅腹弧收，平底微凹。腹饰绳纹和旋纹。口径 10.8、肩径 14.5、底径 9.5、高 11.3 厘米（图一三〇，2；彩版四三，3）。

2. 其他

海贝 M33：3，15 枚，串结而成一串，系串饰无疑。该串饰出在墓主头部侧旁附近，有规律地分布。贝体大小不甚均匀，最大者长 2.5、宽 1.8、高 1.9 厘米，最小者长 1.6、宽 1、高 0.8 厘米（图一三〇，3；彩版四三，4）。

M34

位于发掘区域南部，东侧被近代墓破坏，南邻 M26，西南邻 M24。墓葬开口于黑垆土层下，墓口距地表 0.76 米。

（一）墓葬形制

长方形竖穴土圹墓，墓壁较直，墓口残长 1.04 ~ 1.25、宽 1.4、自深 1.4 米。方向 300 度（图一三一；彩版四四，1）。

墓底设有生土二层台，存留的西侧台宽约 0.1、高 0.36 米。墓室内填五花夯土。

木质葬具，一棺一椁，已朽。椁残长 1.2 ~ 1.1、宽 1.2、高 0.38 米，椁板厚度不明。棺残长 0.94 ~ 1、宽 0.8 米，高度及板厚度不详。棺内有朱砂。

墓主骨骼保存很差，仅存黄褐色骨粉，但可辨头朝西、仰身。面向不清。骨骸大部被破坏，其他情况不明。

随葬陶器 3 件。陶鬲 1 件，置二层台西北角。陶簋、罐各 1 件，置头端棺椁之间。

（二）随葬品

共 3 件。均为陶器，鬲、簋、罐各 1 件。

鬲 M34：1，夹砂灰陶。侈口，圆唇，矮领，束颈，联裆略高，三足内收，足尖较钝。颈部以上抹光，腹饰竖绳纹。口径 12.7、高 13.5 厘米（图一三二，1；彩版四四，2）。

簋 M34：2，泥质灰陶。敞口，折沿外翻，上腹内收，有折棱，下腹弧收，圈足外撇。口沿及颈部抹光，腹饰较细的交错绳纹，圈足中间有一周旋纹。口径 22.5、圈足径 11.5、高 12.9 厘米（图一三二，2；彩版四四，3）。

罐 M34：3，泥质灰陶。侈口，窄平沿，圆唇，矮领略束，折肩，下腹弧收，平底。肩饰两组旋纹和网格纹，腹中下部饰较浅直绳纹，底有模糊绳纹痕。口径 10、肩径 15.8、底径 8.3、高 16.3 厘米（图一三二，3；彩版四四，4）。

三　采集陶器

共 6 件，均出于本次发掘区域，显然出自已被破坏的墓葬。

鬲 采：2，夹砂红陶。侈口，斜沿，圆唇，束颈，鼓腹较深，分裆内中心有一三角形凹面，三足呈袋状，足尖为另加。口沿及颈部抹光，颈以下饰较斜粗绳纹，裆部横施绳纹。口径 13、高 14.5 厘米（图一三三，1；彩版四五，1）。

鬲 采：3，夹砂灰陶。侈口，微卷沿，方唇，敛颈，鼓肩，腹较深，联裆，三锥足微内收。

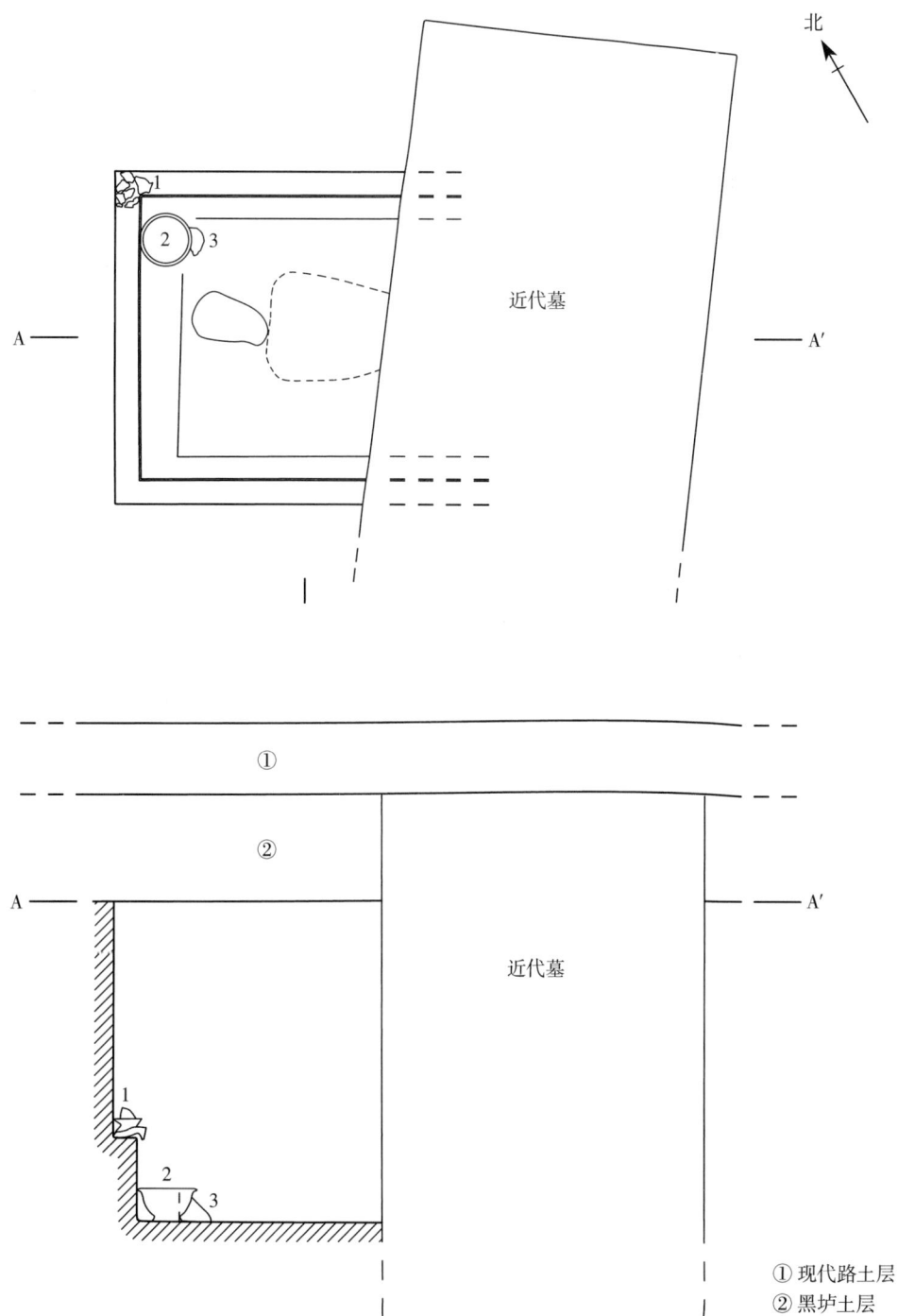

图一三一　M34 平、剖面图
1. 陶鬲　2. 陶簋　3. 陶罐

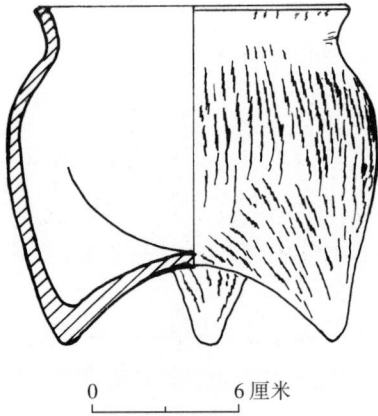

1. 鬲（M34：1）

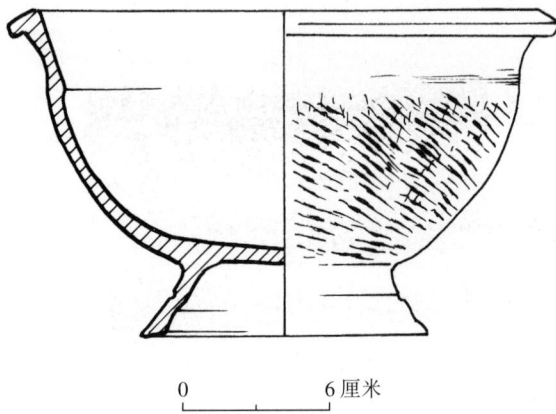

2. 簋（M34：2）

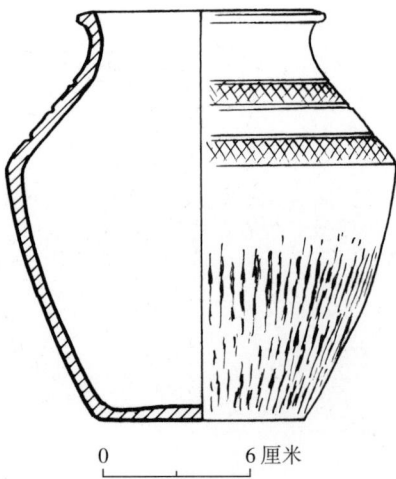

3. 罐（M34：3）

图一三二　M34 出土器物

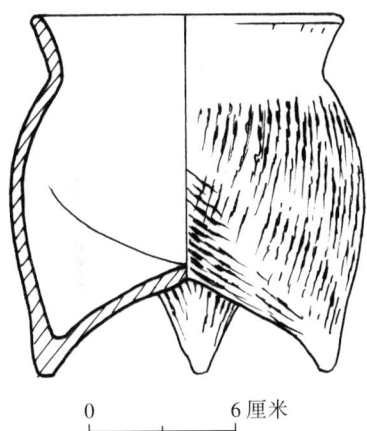

1. 鬲（采：2）

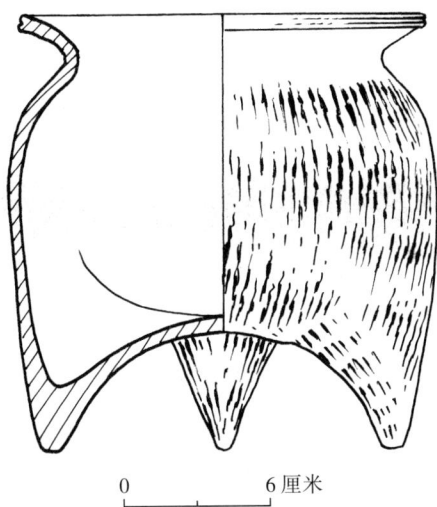

2. 鬲（采：3）

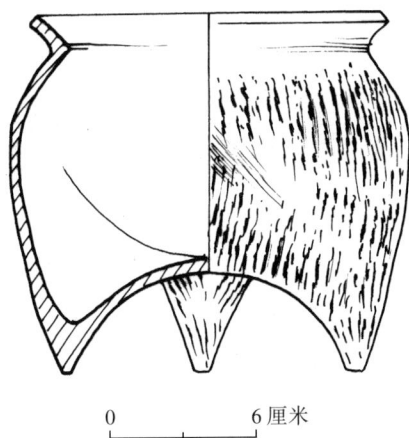

3. 鬲（采：5）

图一三三　发掘区采集陶器

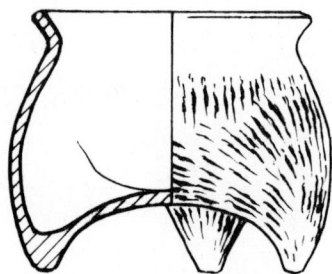

1.鬲（采：6）

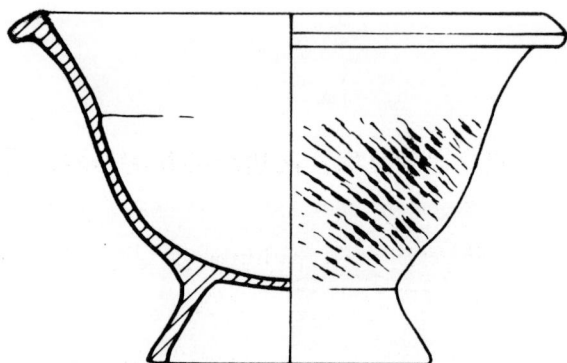

2.簋（采：1）

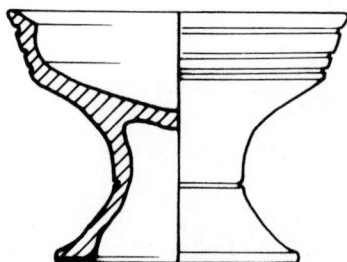

3.豆（采：4）

图一三四　发掘区采集陶器

颈部以上抹光，颈以下饰较直绳纹。口径 16.2、高 17.2 厘米（图一三三，2；彩版四五，2）。

鬲　采：5，夹砂黑灰陶。侈口，方唇，敛颈，鼓肩，联裆内瘪，三锥足内收。颈以上抹光，颈以下饰较粗绳纹。口径 14、高 14.2 厘米（图一三三，3；彩版四五，3）。

鬲　采：6，夹砂褐陶。侈口，圆唇，束颈，浅腹微鼓，联裆低矮，三锥足略残且内收。口沿及颈部抹光，颈以下饰略细绳纹，局部有交错，裆底器表有剥落及较重烟炱。口径 13、高 10.5 厘米（图一三四，1；彩版四五，4）。

簋　采：1，泥质灰陶。敞口，折沿外翻，圆唇，微鼓腹，圜底，圈足外敞。腹饰交错绳纹，其余部位抹光。口径 22.5、圈足径 12.5、高 14.5 厘米（图一三四，2；彩版四五，5）。

豆　采：4，泥质灰陶。敛口，斜沿，圆唇，盘壁斜直，圜底，喇叭状柄较粗。盘壁有三周旋纹，柄中间有一周旋纹。口径 13.5、圈足径 10、高 10 厘米（图一三四，3；彩版四五，6）。

第四节　分期和年代

一　文化遗存的分布和地层关系

此次贾里村遗址西周文化遗存考古工作的实施，只是对村民居住区边缘的新宅基地建设施工区域的抢救性发掘，既没有进行系统的勘探，又未作整体的有计划布方，只是在被挖开的遗迹暴露点进行随机清理，加之早期水土流失，近时耕作、取土、平整地面等多方面的原因，造成遗迹严重破坏，故未获得比较好的文化层堆积关系。经发掘的几处西周居住遗迹和 30 座墓葬，多数单位的开口位置以上都在村民平整宅地基础时取土破坏，不少灰坑、墓葬等基本是残余的底部。东南部的一些墓葬虽保存得较好，但处在遗址的边缘，均未发现与其他遗迹存在分期意义的地层关系。在 30 多个西周遗迹、墓葬中，只发现了一组打破关系，即 M6 打破 H3。从出土的文化遗物来看，H3 属于西周中期灰坑，M6 为西周晚期的墓葬。

二　主要陶器的形制分析

贾里村遗址发掘所获的文化遗物比较丰富，最主要的为陶器。可见器形有鬲、甗、罐、瓮、簋、豆、盆、尊、钵、甑等炊器、容器，及少量陶拍、陶饼等小件。其中以鬲、罐、簋、豆、瓮等器物发现量为大，演变关系相对清楚，有利于分期研究，故以这几类陶器为例，来做型式分析。

（一）鬲

在灰坑、墓葬中均属数量最多的器物，均为夹砂陶。依据制作工艺特点和形制的差别，可分为联裆和分裆两型。

A 型　联裆鬲

数量最多。此型鬲的最主要特征是鬲裆间的内外都较浑圆，无清晰的分界线，有些裆部凹瘪较明显，故也被称为"瘪裆鬲"。依据鬲口沿外翻程度、腹部深浅等形制的差别，还可分作 5 个亚型。

Aa 型　多为侈沿，腹较深，联裆，三锥足。口沿及颈部抹光，颈以下均饰绳纹。整体有从较高向低矮演变的趋势，纹饰从粗乱向较细而规整变化。较多见，可分为 3 式：

Ⅰ式　侈口，方唇，斜沿外侈，束颈，腹微外鼓，体较高瘦，联裆较高，锥形足尖。标本 M16 ∶ 1（图一三五，1）、M11 ∶ 1。

Ⅱ式　圆唇，斜沿微卷，颈部微束，腹略深，裆略低。标本 M22 ∶ 5（图一三五，2）、采∶ 3。

Ⅲ式　敞口，束颈，鼓腹，体较矮。标本 M13 ∶ 5（图一三五，3）。

Ab 型　微卷沿，有矮领，敛颈明显，鼓肩，腹较浅，联裆，三锥足内收。口沿及颈部抹光，颈以下饰绳纹。口沿由较宽渐变窄，由外卷向斜折演变。多见，可分为 5 式：

Ⅰ式　大侈口宽于腹大径，斜领较高，颈肩有明显的分界线，三足较高。标本 M22 ∶ 2（图一三五，4）。

Ⅱ式　口略小于前式，领变矮，沿微外卷，口径与腹大径相当。标本 M17 ∶ 4（图一三五，5）。

Ⅲ式　与前式较相似，卷沿内外两侧出现旋纹。标本 M30 ∶ 4（图一三五，6）。

Ⅳ式　口径小于腹径，折沿，腹略深，裆部变矮。标本 M13 ∶ 1（图一三五，7）。

Ⅴ式　与前式相似，但出现耸肩现象。标本 M14 ∶ 1、M18 ∶ 1（图一三五，8）。

Ac 型　普遍侈口，斜沿，微束颈，鼓腹较深。口沿及颈部抹光，颈以下饰较细的规整绳纹。口沿由斜侈变外卷，腹由较深渐变浅，体形和裆部有由较高变低的趋势。多见，可分为 3 式：

Ⅰ式　口沿斜侈，束颈，鼓肩，腹较深，三锥足微外撇。标本 M34 ∶ 1（图一三五，9）、M1 ∶ 3、采∶ 5。

Ⅱ式　侈口微卷，窄平沿，方圆唇，鼓腹，分裆渐不明显，裆略低。标本 M3 ∶ 1（图一三五，10）。

Ⅲ式　卷沿，束颈，腹变浅，裆较低矮，足尖内收。标本 M33 ∶ 1（图一三五，11）、采∶ 6。

Ad 型　多为夹砂红陶。一般为侈口，卷沿均有窄平沿面，束颈较明显，体高腹深，联裆，锥足。颈以上抹光，颈以下饰清晰的绳纹，以有扎手感的交错绳纹居多。平沿渐趋明显，腹由较深向略浅发展。较多见，可分 3 式：

Ⅰ式　口沿微卷，平沿不明显，微束颈，深腹外鼓不明显。标本 M29 ∶ 1（图一三五，12）。

Ⅱ式　卷沿，有明显窄平面，敛颈，深腹较外鼓。绳纹纹路清晰，普遍有交错现象。标本 M25 ∶ 4（图一三六，1）、H2 ② ∶ 1、M5 ∶ 1。

Ⅲ式　卷沿有窄平面，圆唇，束颈较甚，鼓肩，足部偏瘦。体饰较粗的交错绳纹。标本 M19 ∶ 2（图一三六，2）、H1 ∶ 1。

Ae 型　为一般所说的仿铜鬲，三足相应的腹部均有齿状竖棱。口沿由外侈、斜折变为

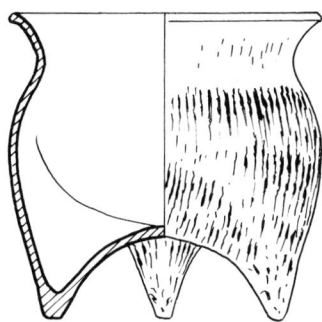

1. Aa 型 I 式（M16：1）　　　　2. Aa 型 II 式（M22：5）　　　　3. Aa 型 III 式（M13：5）

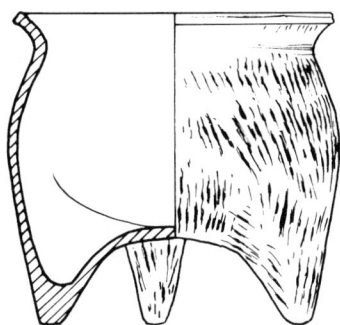

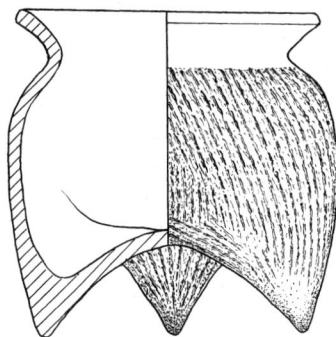

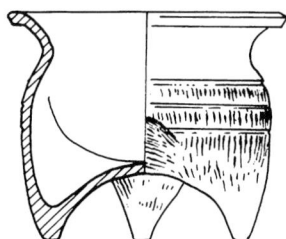

4. Ab 型 I 式（M22：2）　　　　5. Ab 型 II 式（M17：4）　　　　6. Ab 型 III 式（M30：4）

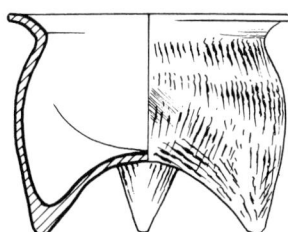

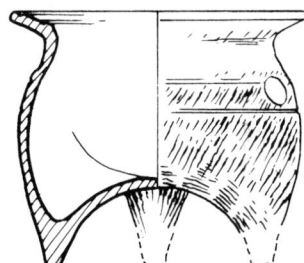

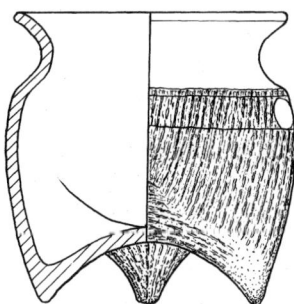

7. Ab 型 IV 式（M13：1）　　　　8. Ab 型 V 式（M18：1）　　　　9. Ac 型 I 式（M34：1）

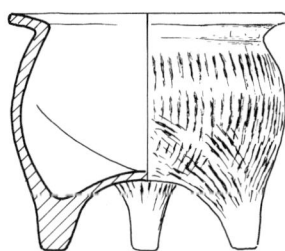

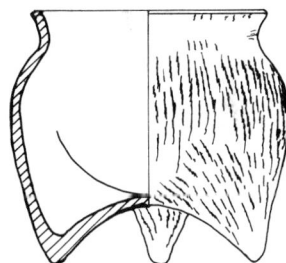

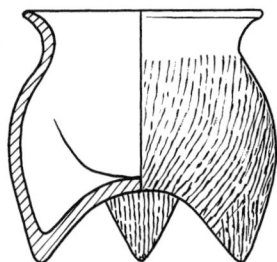

10. Ac 型 II 式（M3：1）　　　　11. Ac 型 III 式（M33：1）　　　　12. Ad 型 I 式（M29：1）

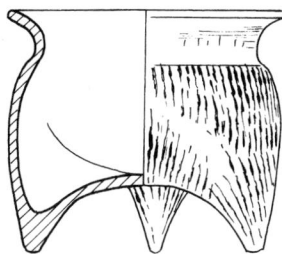

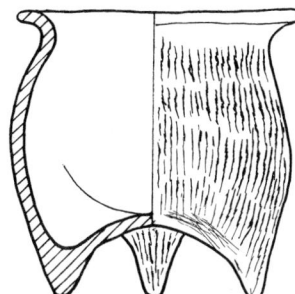

0 _____ 8厘米

图一三五　陶鬲型式（A 型）

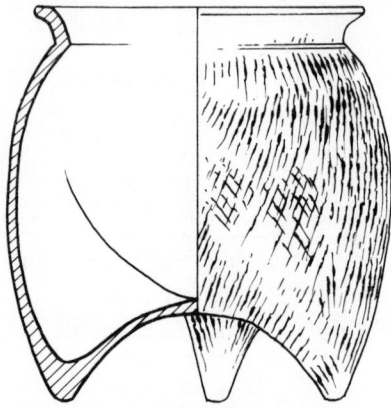

1. Ad 型Ⅱ式（M25：4）　　　2. Ad 型Ⅲ式（M19：2）　　　3. Ae 型Ⅰ式（M20：1）

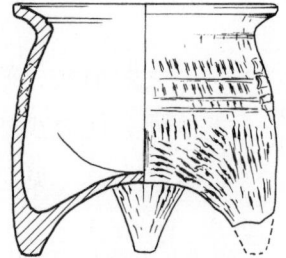

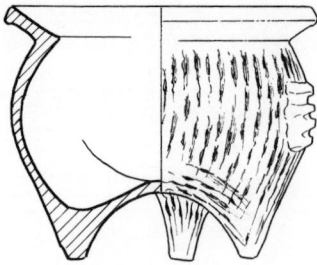

4. Ae 型Ⅱ式（M26：1）　　　5. Ae 型Ⅲ式（M9：3）　　　6. Ae 型Ⅳ式（M27：3）

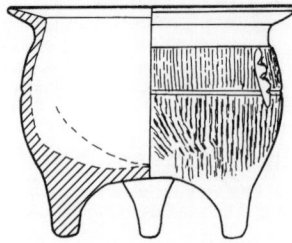

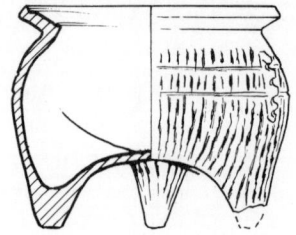

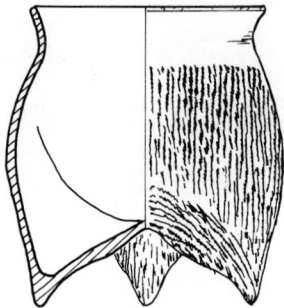

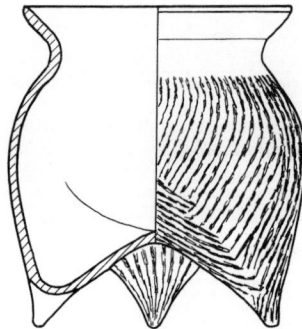

7. Ba 型Ⅰ式（M4：1）　　　8. Ba 型Ⅱ式（ M8：1）　　　9. Ba 型Ⅲ式（M25：1）

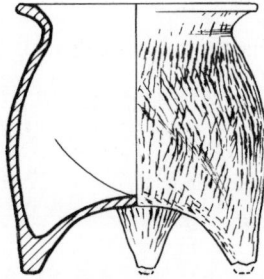

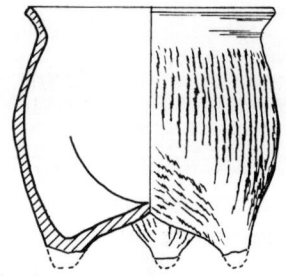

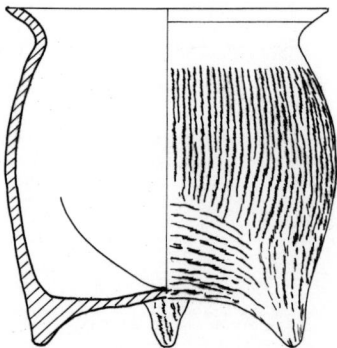

10. Ba 型Ⅳ式（M12：1）　　　11. Bb 型Ⅰ式（M21：1）　　　12. Bb 型Ⅱ式（M6：1）

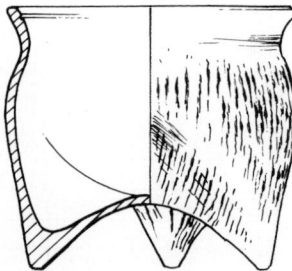

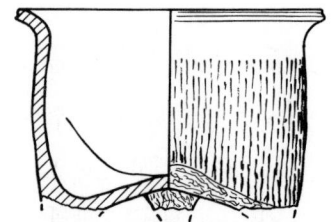

0　　　　　8厘米

图一三六　陶鬲型式（A、B型）

平折，裆从高弧到低平演变，体由高渐矮。多见，可分为 4 式：

Ⅰ式　侈沿，腹较深，体形较高，联裆，足较高。标本 M20：1（图一三六，3）。

Ⅱ式　斜折沿，腹部较外鼓，体变矮，足较低。标本 M26：1（图一三六，4）。

Ⅲ式　折沿微斜，腹稍浅，弧裆较低。标本 M9：3（图一三六，5）。

Ⅳ式　近似前式，体更矮，弧裆更低一些。标本 M27：3（图一三六，6）。

上述以外，还有少数联裆鬲形制较特殊，不便归入上述各亚型，因发现标本很少，不再详述，如 M17：1（见图九三，1）、M31：1（见图一二七）等。

B 型　分裆鬲

数量较少。此型鬲的主要特点是三足之间有明显分界，从内壁可看到明显的分裆线。从形制特点和腹部的深浅等方面，还可分为 2 个亚型。

Ba 型　体较高，腹深而较胖，分裆清楚。颈部以上抹光，其下至足尖饰略粗的竖斜绳纹，裆底多有横绳纹，或有交错。口沿由斜侈向卷折变化，足由圆胖向扁瘦演变，裆由高渐低。可分 4 式：

Ⅰ式　侈口斜直，圆唇，敛颈，鼓腹较深，裆明显较高，内壁分裆线清晰。标本 M4：1（图一三六，7）。

Ⅱ式　侈口，沿微卷，圆唇，敛颈明显，其他与前式较相近。标本 M8：1（图一三六，8）、H2②：2、采：2。

Ⅲ式　侈沿微卷，鼓腹，腹略浅。标本 M25：1（图一三六，9）。

Ⅳ式　口沿近似前式，肩外鼓，裆低平，足较短。标本 M12：1（图一三六，10）。

Bb 型　体相对偏低，腹较浅，三足分界不清晰。颈部以上抹光，颈以下饰较浅直的绳纹。可分 2 式：

Ⅰ式　侈口，斜沿，圆唇，微束颈，腹稍鼓，三足较瘦，足尖微内收。标本 M21：1（图一三六，11）。

Ⅱ式　侈口，厚方唇，束颈不明显。标本 M6：1（图一三六，12）。

（二）罐

数量较多，均泥质陶。从所见标本观察，都属于小口、有肩、平底的类型。据肩部的差别可分为三型。

A 型　折肩罐。

发现较少。整体有从偏矮向较高演变的现象。可分 3 式：

Ⅰ式　口微侈，窄沿，圆唇，矮领，束颈，折肩，斜腹弧收，平底。标本 M34：3（图一三七，1）、M1：2。

Ⅱ式　侈口，窄平沿，方唇，折肩，束颈（领比前式高），深腹微鼓，小平底。标本 M15：1（图一三七，2）。

Ⅲ式　口沿与前式近似，溜肩微内凹，折肩明显，腹斜收，平底较大。标本 M14：3（图一三七，3）。

B 型　圆肩罐。

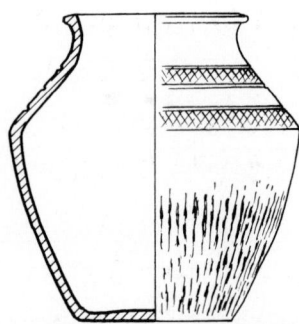

1. A 型 I 式（M34：3）　　　　　2. A 型 II 式（M15：1）

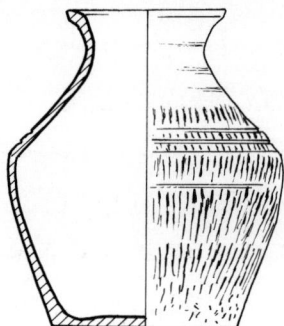

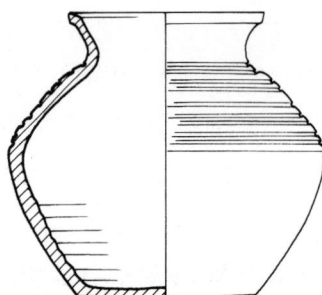

3. A 型 III 式（M14：3）　　4. Ba 型 I 式（M29：2）　　5. Ba 型 II 式（M30：3）

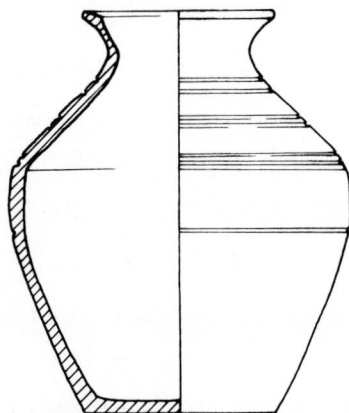

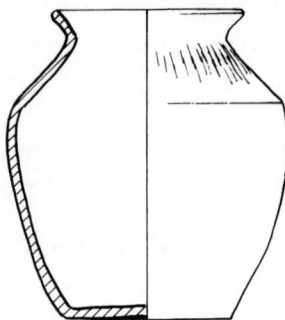

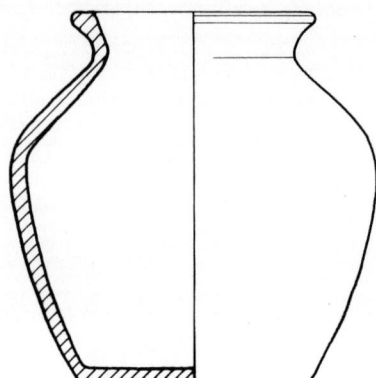

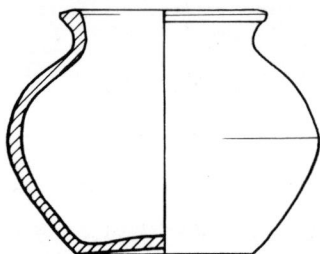

6. Ba 型 III 式（M19：1）　　7. Bb 型 I 式（M20：2）　　8. Bb 型 II 式（M9：1）

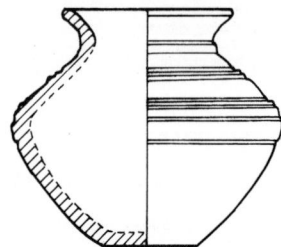

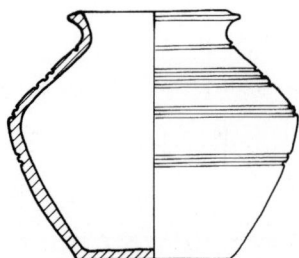

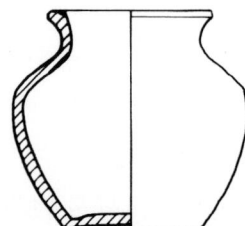

9. Bb 型 III 式（M18：4）　　10. C 型 I 式（M4：2）　　11. C 型 II 式（M27：1）

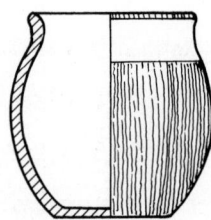

0　　　　　　8 厘米

图一三七　陶罐型式

数量较多，据形制和纹饰的差别还可分 2 亚型。

Ba 型　体略显矮胖，多为素面。体形有由略高渐变低的现象。可分 3 式：

Ⅰ式　侈口，卷沿，圆唇，矮领，敛（束）颈，鼓肩，体略高，平底。标本 M29 ： 2（图一三七，4）、M22 ： 1。

Ⅱ式　侈口，窄折沿，束颈，浅腹，矮体，平底。标本 M30 ： 3（图一三七，5）、M33 ： 2。

Ⅲ式　与前式相似，体更低矮，底内凹。标本 M19 ： 1（图一三七，6）、M13 ： 2。

Bb 型　器略高瘦，体多饰多道旋纹。体略高变低。可分 3 式：

Ⅰ式　侈口，窄平沿，圆唇，束颈，溜肩圆折，腹微鼓，平底。标本 M20 ： 2（图一三七，7）、M21 ： 2。

Ⅱ式　较前式矮。标本 M9 ： 1（图一三七，8）。

Ⅲ式　与前式相似，低略大而显更矮。标本 M18 ： 4（图一三七，9）、M6 ： 2。

C 型　极少见。器形较小，均为直口，矮直领，圆鼓腹，平底。体由高向矮发展。可分 2 式：

Ⅰ式　微口侈，厚圆唇，矮直领，溜肩，圆鼓腹，平底。口沿及矮领部抹光，腹饰较粗的浅绳纹。标本 M4 ： 2（图一三七，10）。

Ⅱ式　与前式略似，但罐腹变矮，器表光素无纹饰。标本 M27 ： 1（图一三七，11）、M25 ： 3。

（三）豆

数量较少，均为较浅的盘，喇叭状高圈足豆柄。据柄部的粗细差别，可分为两型。

A 型　相对较多，粗柄豆。从口部是否内敛的特点，还可分为 2 个亚型。

Aa 型　口较直，盘略深。口沿由直渐敞，盘从略深到稍浅，粗柄中间从素面到加饰旋纹，柄有略变细的趋势。可分 3 式：

Ⅰ式　口近直，方唇，盘略深，圜底，粗柄。标本 M22 ： 3（图一三八，1）、M30 ： 2。

Ⅱ式　口略敞，盘稍浅，柄略细。标本 M21 ： 3（图一三八，2）、采：4。

Ⅲ式　与前式相似，柄显高且略细。标本 M13 ： 4（图一三八，3）、M9 ： 2、M14 ： 2、M19 ： 3、M19 ： 4。

Ab 型　为敛口，只有一件。标本 M18 ： 2（图一三八，4）。

B 型　较少见，细柄豆。墓葬未见，出于灰坑，均残。标本 H3 ② ： 34（图一三八，5）。

（四）簋

数量较多，均为泥质灰陶。侈口，翻沿，有领，深腹圜底，圈足。整体口越来越外敞，领逐渐变长。可分两型。

A 型　口稍外侈，腹较深且浑圆。可分 4 式：

Ⅰ式　口微侈，折沿，厚方唇，矮斜领，深腹较浑圆，圈足较矮。标本 M4 ： 3（图一三九，1）、M34 ： 2。

Ⅱ式　与前式较相似，领部更高。颈部有浅凹槽。标本 M17 ： 3（图一三九，2）、

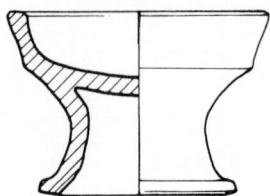

1. Aa 型 I 式（M22：3）

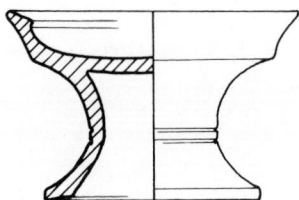

2. Aa 型 II 式（M21：3）

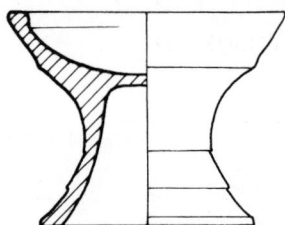

3. Aa 型 III 式（M13：4）

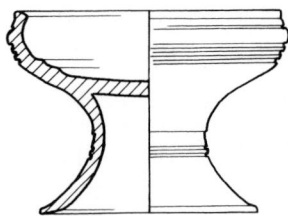

4. Ab 型（M18：2）

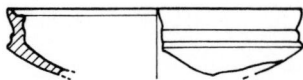

5. B 型（H3②：34）

0   8厘米

图一三八　陶豆型式

M3：2。

III式　口较前式外侈，唇较薄，领部明显增高，圈足亦较高。标本 M30：1（图一三九，3）、M25：2。

IV式　侈口，领更高，腹较浅，圈足外张。标本 M13：3（图一三九，4）、M19：5。

B 型　敞口，腹较斜直。可分 5 式：

I式　口较敞，沿外翻，方唇，腹微鼓。标本 M8：2（图一三九，5）、M1：1。

II式　口沿外敞，唇略变薄，领略加高，圈足略高。标本 M22：4（图一三九，6）。

III式　近似前式，圈足更高。标本 M21：4（图一三九，7）。

IV式　侈口，领、腹界限不明显，略施一道旋纹。标本 H5：1（图一三九，8）、采：1、M27：2。

V式　大敞口，斜领更高，腹较瘦，圈足呈喇叭状或外翻。标本 M18：3（图一三九，9）。

（五）矮领瓮

出土数量最多的陶器之一，但均残。从所见标本观察，均为直口，折沿，厚方唇，矮领，鼓肩，无可复原至肩以下者。据口沿的沿面隆鼓、有无旋纹等特点，可分为 2 型。

A 型　沿多有隆鼓现象，且多在内外两侧或一侧有凹槽一周，器形一般较大。但因残损而未能分式。标本 H2②：46（图一四〇，1）、H2②：47（图一四〇，2）。

B 型　均为平折沿，少量沿面或有一周凹槽，器形略小者较多，或可称矮领罐。也因均残未能分式。标本 H1①：22（图一四〇，3）、H3①：12（图一四〇，4）、Y1③：7（图一四〇，5）。

（六）三足瓮

极少见，均残，腹部以下无可复原者。据口部内敛度的不同可分两型。

A 型　口较直或微内敛，平折沿，方唇，腹壁较斜直。标本 H2②：57（图一四〇，6）、H6：3（图一四〇，7）。

B 型　口内敛较甚，腹明显外鼓。标本 H4②：24（图一四〇，8）、H3②：9（图一四〇，9）、Y1③：6（图一四〇，10）。

另外，还有一些陶器如甗、盆、罍等，或因发现数量较少，或是没有修复出较好的标本不便观察，故不再做分析。

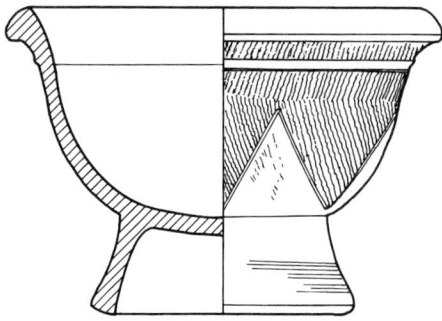

1. A型Ⅰ式（M4：3）

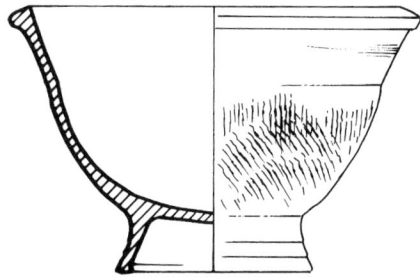

2. A型Ⅱ式（M17：3）

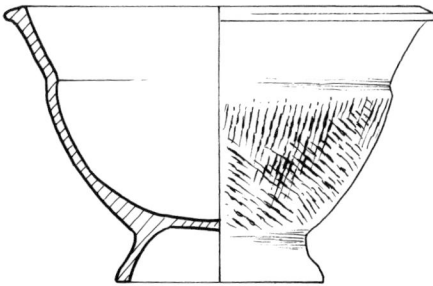

3. A型Ⅲ式（M30：1）

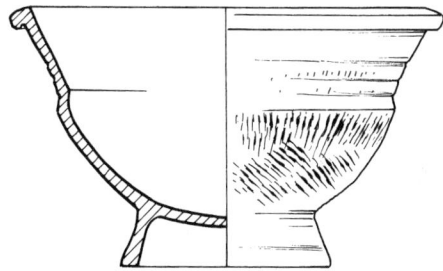

4. A型Ⅳ式（M13：3）

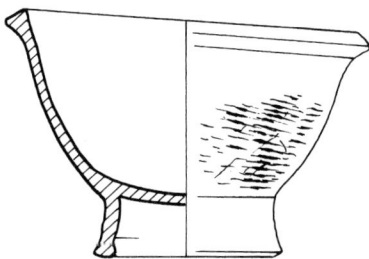

5. B型Ⅰ式（M8：2）

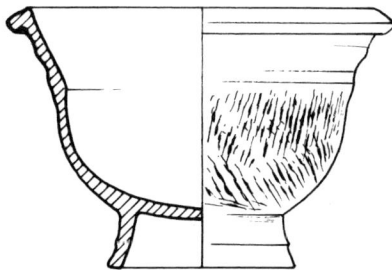

6. B型Ⅱ式（M22：4）

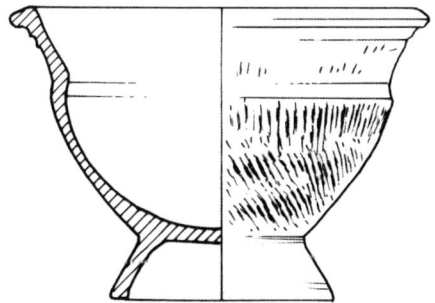

7. B型Ⅲ式（M21：4）

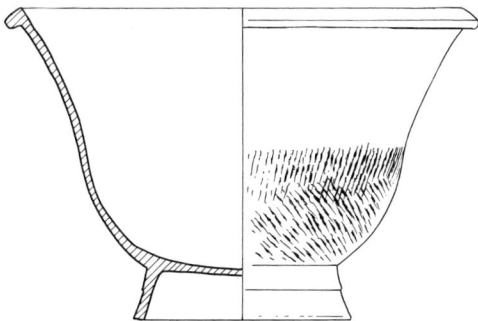

8. B型Ⅳ式（H5：1）

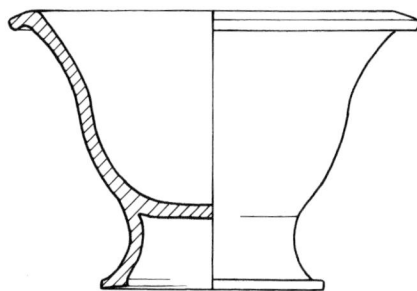

9. B型Ⅴ式（M18：3）

8. 　0　　　　　10厘米　　　余　0　　　　8厘米

图一三九　陶簋型式

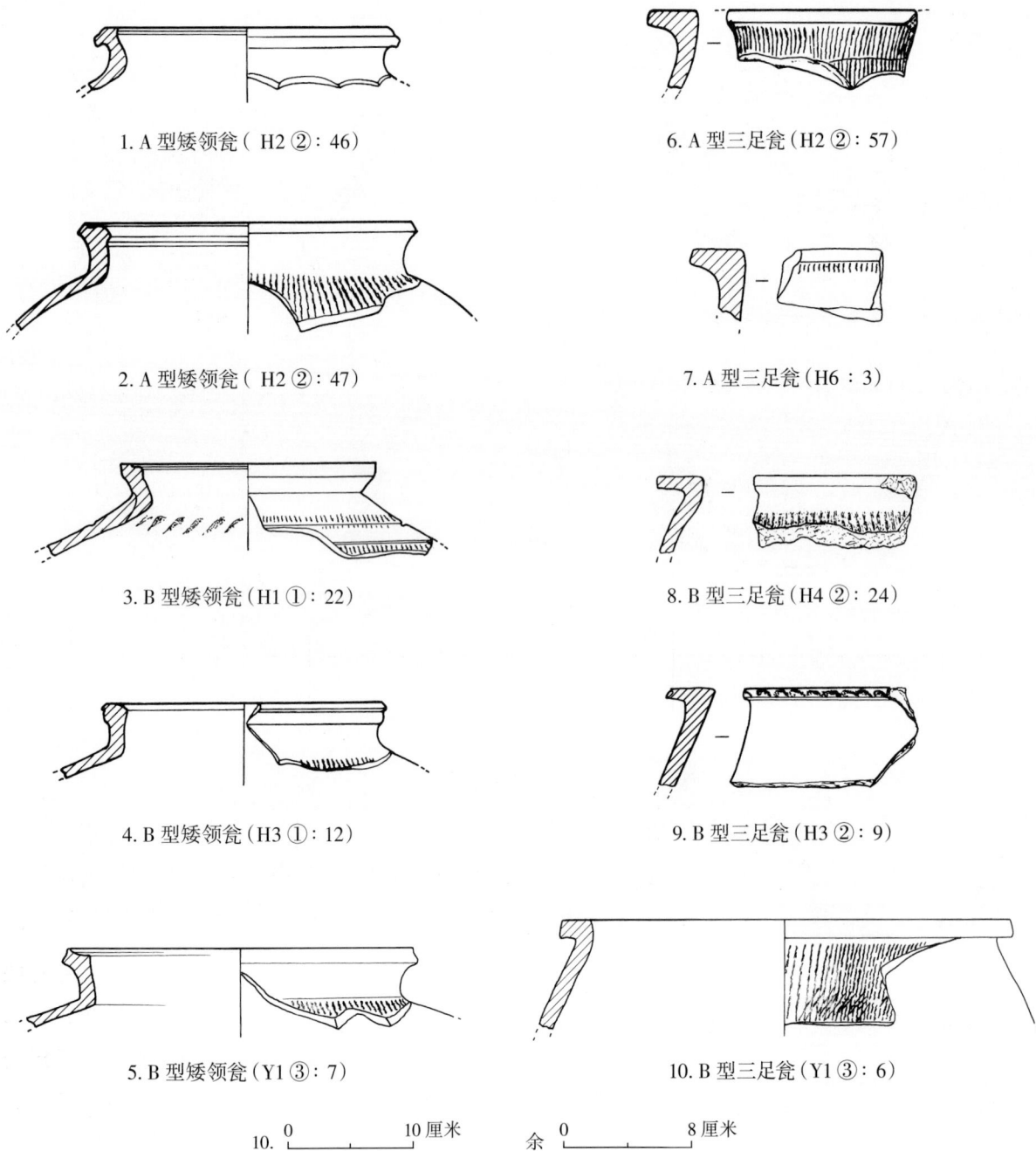

1. A 型矮领瓮（H2 ②：46）

6. A 型三足瓮（H2 ②：57）

2. A 型矮领瓮（H2 ②：47）

7. A 型三足瓮（H6：3）

3. B 型矮领瓮（H1 ①：22）

8. B 型三足瓮（H4 ②：24）

4. B 型矮领瓮（H3 ①：12）

9. B 型三足瓮（H3 ②：9）

5. B 型矮领瓮（Y1 ③：7）

10. B 型三足瓮（Y1 ③：6）

10. 0 ____ 10 厘米   余 0 ____ 8 厘米

图一四〇　陶瓮型式

三　年代和分期

上述陶器的形制分析可以表明，贾里村西周墓地和遗址的主要器类如鬲、罐、豆、簋和矮领瓮（罐）等，多有较清晰的发展演变线索。不少器类虽有多个型的差别，但也可看出存在不同的式别。不同器类或其亚型内往往可分为 3 式或 4 式，一些器物甚至存在 5 式的演变过程，表明应存在一定的时间过程并有年代的差别，故可以对其进行必要的分期研究，以加深对该遗址西周文化遗存的认识。

器类		鬲							罐
型式		A					B		A
期段		Aa	Ab	Ac	Ad	Ae	Ba	Bb	
早期	第一段	M16：1（I式） M11：1（I式）		M34：1（I式） M1：3（I式）	M29：1（I式）		M4：1（I式） M8：1（II式）		M34：3（I式）　M1：2（I式）
	第二段	M22：5（II式）	M22：2（I式）　M17：4（II式）	M3：1（II式）					
中期	第三段		M30：4（III式）	M33：1（III式）	M25：4（II式）	M20：1（I式）　M26：1（II式）	M25：1（III式）	M21：1（I式）	
	第四段	M13：5（III式）	M13：1（IV式）		M19：2（III式）	M9：3（III式）			
晚期	第五段		M14：1（V式）　M18：1（V式）			M27：3（IV式）	M12：1（IV式）	M6：1（II式）	M15：1（II式）　M14：3（III式）

图一四一　贾里村西周遗址出土陶器分期图

罐			豆		盨	
B		C	Aa	Ab	A	B
Ba	Bb					
M29：2（Ⅰ式）		M4：2（Ⅰ式）			M4：3（Ⅰ式）　M34：2（Ⅰ式）	M8：2（Ⅰ式）　M1：1（Ⅰ式）
M22：1（Ⅰ式）			M22：3（Ⅰ式）		M17：3（Ⅱ式）　M3：2（Ⅱ式）	M22：4（Ⅱ式）
M30：3（Ⅱ式）　M33：2（Ⅱ式）	M20：2（Ⅰ式）　M21：2（Ⅰ式）	M25：3（Ⅱ式）	M30：2（Ⅰ式）　M21：3（Ⅱ式）		M25：2（Ⅲ式）　M30：1（Ⅲ式）	M21：4（Ⅲ式）
M19：1（Ⅲ式）	M9：1（Ⅱ式）		M13：4（Ⅲ式）　M9：2（Ⅲ式）　M19：3（Ⅲ式）		M13：3（Ⅳ式）　M19：5（Ⅳ式）	
	M18：4（Ⅲ式）　M6：2（Ⅲ式）	M27：1（Ⅱ式）	M14：2（Ⅲ式）	M18：2		M27：2（Ⅳ式）　M18：3（Ⅴ式）

贾里村遗址的西周遗迹单位较少，没有提供多少有用的地层关系信息，唯一的一组是墓葬 M6 打破灰坑 H3。层位晚的 M6 出土陶器 3 件，圆肩罐 1 件为 Bb 型Ⅲ式，体较低矮，肩上有两组旋纹，肩近折，为此类陶罐的最晚式别。共出的盆形制为斜折沿，沿面内外侧各有一道旋纹，折腹较浅。两者都具有丰镐、周原等遗址西周晚期同类器的特征，比较而言也是贾里村墓地、遗址所能见到的最晚遗物。另 1 陶鬲为侈沿，方唇，矮体浅腹，分裆，矮足，不同于常见的联裆鬲。当属商式陶鬲发展的变体，周原等遗址西周晚期的遗存中偶见。可知该墓约代表了遗址、墓地部分晚期陶器的特征。

而 H3 所出的各类陶器虽多残破，但可观察的标本往往有西周中期同类器的风格。H3 ②：8 鬲口沿似前文所分的 Ad Ⅲ式鬲，H3 ①：18 鬲近似 Ac Ⅲ式鬲。

根据贾里村墓地及遗址出土主要陶器的形制特征，并结合有关墓葬等单位内器物的共存关系分析，大体可以将之归纳为五组（图一四一）。

第一组，主要陶器有 Aa 型Ⅰ式、Ac 型Ⅰ式、Ad 型Ⅰ式、Ba 型Ⅰ式和 Ba 型Ⅱ式鬲，A 型Ⅰ式、Ba 型Ⅰ式、C 型Ⅰ式罐，A 型Ⅰ式、B 型Ⅰ式簋等。

第二组，主要陶器有 Aa 型Ⅱ式、Ab 型Ⅰ式、Ab 型Ⅱ式、Ac 型Ⅱ式鬲，Ba 型Ⅰ式罐，Aa 型Ⅰ式豆，A 型Ⅱ式、B 型Ⅱ式簋等。

第三组，主要陶器有 Ab 型Ⅲ式、Ac 型Ⅲ式、Ad 型Ⅱ式、Ae 型Ⅰ式、Ae 型Ⅱ式、Ba 型Ⅲ式、Bb 型Ⅰ式鬲，Ba 型Ⅱ式、Bb 型Ⅰ式、C 型Ⅱ式罐，Aa 型Ⅱ式豆，A 型Ⅲ式、B 型Ⅲ式簋等。

第四组，主要陶器有 Aa 型Ⅲ式、Ab 型Ⅳ式、Ad 型Ⅲ式、Ae 型Ⅲ式鬲，Ba 型Ⅲ式、Bb 型Ⅱ式罐，Aa 型Ⅲ式豆，A 型Ⅳ式、B 型Ⅳ式簋等。

第五组，主要陶器有 Ab 型Ⅴ式、Ae 型Ⅳ式、Ba 型Ⅳ式、Bb 型Ⅱ式鬲，A 型Ⅲ式、Bb 型Ⅲ式、C 型Ⅱ式罐，B 型Ⅳ式、Ⅴ式簋等。

比较关中地区其他遗址出土的陶器，可以发现第一组的 Aa 型Ⅰ式鬲口沿斜侈，体态较高，所饰绳纹较粗而有坑点状，不似一般西周陶器纹饰的特点，而与武功黄家河墓地的 M14：1 等陶鬲相似。Ac 型Ⅰ式、Ba 型Ⅰ式、Ba 型Ⅱ式等鬲，则与沣西张家坡 M37：1、M6：1、M6：2 等鬲相近。A 型Ⅰ式罐近似于黄家河 M2：2 折肩罐等，Ba 型Ⅰ式罐与张家坡 M43：3 圆肩罐等相似。C 型Ⅰ式罐形制独特，在以往发掘的西周墓葬中均未见到，从直领、圆鼓腹等特征和制作特点等观察，颇有商代刘家文化高领罐的风格，或是其影响的孑遗。A 型Ⅰ式、B 型Ⅰ式簋特征明显，一望而知为殷墟晚期的商式簋，有些形制及腹部所饰三角纹等也与安阳花园庄东地 M84：2、M47：7 等殷墟晚期盆形簋酷似。张家坡上述墓葬，有关报告已有论证，基本为西周早期的武、成至康王时期，黄家河相关墓葬年代被认为属西周初或更早，殷墟的相关墓葬当然更早，因此，就可将第一组墓葬的年代推断在西周早期的偏早阶段。

第二组陶器的 Aa 型Ⅱ式鬲与黄家河 M1：2 鬲较接近，后者的年代被推断为西周初期，但前者体偏矮应略晚。Ab 型Ⅰ式鬲带有明显的弧高领，与周原遗址齐家北 M30：5 等西周早期常见的斜领鬲较相似，但前者领部弧曲度较大，高度略低应是略晚的特征，A 型Ⅱ式簋则与齐家北 M12：2、M30：2 等簋相似，后者都属西周早期偏晚。Ab 型Ⅱ式、Ac 型Ⅱ式鬲分别与周原齐家北墓地 M4：6、张家坡 1967 年发掘的 M16：6 等鬲相似，相关报告认为后两者的年代相当于西周早期偏晚阶段和西周早期偏早，但前两式鬲体均偏低，显示可能略晚。Ba 型 Ⅱ 式罐、B 型 Ⅱ 式簋与沣西 M43 罐、簋等同类器相似，后者的年代相当于西周早期。A 型 Ⅰ 式豆与张家坡 1967 年 M33：2、3 等粗柄豆类似，为其他遗址所少见，后者的年代属西周早期。综上所述，可至本组墓葬的年代约为西周早期的偏晚阶段。

　　第三组陶器的 Ac 型 Ⅲ 式鬲、Aa 型 Ⅱ 式豆、B 型 Ⅲ 式簋等，分别与张家坡 1967 年 M81 所出的同类器相似，后者的年代被认为属穆王前后。Ad 型 Ⅱ 式鬲与张家坡 M158 所出鬲等相似，Ae 型 Ⅰ 式鬲属较早的仿铜鬲形式，与张家坡 1967 年 M56：2 等鬲相似，Ba 型 Ⅲ 式鬲与沣西 M2：4 近似，相关研究认为上述诸墓的年代属于穆王时期或昭、穆之际。A 型 Ⅲ 式簋的形制类似于沣西 M24 所出同类器，后者的年代被认为可能相当于穆、恭之际。据上分析，基本可将该组陶器置于西周中期偏早的穆王时代，部分可能略存早晚之浮动。

　　第四组陶器的 Ab 型 Ⅳ 式鬲、Aa 型 Ⅲ 式豆、A 型 Ⅳ 式簋等同见于 M13，与周原遗址齐家北墓葬 M7 的鬲、豆、簋相似，但后者的鬲较矮，豆盘带旋纹等有偏晚的特征，年代被推断为西周晚期偏早，表明 M13 应略早。Ad 型 Ⅲ 式、Ae 型 Ⅲ 式鬲与并存于西周中期偏晚的沣西 M14 的两件陶鬲相似[1]，故前两类器物的年代应相当。

　　第五组陶器 Ab 型 Ⅴ 式、Ae 型 Ⅳ 式、Ba 型 Ⅳ 式、Bb 型 Ⅱ 式鬲，A 型 Ⅲ 式、Ab 型 Ⅲ 式罐等，多见于周原、丰镐等西周晚期的遗址、墓地，此不赘述。另外，还有前述打破西周中期灰坑 H3 的 M6，所出盆等也属于西周晚期的典型器。可见此组陶器的年代应处在西周晚期的范围，但似未见西周晚期最晚阶段的陶器。

　　根据以上的论述，就可以将贾里村西周遗址、墓葬（其中 M24、M28、M32 因扰动或未出陶器，不予分期）归纳为三期：

　　第一期　包括陶器的第一、二组，所见遗存只有墓葬，分属西周早期的早段和晚段。参照相关陶器形制和器物组合关系，可确定属于早段的墓葬较多，有 M1、M4、M8、M11、M16、M29、M31、M34 诸墓，年代约相当于成、康王时期。属于晚段的墓葬较少，只有 M3、M17、M22 三墓，年代约相当于昭王前后。

　　第二期　包括陶器的第三、四组，所见遗存以墓葬居多，还有少量灰坑，分属西周中期的早段和晚段。参照相关陶器形制及组合关系，可确定属于早段的有 M5、M20、M21、M25、M26、M30、M33 诸墓以及 H2、H3 两座灰坑，年代约相当于穆王或略晚。属于晚段的只有 M9、M13、M19 三座墓葬以及 H5、H6 两座灰坑，年代约为懿、孝、夷王时期。

　　第三期　只包括陶器的第五组，所见遗存有数座墓葬、少量灰坑及一座陶窑，约相当于西周晚期的偏早阶段。参考陶器形制及组合关系，可确认的有墓葬 M6、M12、M14、M15、M18、M27 以及灰坑 H1、H4 和陶窑 Y1，年代约相当于厉王到宣王之初。

---

[1] 中国社会科学院考古研究所丰镐工作队：《1984～1985 年沣西西周遗址、墓葬发掘报告》，《考古》1987 年第 1 期。

第三章 其他时代遗存

在贾里村西周遗址区域，还发掘清理出其他时代的遗存，共两类。一类是建筑遗存，即秦汉时期的陶水管道遗迹 1 处。另一类是墓葬，共 3 座，包括唐代墓葬 1 座、清代墓葬 2 座。

一 陶水管道遗迹

陶水管道遗迹位于西安财经学院西墙南段的外侧，发掘区域的北区。因村民取土，原地貌已遭破坏。陶水管所处的沟槽系人工开挖，沟槽较规整，壁面较直，底面也较平整，宽 0.55 米，现存长度约 10 米，现存深度约 0.7 米。靠近沟槽的北侧放置陶水管，南侧留出的空隙较大，沟槽内的陶水管首尾对接后填土覆盖，遂构成排水管道。

在陶水管道区域发掘清理的陶水管共 20 节，总长 9.9 米，其中完整陶管道 16 节，西端一节残半，东端靠外的两节残碎较甚，第三节残半。水道呈近东南—西北走向，方向 280 度，东高西低，两端落差为 0.15 米（图一四二；彩版四六，1）。

陶水管均为泥质灰色，呈长方体中空状，横截面呈五边形，水管顶部两边斜杀，形成中脊高凸的三角形，夹角约 45 度，两侧壁与底面垂直。先模制五件长方体片，随后粘合而成，

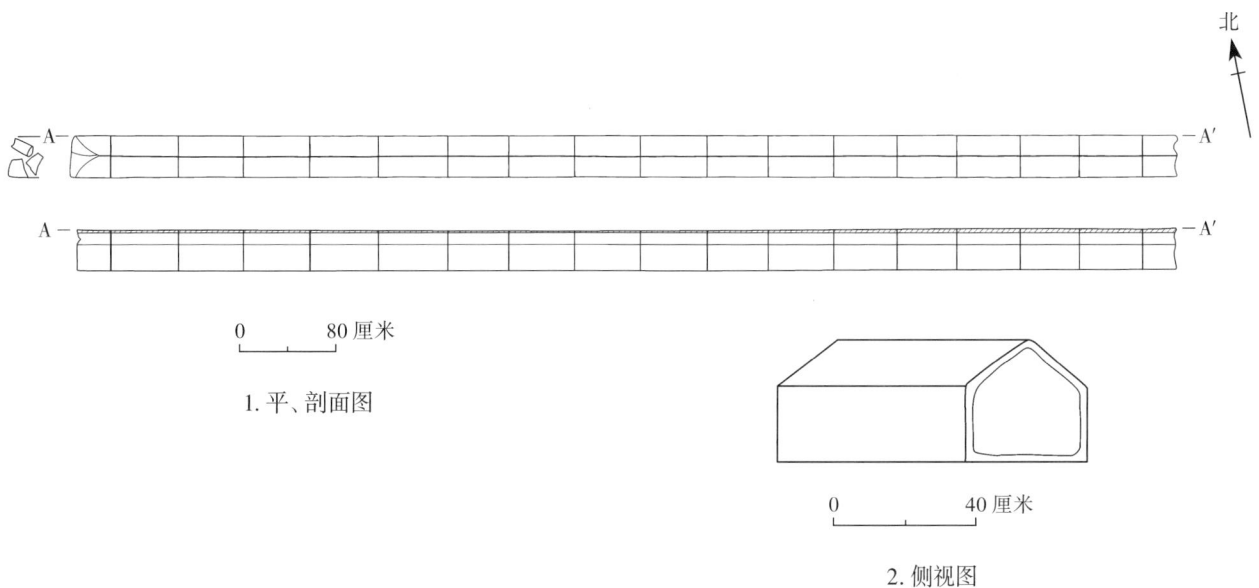

北

0   80 厘米

1. 平、剖面图

0   40 厘米

2. 侧视图

图一四二 陶水管道平、剖面图和侧视图

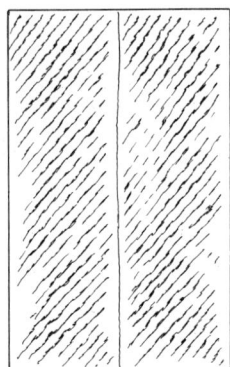

图一四三　五边形陶水管

最后再加修整。陶水管内壁面饰小菱形回纹，外壁面饰斜向粗绳纹。各件陶水管的高低、宽窄基本相同，唯长度稍有不等。一般长 49～56、面通宽 31.5、通高 31.5、管壁厚 2 厘米，陶水管道 5 号（从东向西依次编号，最东端两节未给号）长 50 厘米（图一四三）。这些陶水管具有秦汉时期同类器的形制特征。

陶水管道的沟槽局部打破早期灰坑（西周时期）H2。清理时发现陶管内淤满灰褐色泥沙土，内夹杂一定数量的陶片，推测是在建筑使用过程及废弃前后，这些陶片随水流而进入陶水管内。有板瓦、筒瓦、瓦当和红陶釜口沿片与底片、灰陶折肩盆口沿片等。瓦类纹饰多见麻窝纹，偶见粗布纹、交错绳纹，瓦当当面饰云纹。瓦当、陶釜等都具有秦汉时期的特征。

陶水管道东侧是贾里村八组一户人家的院落，该户村民曾在挖建基础时发现过数件对接着的五角形陶水管，其所在位置正处于考古发掘的陶水管道东向延伸线上，大小规格也一致。

在考古发掘的陶水管道东端再向东约 50 米，是一处较高的台地。在该区域发现有数量不少的战国秦汉时期的板瓦、筒瓦等建筑材料堆积（彩版四六，2），当是建筑废弃后的堆积。这些瓦外侧饰以粗绳纹、内壁饰麻窝点，呈现秦汉时期瓦的特征。唯该区域水土破坏太甚，未清理到建筑基址之类的遗迹。尽管如此，亦可知这条陶水管道遗迹，应该是东侧台地区域秦汉时期某一建筑的排水设施。

二　墓葬

在发掘区域的中部和北部，清理其他时代的墓葬 3 座，分别为唐代墓葬 M23 和清代墓葬 M7、M2。

M23

位于发掘区域的中部，墓道东侧打破西周墓葬 M24、M25，南邻西周墓 M27，西邻西周墓 M19、M22。该墓开口于扰层土下，开口距地表 0.8 米。

（一）墓葬形制

M23 为洞室墓，由长方形斜坡墓道、近梯形洞室两部分组成。墓道水平长 4.1、斜坡长约 4.5、宽 1.2～1.4、深 1.8 米。洞室有长方拱顶状墓门，残高 1.56、宽 1.4 米。土坯封门，用一卧一平的堆砌方式。土坯约长 40、宽 20、厚 10 厘米。墓室为土洞，平面略呈梯形，南北长 1.9、南宽 1.4、北宽 2.8、高 1.54 米。墓道方向，即墓向，为 200 度（图一四四；彩版四七）。

靠近墓室北壁部位横置一长方形木棺，已朽成粉末。据朽痕得知棺约长 2、宽 0.8～0.63 米。高度及板厚度不详。棺内保存骨骸两具，均呈仰身直肢。两骨骸的头向一致，方向 295 度。北侧骨骸的上部略向南倾斜。该墓为夫妻合葬墓。

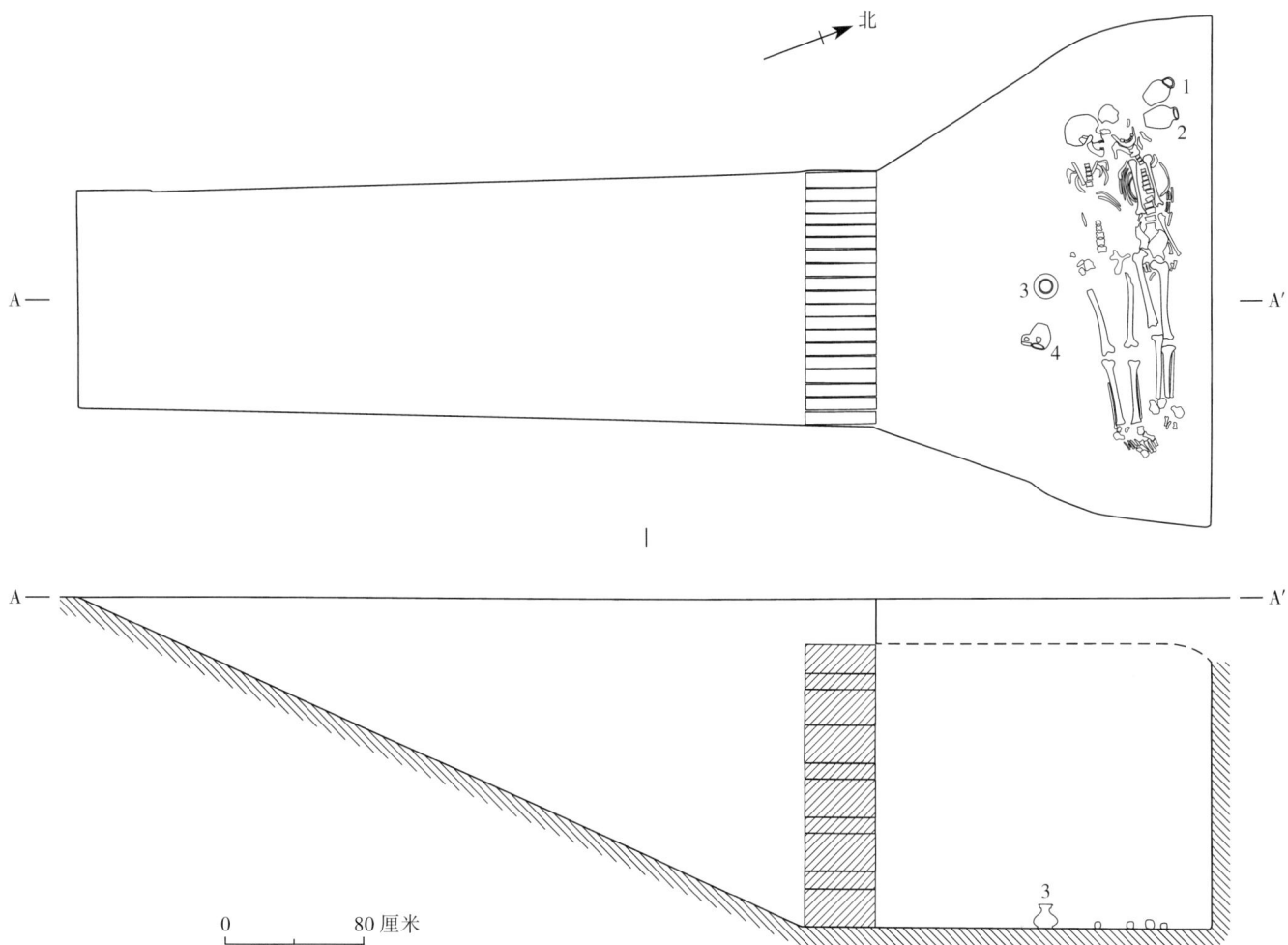

图一四四　M23 平、剖面图

1.陶罐　2.陶罐　3.瓷渣斗　4.石注

位于墓内南侧的 1 号骨骸，头颅保存较为完整，但下颌牙齿大部脱落不见，脊椎骨和肋骨已经朽化，下肢骨保存基本完整。判断该骨骸为一老年男性的个体。

北侧的 2 号骨骸，头骨保存差，脊椎有骨刺，第五腰椎骶骨骨化与腰底融合。根据牙齿及盆骨，判断该骨骸为一位 60 岁左右老年女性的个体。

在棺内西北角随葬陶罐 2 件，棺外南侧中间区域置有瓷渣斗、石注各 1 件。

（二）随葬品

共 4 件。陶罐 2 件，瓷渣斗、石注各 1 件。

陶罐　两件罐的陶质、陶色、做法、形制等特征均一致，唯高低稍有差别。泥质灰陶，抹痕明显，制作粗糙。小口，卷圆唇，束颈较长，溜肩，弧鼓腹，斜内收，平底微凹。

M23：1，口部有缺。口径 5.2、通高 15.8、底径 7.2 厘米（图一四五，1；彩版四八，1）。

M23：2，完整。口径 5.2、通高 16.8、底径 7.2 厘米（图一四五，2；彩版四八，2）。

瓷渣斗　M23：3，盘口稍侈，束颈，垂鼓腹，下腹弧内收成假圈足。施青白釉，釉不及底。白胎，质地致密。口径 8、高 13、底径 9.2 厘米（图一四六；彩版四八，3）。这类器物也

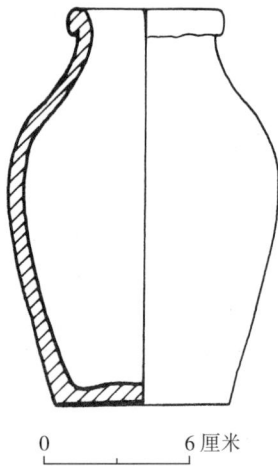

0　　　　　　6厘米

1. M23：1

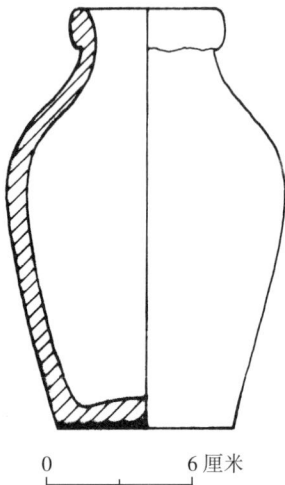

0　　　　　　6厘米

2. M23：2

图一四五　　M23 出土陶罐

可称为唾盂。

石注　M23：4，石灰石质。敛口，窄沿，鼓肩，深腹弧收，平底较厚，口、腹一侧有半环状捉手，尾端残断。口沿下又有一翘起的短流，与捉手成90度角。流的端部亦残。口径7.3、肩径11.1、底径6、高12厘米（图一四七；彩版四八，4）。这类器物也可称为铫子。

M7

位于发掘区的北部，东侧打破 M8 的西端，西邻 M5，北邻 M2、M3。上部被取土严重破坏，仅存底部，开口位置不详。

（一）墓葬形制

因破坏严重，墓葬上部的形制已不清楚，仅清理出墓底部分。墓底长方形，长1.94、宽1、

0 ___ 6厘米

M23：3

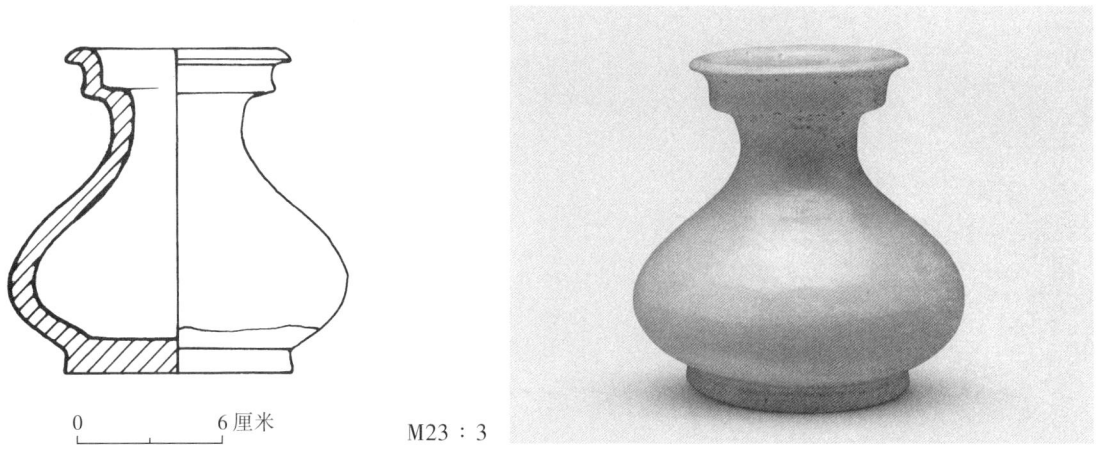

图一四六　M23 出土瓷渣斗

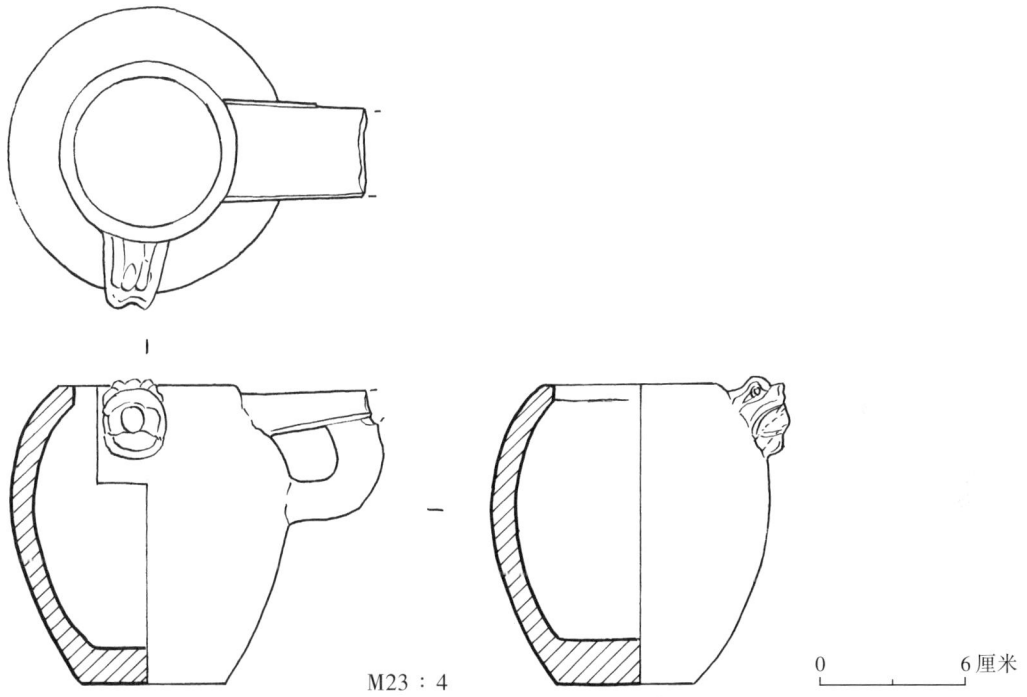

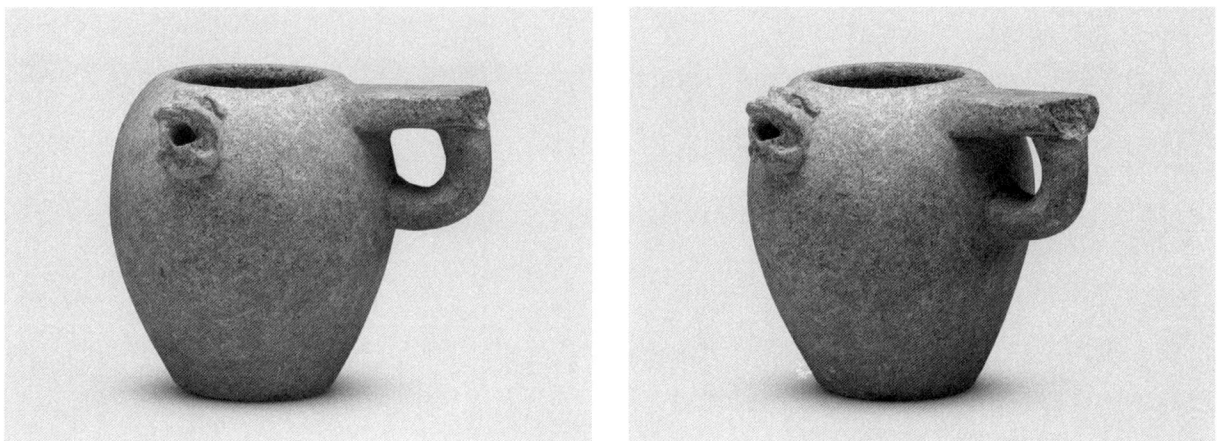

M23：4

0 ___ 6厘米

图一四七　M23 出土石注

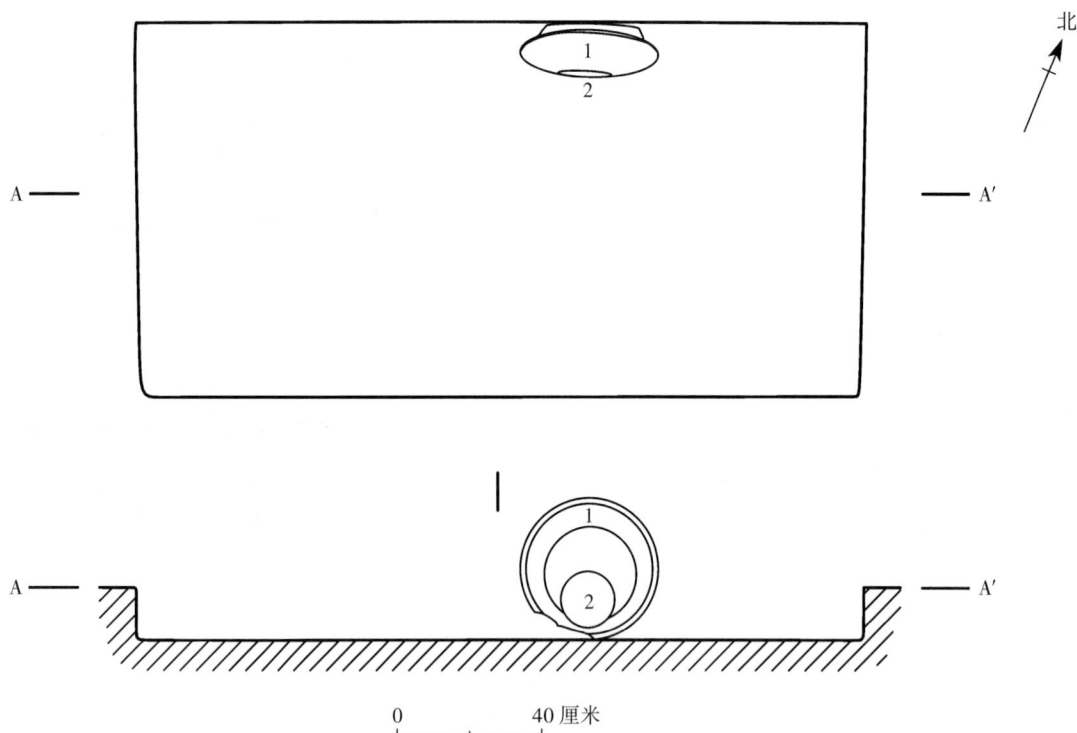

图一四八　M7 平、剖面图
1.陶盆　2.瓷碗

深 0.15 米。未发现葬具、人骨等痕迹。以东北向为墓向，方向 70 度。靠近墓圹北壁区域置有陶盆、瓷碗各 1 件（图一四八；彩版四九，1、2）。

（二）随葬品

陶盆　M7：1，泥质灰陶。轮制。敞口，沿斜外翻，方唇，直腹斜内收，平底。口径 37.5、底径 26.5、通高 10.3 厘米（图一四九，1；彩版五〇，1）。

瓷碗　M7：2，敞口，尖圆唇，斜腹微鼓，器内口沿下方有一圈凸棱，内底心微凹，矮圈足。器内壁施青白釉，外壁施黑釉，釉不及底，外底及圈足部露胎。白色胎，不甚细致。轮制。口径 15、通高 5.2 厘米（图一四九，2；彩版五〇，2）。

M2

位于发掘区域的北部，打破西周墓 M3，南邻 M4、M8，北邻 M1 等。上部地层已被破坏，墓口覆压有扰土，机械碾压而致土质坚硬，厚 0.4 米。扰土内包含有陶片、石块等。

（一）墓葬形制

竖穴土圹，平面近圆角长方形，长 2.4、宽 1.2 ~ 1.3、深 2.2 米。方向 200 度。墓壁较粗糙。墓内填褐色大五花土，土质松软，无包含物。村民平整宅基地时已将墓葬的西壁与南壁的上半部破坏。在北壁距墓底高 0.2 米处，有一与墓室平行的长方形龛，龛口长 1.7、高 0.45、进深 0.48 米（图一五〇；彩版五一，1）。

墓室内放置 4 副骨架，均二次葬。未发现葬具痕迹。

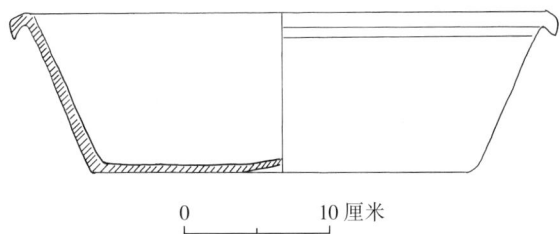

1. 陶盆（M7：1）

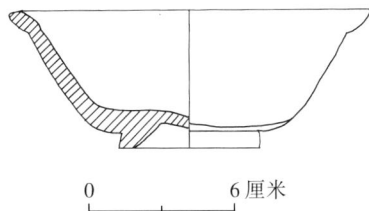

2. 瓷碗（M7：2）

图一四九　M7 出土器物

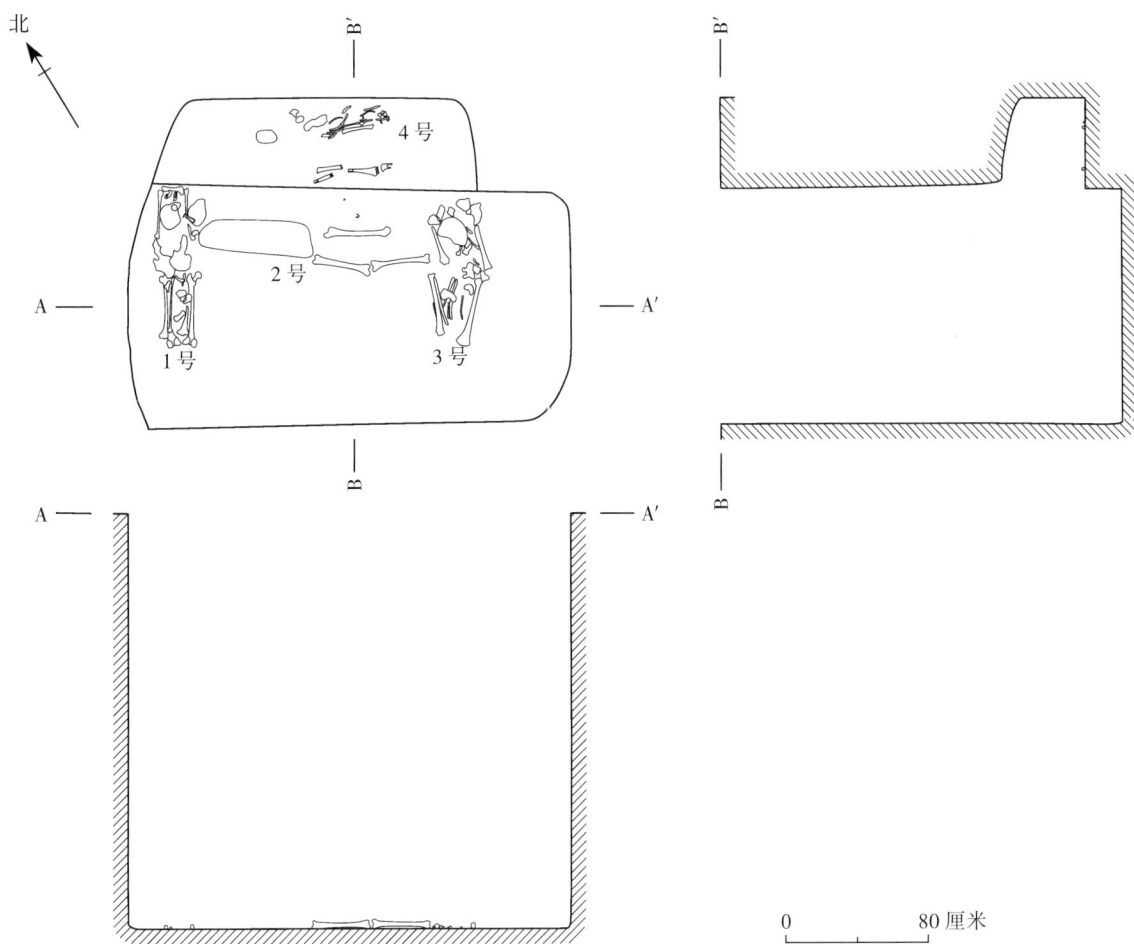

图一五〇　M2 平、剖面图

1. 铜簪　2. 铜指环

1 号骨架，放置于墓室西部，骨骼叠压摆放，保存状况较差。骨骸堆积长 0.8 米。头北向。可辨四肢骨块、盆骨及头骨碎片。骨盆耳状面关节大且直，坐骨大切迹窄且深，无耳前沟，髋臼较大，客翼高而陡直，较厚，耻骨下角小，耻骨支移行为一上窄下宽的三角形；四肢较粗壮，肌肉附着痕迹明显，上下两端关节面较大；头骨残，仅留部分下颌骨和顶骨，下颌角较小，下颌角取粗糙，髁突中等，下颌支较宽，下颌体较高。根据 M1 磨耗 2 到 3 级以及耻骨联合面等，该骨骸为一约 28 ～ 29 岁的男性个体。

2 号骨架，放置于墓室中部。骨块多与泥土粘在一起，保存状况差。骨骸堆积长 1.2 米。头西向。仅见左、右股骨部分残段。骨壁较厚，较粗壮，骨嵴明显，肌肉附着痕迹明显。据此推测，可能是一成年男性个体。具体年龄不详。

3 号骨架，放置于墓室东部。大小骨骼叠压，保存状况差。骨骸堆积长 0.65 米。头向北。胫骨、股骨等部分骨骺线未愈合，耻骨联合面、客嵴骨骺线亦未愈合，骶骨尚未愈合为一体，髋臼还未愈合（客骨、坐骨、耻骨等尚未愈合），上颌第一恒臼齿、第一前臼齿、第二前臼齿已经萌出。据此判断，该骨骸为一 12 ～ 13 岁的儿童个体。性别不清楚。

4 号骨架，放置于墓室北壁的壁龛内，保存状况差。骨骸堆积长 0.6 米。头向西。仅存牙齿及肋骨。乳齿基本全部萌出。据此判断，该骨骸为一 2 岁左右的幼儿个体。性别不清。

在 1 号骨架头骨下放置铜簪 1 件。2 号骨架指骨上套有铜指环 2 件。4 号骨骸头颈下有料器饰物 1 件。

（二）随葬品

铜簪　M2：1，残断（彩版五一，2）。

铜指环　M2：2，残断（彩版五一，3）。

余皆破碎太甚。

三　陶水管道及其他墓葬的时代

（一）陶水管道的时代

由于贾里村陶水管道叠压打破西周灰坑 H2，可知陶水管道的时代晚于西周。陶水管道内淤积土包含数量较多的战国秦汉时期的建筑材料和陶容器等残片。板瓦、筒瓦、瓦当纹饰多见麻窝纹，偶见粗布纹、交错绳纹，瓦当当面饰有云纹。容器类中可辨有红色陶釜口沿片、底片和灰色折腹盆口沿片等。依据器物形制和纹饰特征，推测这些瓦、釜、盆的时代在秦时期。

五角形陶水管在秦咸阳城遗址[1]、秦始皇帝陵陵园遗址[2]、汉长安城遗址[3]以及杜陵陵园[4]等处多有发现。秦始皇帝陵、汉长安城出土的五角形陶水管均为长方形，汉代中期杜陵出土的近方形。贾里村发掘的五角形陶水管，与秦始皇帝陵遗址、汉长安城遗址出土的在

[1] 陕西省考古研究所：《秦都咸阳考古报告》第 214 页，科学出版社，2004 年。

[2] 秦始皇陵考古队：《秦始皇陵西侧"丽山飤官"》，《文博》1987 年第 6 期。

[3] 张建锋：《长安城地区城市水利设施和水利系统的考古学研究》第 167～168 页，科学出版社，2016 年。

[4] 中国社会科学院考古研究所：《汉杜陵陵园遗址》第 44 页，科学出版社，1993 年。杜陵陵园内出土的五角形陶水管，"通宽 38.5、内口宽 27.5 厘米；通高 38.5、内口高 27.5；两壁高 18 厘米"。笔者认为，杜陵出土的陶水管，形制近方，与战国秦的长方形状不同，在纹饰特征、尺寸、大小等方面，两者也存在差异。故此，贾里村出土的五角形陶水管时代应早于汉代中期。

尺寸、形态、纹饰特征等方面较为一致。它具有秦汉时代的特征，而且很可能早于西汉中期。

陶水管道内淤积的瓦、釜、盆等的年代在秦汉时期，管道通向东侧的台地区域有秦汉时期的建筑遗存，根据以上信息，可以推断该陶水管道的年代在秦汉时期。

（二）其他墓葬的时代

1. M23 的时代

该墓为斜坡墓道洞室墓，墓室横向，与墓道呈垂直状，骨骸方向也与墓道垂直。这种形制的墓葬及骨骸放置方式与凤翔隋唐墓葬中的凤南甲类 C 型 I 式、D 型 I 式类似，后者时代在隋代[1]，M23 的形制与之比较稍有差别，时代可能稍晚一些。

瓷渣斗（M23 ：3），其盘口、束颈、垂鼓腹、饼足等方面特征，具有典型的唐代早期风格。时代稍晚，则有盘口渐为喇叭口，时代再晚，再变化到敞口，鼓腹部分渐渐上移，饼状足也渐变为圈足。陕西省考古研究院在长安区紫薇田园都市区域发掘一座唐贞观二十三年（公元 649 年）墓葬，出土过一件带盖的白瓷唾壶，与贾里村的这件造型几乎一致。此即是贾里村 M23 时代在唐代早期的确切佐证。

两件泥质灰陶罐（M23 ：1、2），体较长，小口，卷圆唇，束颈，溜肩，弧鼓腹，斜内收，平底微凹。制作不精致，抹痕明显。与已经出土的唐代初期的该类型陶罐的形制较一致[2]。据此，这两件陶罐的时代也应该在唐代初期。

综合 M23 墓葬的形制，随葬瓷渣斗、陶罐等方面均具备唐代早期的风格特征，认为该墓葬的时代在唐代初期。

2. M7 的时代

该墓葬中出土两件器物。陶盆（M7 ：1），泥质灰陶，敞口，沿斜外翻，方唇。直腹斜内收，平底。在铜川耀州区发掘出土过类似陶盆的墓葬，时代在清代[3]。

瓷碗（M7 ：2），敞口，内底微凹，圈足。碗足的特征，与陈炉发掘的一件瓷碗碗足的造型基本一致[4]。而瓷碗内施青白釉、外施黑釉、釉不及底的特征，在陈炉亦多有发现。陈炉发掘的这些瓷碗的时代在清代。可知这件瓷碗（M7 ：2）的时代也大致在清代。

依据陶盆、瓷碗的形制特征所体现的时代风格，可推知该墓时代在清代。

3. M2 的时代

该墓葬的时代只能大致推测，因为仅有随骨骸而葬的铜簪、指环等小件饰品，且保存状况较差，没有资以判断时代的随葬陶器、钱币等。从墓葬形制、小饰件等方面初步推测 M2 的时代属于清代。

［1］陕西省考古研究院、西北大学文博学院编著：《陕西凤翔隋唐墓》第 6~9、10~13、246 页，文物出版社，2008 年。

［2］王小蒙：《隋唐五代时期的灰陶制品》，图二·3，《文博》2015 年第 1 期。西安郊区初唐墓 M569 出土陶罐 M569:1，见中国科学院考古研究所编著：《西安郊区隋唐墓》，科学出版社，1966 年。M23 的石注（銚子）与吕氏家族墓葬出土的石注（銚子）作比较，显示出较早的形态。但可资比较的其他材料较少。

［3］铜川市考古研究所陈晓捷副研究员告知。

［4］陈炉窑考古队：《陕西铜川陈炉地区古瓷窑遗址调查简报》，《文博》2002 年增刊。

第四章　结　语

一　关于西周遗存

贾里村遗址的发掘属抢救性的清理工作，涉及的范围有限，发掘区又处在整个遗址的东北边缘区域，古代文化遗存堆积较薄，加之村庄建设取土的破坏，只清理了西周时期的 30座墓葬、6 座灰坑和 1 座陶窑。但经过对发掘资料的分析，可知这批西周文化遗存具有一些自身的特点，与丰镐、周原以及附近的少陵原等西周遗址、墓地的整体面貌存有某些不同，可以丰富我们对丰镐周边地区西周文化的认识。

30 座西周墓葬是这次发掘的主要收获。墓葬的形制均为小型竖穴土坑墓，与北吕[1]、周原[2]、丰镐地区[3]的绝大多数西周小墓相同，墓室面积都在 6 平方米以下，最小者尚不足 2 平方米。除破坏严重的一座墓葬的葬具不清楚外，其他墓葬均发现有木质葬具，较大的为一棺一椁，最小的墓葬也都有一棺，显示了对死者的尊重之意。除了被晚期破坏的一座墓和两座小墓无随葬品外，余 27 座墓均有陶器随葬，部分还有小件玉器及贝、蚌类串饰等。

墓葬的分布普遍比较稀疏（也有取土破坏的影响），只有部分墓位相对靠近，存在亲缘关系较近的可能。从整个墓地来看，应非经过统一规划安排的单一家族墓地。墓葬的方向多不统一。墓穴大体可分为南北向和东西向，但偏角相差多较明显，而且头向也不一致，东、南、西、北向者均可见到。其中东向墓最多，为 10 座，西向墓次之，为 9 座，北向墓 7 座，南向墓最少，为 4 座，显然是一处东西向墓为主的墓地。

北吕、周原、丰镐等地的西周墓葬，虽也有墓向不统一的现象存在，但南北向为主却更为普遍一些。包括西周的姬姓诸侯国墓地，如曲村及北赵晋国墓地[4]、琉璃河燕国墓地[5]、梁代村芮国墓地[6]等亦多有此规律，故北向墓作为周人墓葬的一个重要特征，基本

[1] 扶风县博物馆：《北吕周人墓地》，西北大学出版社，1995 年。以下涉及北吕资料均同此，不再说明。

[2] 陕西周原考古队：《陕西岐山县贺家村西周墓地发掘报告》，《文物资料丛刊》（8），文物出版社，1983 年。周原考古队：《周原——2002 年度齐家制作坊和礼村考古发掘报告》第 454 ~ 548 页，科学出版社，2010 年。

[3] 中国社会科学院考古研究所：《张家坡西周墓地》，中国大百科全书出版社，1999 年。中国社会科学院考古研究所丰镐工作队：《1984 ~ 1985 年沣西西周遗址、墓葬发掘报告》，《考古》1987 年第 1 期。以下涉及张家坡资料均同此。不再说明。

[4] 北京大学考古学系商周组等：《天马—曲村（1980 ~ 1989）》，科学出版社，2000 年。上海博物馆：《晋国奇珍——山西晋侯墓群出土文物精品》，上海人民美术出版社，2002 年。

[5] 北京市文物研究所：《琉璃河西周燕国墓地（1973 ~ 1977）》，文物出版社，1995 年。

[6] 陕西省考古研究院等：《梁带村芮国墓地——2007 年度发掘报告》，文物出版社，2010 年。

是学界的一致认识。以安阳殷墟为代表的商人墓葬虽也以南北向居多[1]，但东西向墓却占有一定比例，像大司空北地甚至可达到 50%[2]。因此，丰镐地区部分东西向墓相对集中的墓地，便被认为是西周时期的商遗民墓葬。既然贾里村不是一个单一的家族墓地，入葬的人群结构可能就会复杂一些，较多东西向墓葬的发现，提示这里也可能有商文化系统的移民及其后代入葬。

墓葬带腰坑及殉狗为商文化的又一重要的葬俗，在商墓中的发现相当普遍，故也被看作西周以后商遗民墓葬的一个特点。沣西张家坡东北一带墓区的墓向以东西向为主，带腰坑殉狗的墓葬比例较高，达到 13%，就是被研究者作为商遗民墓来认识的。贾里村墓地发现带腰坑的墓有 6 座，约占 30 座墓葬的 20%，较张家坡东北墓区的比例还高，说明这里确有商文化因素的存在。

从居址与墓葬有着共处的关系，也可观察到贾里村遗址具有商文化的特征。一般认为西周文化人群的遗址呈现居址与墓地相分离的特征，与此不同的是，商文化的遗址中居址与墓地相叠压。贾里村西周遗址，墓地遗存是从西周早期一直延续到西周晚期，而灰坑居址则是从西周中期延续到西周晚期。在遗址区域，有墓葬打破灰坑的现象存在，而且陶窑也处于墓地区域。这些现象就是贾里村遗址具有商文化因素的表现之一。

从随葬陶器来观察，北吕、周原及凤翔西村等地小型周墓的随葬品普遍较少，为一鬲或一罐，或一鬲一罐等组合，时代较晚者随葬陶器会有增加的现象。贾里村少量墓葬的随葬品也是一鬲或一鬲一罐，其可能也与周人的关系较密切。但是大多数墓葬的随葬品为 3～5 件陶器，组合情况有鬲、罐、簋各 1 件；鬲、罐、簋、豆各 1 件；鬲 2 件和罐、簋、豆各 1 件等，则又与周原、丰镐的商遗民墓随葬品相近。其中的陶簋和陶豆两类，明显有商式陶器的特征。

簋、豆这两类陶器，虽在武功郑家坡、岸底、麟游史家塬等先周文化遗址中有少量发现，但簋的形制为盆形，豆为敞口、浅弧腹、细柄的形式，与贾里村的簋作侈口、翻沿、厚方唇、深腹，豆口较直、粗柄的形制相去较远。贾里村陶簋显然属殷墟晚期翻沿盆形簋的自然延续，特别是早期的标本，尢论形制特征、纹饰风格均可以说酷似，并在这里保持了很长的时间，甚至延续到西周晚期，这种情况则未见于周原和丰镐地区的墓地中。豆的口较直、底较平、柄较粗等特征，既与殷墟的同类器形似，也与西安老牛坡商代晚期的粗柄豆相近，特别是盘壁折收的风格，更与后者有明显的一致性。此外，还有 Ba 型分裆鬲，口沿外侈，无明显鼓肩，外观虽似联裆但内壁可见分裆线，其形态与老牛坡晚期的 F Ⅱ式鬲（87XLⅥ2M1∶1）等相似。表明在贾里村的西周墓葬陶器中，保存了较多来自殷墟及其他商代遗址的文化因素。

此外，贾里村居址的有关发现也很值得注意。西周灰坑和陶窑等遗迹根据出土遗物可知其年代主要属西周中晚期，与其他西周遗址所见者多比较相似，但相关单位的一部分陶器比例明显较高，与周原等地的西周遗迹所见情况存在一些差别。代表性的器类有矮直领瓮（罐）和粗柄豆两类，后者前文已提及，这里只讲一下前者。

陶瓮是商周遗址中常见的一类器物，但因文化性质或时间的不同则存在形制差异。

［1］中国社会科学院考古研究所：《殷墟的发现与研究》第 100～138 页，科学出版社，1994 年。
［2］张明东：《商周墓葬比较研究》，中国社会科学出版社，2016 年。

武功郑家坡、岸底先周时期遗址多见的是侈口、敛颈、折肩的罐形瓮，或为折肩的敛口瓮，但到了先周晚期阶段，则出现了具有北方文化特征的平折沿、敛口的蛋形三足瓮，如岸底H18 和 H21[1]、礼村 H8[2]、壹家堡 T31 ③[3]等单位均有少量出现，西周时期遗址则普遍流行此类陶瓮。三足蛋形瓮的历史悠久，演变线索非常清楚，最先出现在蒙、晋、陕相邻的鄂尔多斯高原和黄河沿岸的龙山文化晚期遗址，夏商时期不断扩散南下至陕北高原和晋中地区，商代晚期与特征鲜明的北方地区青铜器及其他文化因素突然出现在关中北侧的泾河中游，彬县断泾和淳化枣树沟垴遗址晚期均有较多的发现。北方文化在泾水中游的突然出现，基本终结了当地原有的孙家型先周文化，商末则影响到关中的先周文化晚期遗存，并进一步发展为西周文化的主要因素之一，故在西周遗址的发掘中屡见不鲜，贾里村相关遗迹中有少量存在当然不足为怪。

但比较特殊的是，这里更多见的却是另外一类陶瓮，形制为窄平沿、方唇或方圆唇的矮领瓮，据周原、沣西复原成形的标本可知，其为广折肩、鼓腹、圜底或微凹底。与此相同或相似的器物，至今未见于关中地区的各类商时期遗址，却在殷墟为代表的商文化遗址中比较常见，被称为瓮（个体小者称罐）。其虽在周原、丰镐部分单位也可见到，但均比较少，而其在贾里村遗迹单位的陶器统计比例中却明显偏高。如周原齐家北西周灰坑 H5 出土遗物较多，统计陶器的器形为 55 件，其中矮领瓮标本仅 1 件，蛋形瓮却为 2 件[4]。贾里村 H4 出土的遗物更多，统计陶器器形个体为 219 件，矮领瓮口沿标本多达 53 件，约占器形总数的24.2%，三足蛋形瓮口沿仅 1 件。贾里村 H2、H3 所出陶器标本也较多，各有矮领瓮口沿标本 21 件，三足蛋形瓮口沿标本分别仅 1 件和 2 件。矮领瓮数量特别多，同样反映该遗址的殷商文化因素也相当浓厚，与墓葬所见的情况比较一致。

据以上材料的分析，可以相信，贾里村西周遗址的居住者以及墓地的入葬者有较明显的晚商文化的成分。也就是说，贾里村西周遗址——这个位于西周都城丰镐遗址东南约 20 千米的西周小型聚落，并不是一个单纯的周文化遗址，而可能是西周王朝将这一小型的周人聚落作为安置殷商移民的居民点。

史书记载，西周建立之初曾遭武庚和三监之乱，周公、成王东征平叛后采取移民分化的举措，将殷墟和东方的殷商之民迁徙安置到成周洛邑，也分遣于多个诸侯之国，以防止类似情况再次发生。《逸周书·作洛解》说："凡所征熊盈族十有七国，俘维九邑。俘殷献民，迁于九毕（或作九里）。"《尚书·多士·序》说："成周既成，迁殷顽民。"《左传·定公四年》载："分鲁公以……殷民六族，条氏、徐氏、萧氏、索氏、长勺氏、尾勺氏，使帅其宗氏，辑其分族，将其类丑……分康叔以……殷民七族，陶氏、施氏、繁氏、锜氏、樊氏、饥氏、终葵氏……"历史文献所说，正为越来越多的考古发现不断印证。

在曲阜鲁国故城、琉璃河燕国墓地、洛阳周墓地等，都发现相对集中的殷遗民墓葬。周

[1] 陕西省考古研究所：《陕西武功岸底先周遗址发掘简报》，《考古与文物》1993 年第 3 期。

[2] 陕西省考古研究院等：《周原——2002 年度齐家制玦作坊和礼村遗址考古发掘报告》第 609～629 页，科学出版社，2010 年。

[3] 北京大学考古系：《陕西扶风壹家堡遗址发掘简报》，《考古》1993 年第 3 期。

[4] 陕西省考古研究院等：《周原——2002 年度齐家制玦作坊和礼村遗址考古发掘报告》第 87 页，科学出版社，2010 年。

人故都周原、丰镐遗址以及张家坡东北一带的墓地也都发掘出具有商遗民特征的墓葬。以上资料都集中在西周王朝或其诸侯国的都城范围，但在都邑之外是否存在安置商遗民的居址，过去尚无明确的发现。近年，早期秦文化考古工作在甘肃礼县西山、清水李崖等地进行，揭示了西周边陲地区的部分聚落可能为与商文化关系紧密的秦人先祖所居，也可以认为是迁徙、安置商遗民的地方。贾里村的发掘则又提供了一个新的线索，即在西周都邑和诸侯国都城之外，另有一些小型聚落也被作为商遗民的安置地。此或许与《逸周书·作洛解》的"俘殷献民，迁于九毕"所记有关，《古本纪年》注所说"毕西于丰三十里"的方位倒是与这一地区相近。

还需提及的是，贾里村 30 座墓内没有任何兵器发现也应予关注。这种现象虽可用碰到的都是小墓，没有与军旅有关的遗存发现来解释。但实际的考古发现表明，许多西周小墓常会有少量兵器随葬，并不限于墓葬规模的大小。如距贾里村约 8 千米的长安少陵原西周墓地，经发掘的 400 多座西周小墓中，出土铜戈、钺等兵器的墓葬有 80 座，约占总墓数的 19%。铜川市耀州区活龙村曾发掘西周小墓 33 座[1]，出土铜戈者 5 座，占总墓的 15%。这两处墓地的墓向特征都以南北向为主，随葬品绝大多数为一鬲或一鬲一罐的组合，均未见商式簋、豆并带腰坑的商文化因素，应为典型的周人墓地，类似者还有北吕、黄家河、凤翔西村等。所以，这种现象不应是墓葬形制的问题，实际可能是与入葬者的身份背景相关。贾里村墓地的东西向墓居多，腰坑比例偏高，多见 3～5 件陶器随葬并普遍有商式簋、豆类器物等较浓厚的商文化气息，与邻近的少陵原及北吕等周人墓地差别较显著。因此，这里的墓葬不见兵器可能是西周统治者出于防范的考虑，限制殷商血统的人群参与军事活动，尤其是居住于周王畿或附近地区的殷遗民。

贾里村遗址和相关遗址的考古资料，让我们对史书记载的周人处置殷商遗民的具体情况获得一个比较清楚的认识，也对西周社会内族群结构的多样性、区域内不同聚落中的文化构成复杂性有了更深入的了解。并不是每一个西周遗址、墓葬的文化面貌都是相同的，不同的聚落因其所处位置的文化背景，或居民的来源差异等原因，一定会出现多多少少的不同。

二 其他时代的遗存

贾里村遗址也发掘到了少量晚于西周的遗迹或墓葬，分别为一条秦汉时期建筑陶水管道和唐代、清代墓葬。

1. 秦汉时期陶水管道

贾里村陶水管道所在的河北侧台地避风向阳的较大区域内，存在几处秦汉时期遗存。在陶水管道的东北侧方向约 300 米处有神禾原战国秦陵园。在东侧约 400 米处神禾原南缘斜坡区域曾经调查发现秦汉时期的砖瓦建筑材料和夯土基础遗迹。在陶水管道西侧约 400 米处（贾里村老村子以东 100 米左右的区域）发现过秦汉时期瓦当等建筑材料和建筑基址遗迹，调查发现 3 件瓦当和 1 件带戳印的筒瓦残件（图一五一）。这些瓦当当面图案外周围卷云纹，中心饰米字形、方形网格纹或乳丁状纹，直径约 16 厘米。瓦身饰粗深的麻点纹。当面背侧有

[1] 陕西省考古研究院：《2002 年陕西省考古研究院考古发掘新收获·铜川耀州区石柱活龙村西周墓地》，《考古与文物》2013 年第 2 期。

1. 瓦当

2. 瓦当

3. 瓦当

4. 筒瓦残件

图一五一 调查发现的秦汉瓦当、筒瓦

刮削痕迹，与瓦身连接处还留有指压窝痕。筒瓦戳印较为清晰。

在陶水管道遗迹点西侧约 800 米远处，是贾里村西遗址，也发现有秦汉时期的板瓦、筒瓦、瓦当等建筑材料。

这一区域高规格秦汉建筑材料——瓦当、陶水管等的大量出现，表明这些建筑的级别很高，应该为秦汉帝王王室等高级别贵族所有。

据研究，秦时期在长安南郊杜县东南区域设置过王室苑囿，汉代亦沿袭，结合贾里村所在区域正是秦汉杜县之南，而此处有着高等级建筑材料和建筑基址，这一区域应该存在着秦汉时期的王室所属建筑。

2. 晚期墓葬

在贾里村西周遗址区域发现有唐代和清代墓葬，而不见该时期的建筑基址遗存。在这一时期该区域仅见晚期墓葬而不见晚期居址的情形说明，晚期居址区域与墓葬区域已经明确地分离。另外，根据近邻区域的调查情况表明，晚期居址已经远在西周遗址西侧数百米的贾里村所覆压的区域。贾里村至迟在唐代已出现，旧称神禾堡，堡在贾里村西周遗址西侧约500米的区域，目前在贾里村老村的东南端还存留壕沟的遗迹，在老村的西侧还保留有西墙的北段局部。

晚期墓葬中的合葬墓M2，几无随葬品，只四具骨骸，年龄从二十八九岁的成年人，到两三岁的幼儿，依据年龄跨度特大的情形推测，其缘于一次大的事件而导致四人同时遇难，而他们能够埋葬在一座墓葬，也表明他们之间的关系很密切，很有可能是同一个家庭的成员。这四具骨骸都呈现堆叠状，表明是二次葬，至于是否迁自它处，因无其他信息参考，则不得而知。

附表一　贾里村遗址西周墓葬登记表

墓号	分期	墓向	墓口距地表深（米）	墓室长 × 宽—深（米）	二层台、腰坑
M1	一期早段	180°	0.6	2.4 ×（0.7~1）—1.1	熟土二层台、腰坑
M3	一期晚段	270°	0.6	3 ×（1.6~1.7）—2.7	熟土二层台、腰坑
M4	一期早段	110°	0.2	2 × 1.05—1.9	熟土二层台、腰坑
M5	二期早段	110°		2 × 0.95—0.6	熟土二层台
M6	三期	300°		2.3 × 1—2	熟土二层台
M8	一期早段	305°		1.94 × 0.84—0.55	熟土二层台
M9	二期晚段	125°		2.3 × 0.84—0.9	熟土二层台
M11	一期早段	320°		1.8 × 0.6—0.15	
M12	三期	60°	0.7	2.2 × 1.2—1	熟土二层台
M13	二期晚段	140°	1	上口 2.3 × 0.7，底 2.5 × 1.05—1.9	熟土二层台、腰坑
M14	三期	300°	0.28	上口 2.55 ×（1.2~1.05），底 2.85 ×（1.4~1.2）—1.7	熟土二层台
M15	三期	32°		2.36 ×（1.1~0.9）—（1.7~2.1）	熟土二层台
M16	一期早段	32°	1.5	2.3 × 1.1—（1.8~2.3）	熟土二层台
M17	一期晚段	310°	0.96	2.9 × 1.3—2	生土二层台、腰坑
M18	三期	80°	0.7	上口 2.2 × 0.85，底 2.3 × 1—1.7	生土二层台
M19	二期晚段	195°	0.75	2.5 ×（1.3~1.1）—2.1	熟土二层台
M20	二期早段	96°	0.7	2 × 1—2.1	生土二层台
M21	二期早段	296°	0.84	2.5 × 1.1—2.6	生土二层台
M22	一期晚段	350°	1	上口 2.2 ×（0.95~0.8），底 2.28 ×（0.95~0.8）—1.4	熟土二层台
M24		300°	0.8	2 ×（1.2~1.1）—1.4	熟土二层台、腰坑
M25	二期早段	120°	0.7	2 × 1.1—1.5	熟土二层台
M26	二期早段	275°	0.7	上口 2.3 × 1.04，底 2.06 × 0.74—1.05	生土二层台
M27	三期	115°	0.96	2 × 0.8—1.75	熟土二层台
M28		340°	0.9	2 ×（0.8~0.75）—0.5~0.6	生土二层台
M29	一期早段	15°	0.6	上口 2 × 0.75，底 2.4 × 0.8—1.18	熟土二层台
M30	二期早段	120°	0.68	上口 2.1 × 0.9，底 2.3 × 1—2.05	熟土二层台
M31	一期早段	130°	0.65	上口 2 ×（0.7~0.65），底 2 × 0.8—1.26	熟土二层台
M32		225°	0.9	1.8 × 0.8—0.9	生土二层台
M33	二期早段	40°	1.1	上口 2 × 0.8，底 1.82 × 0.82—1.05	生土二层台
M34	一期早段	300°	1.3	上口（1.04~1.25）× 1.4—1.4	生土二层台

葬具	葬式	性别	年龄	随葬陶器（件）	其他随葬品（件）	备注
棺 1	仰身直肢	女性	20~25 岁	鬲、簋、罐各 1	海贝 7	成康之际
棺 1 椁 1				鬲、簋、罐各 1	海贝 1、玉饰 1	殉葬 1，昭王前后
棺 1 椁 1	直肢	男性	40~50 岁	鬲、簋、罐各 1	海贝 27	成康时期
棺 1	仰身直肢			鬲 1		穆王或略晚
棺 1 椁 1	仰身直肢			鬲、罐、盆各 1		厉王到宣王之初
棺 1	仰身直肢	女性	24~26 岁	鬲、簋各 1	海贝 34（项饰 1 串）	成康时期
棺 1	侧身直肢	男性	成年	鬲、罐、豆各 1	海贝 2	懿、孝、夷王时
	仰身直肢	女性	成年	鬲 1		破坏严重，成康时期
棺 1	仰身直肢	女性	约 60 岁	鬲 1	海贝 1、蚌片	厉王到宣王之初
棺 1 椁 1	侧身直肢		成年	鬲 2，罐、簋、豆各 1	海贝 14（项饰及口琀）	懿、孝、夷王时
棺 1 椁 1	仰身直肢			鬲、罐、豆各 1	海贝 3	厉王到宣王之初
棺 1	仰身直肢			罐 1		厉王到宣王之初
棺 1 椁 1	仰身直肢			鬲 1		成康时期
棺 1 椁 1	仰身直肢			鬲 2，罐、簋各 1		昭王前后
棺 1	仰身直肢	女性	成年	鬲、豆、罐、簋各 1		厉王到宣王之初
棺 1	仰身直肢	男性	约 20 岁	鬲、罐、簋各 1，豆 2	海贝 41（部分为口琀）	懿、孝、夷王时
棺 1 椁 1				鬲、罐、盆各 1		穆王或略晚
棺 1 椁 1	仰身直肢			鬲、罐、簋、豆各 1	海贝 4	穆王或略晚
棺 1 椁 1	俯身直肢	男性	40 岁左右	鬲 2，罐、豆、簋各 1	蚌、贝、中华圆田螺各 1	昭王前后
棺 1	仰身直肢					
棺 1	仰身直肢	男性	55 岁	鬲 2，罐、簋各 1	海贝 16	穆王或略晚
棺 1				鬲 1		穆王或略晚
棺 1	仰身直肢	男性	约 30 岁	鬲、罐、簋各 1		厉王到宣王之初
棺 1	仰身直肢	女性	16~17 岁			
棺 1	仰身直肢	女性	成年	鬲、罐各 1		成康时期
棺 1	仰身直肢	女性	成年	鬲、罐、簋、豆各 1	海贝 14（项饰 1 串）	穆王或略晚
棺 1	仰身直肢			鬲 1		成康时期
棺 1	仰身直肢	女性	18~19 岁			
棺 1	仰身直肢	男性	20~25 岁	鬲、罐各 1	海贝 15	穆王或略晚
棺 1 椁 1	仰身			鬲、簋、罐各 1		成康时期

附表二　贾里村遗址西周灰坑、陶窑登记表

编号	分期	形制	长 × 宽—自深（米）	主要包含物	备注
H1	三期	圆角长方形灰坑	1.9×（1.2~1.3）—1.2	Ad 型 III 式鬲，B 型矮领瓮	厉王到宣王之初
H2	二期早段	椭方形灰坑	6.5×（1.7 ~ 3，3.5 ~ 3）—（0.6 ~ 1.7）	Ad 型 II 式鬲，Ba 型 II 式鬲，A 型矮领瓮，A 型三足瓮，	穆王或略晚
H3	二期早段	圆形灰坑	口径 6 ~ 6.6、深 0.5 ~ 0.6	B 型豆，B 型矮领瓮，B 型三足瓮	穆王或略晚
H4	三期	不规则形	（1 ~ 4.2）×（0.9 ~ 4）—（1.7 ~ 2.2）	B 型三足瓮	厉王到宣王之初
H5	二期晚段	不规则形	深 0.4	B 型 IV 式簋	懿、孝、夷王时
H6	二期晚段	圆形灰坑	口径 3、底径 4.6、深 1.1	A 型三足瓮	懿、孝、夷王时
Y1	三期	椭圆形，"馒头"状	南北长 1.94、现深 1.6 米。窑门 210°	B 型矮领瓮、B 型三足瓮	厉王到宣王之初

附表三　贾里村遗址其他时代墓葬登记表

墓号	时代	方向	墓口距离地表深（米）	墓室 长 × 宽—深（米）	葬具	葬式	性别	年龄	随葬陶器（件）	其他随葬品（件）
M23	唐代	200°	0.8	墓道长 4.1 墓室 1.9×（1.4-2.8）—1.54	棺 1	仰身直肢	1 号男性 2 号女性	1 号，老年 2 号，60 岁左右	罐 2	瓷渣斗 1、石注 1
M7	清代	70°		1.94×0.84—0.15（破坏严重）	不见	不见		不详	盆 1	瓷碗 1
M2	清代	200°	0.4	2.4×（1.2 ~ 1.3）—2.2	无	二次葬	1 号男性 2 号男性 3 号儿童 4 号幼儿	1 号，28 ~ 29 岁 2 号，成年 3 号，12 ~ 13 岁 4 号，2 岁		铜簪 1、铜指环 1、料器饰 1

附表四　贾里村遗址 H1 出土陶片陶系、纹饰、器类统计表

陶质 陶色 纹饰与器类		夹砂			泥质			合计	百分比（%）
		灰	灰褐	红褐	灰	灰褐	红褐		
纹饰	中绳纹		6		10			16	10.2
	旋纹				1			1	0.6
	素面	2	14		69	7		92	58.6
	粗绳纹		2					2	1.3
	交错绳纹	7	14		12	2		35	22.3
	弦断纹				10			10	6.4
	方格纹				1			1	0.6
合计		9	36		103	9		157	100
		45			112				
百分比（%）		5.7	22.9		65.6	5.7		100	
		28.7			71.3				
重量（kg）		0.2	2		8.1	1.2		11.5	
器类	鬲	11						11	19.3
	鬲足	15						15	26.3
	甑	6						6	10.5
	簋				7			7	12.3
	盆				3			3	5.3
	豆				3			3	5.3
	罐	1						1	1.8
	矮领瓮	10						10	17.5
	三足瓮	1						1	1.8
合计		44			13			57	100.1
百分比（%）		77.2			22.8			100	

附表五　贾里村遗址 H2 出土陶片陶系、纹饰、器类统计表

陶质		夹砂			泥质			合计	百分比（%）
纹饰与器类	陶色	灰	灰褐	红褐	灰	灰褐	红褐		
纹饰	中绳纹	37	151	3	94	122	3	410	33.7
	旋纹				3	3		6	0.5
	素面	4	45	6	119	89	2	265	21.8
	粗绳纹	22	25	5	13	45	5	115	9.4
	交错绳纹	59	87	11	89	92	6	344	28.3
	弦断纹	3	8	1	28	34		74	6.1
	细绳纹				1			1	0.1
	篦纹					1		1	0.1
	菱形纹					1		1	0.1
合计		125	316	26	348	386	16	1217	100.1
		467			750				
百分比（%）		10.3	26.0	2.1	28.6	31.7	1.3	100	
		38.4			61.6				
重量（kg）		6.4	10.4	0.7	13.2	13.6	0.5	44.8	
器类	鬲	12						12	14.8
	鬲足	11						11	13.6
	甗	6						6	7.4
	簋	10						10	12.3
	盆				11			11	13.6
	罐	8						8	9.9
	矮领瓮	21						21	25.9
	三足瓮	1						1	1.2
	尊				1			1	1.2
合计		69			12			81	99.9
百分比（%）		85.2			14.8			100	

附表六　贾里村遗址 H3 出土陶片陶系、纹饰、器类统计表

陶质 陶色 纹饰与器类		夹砂			泥质			合计	百分比 （%）
		灰	灰褐	红褐	灰	灰褐	红褐		
纹饰	中绳纹	3	38	1	19	8		69	20.5
	旋纹	1			18	3		22	6.5
	素面	4	18		84	15		121	36.0
	粗绳纹	4				2		6	1.8
	交错绳纹	36	38		32	10		116	34.5
	细绳纹				2			2	0.6
合计		48	94	1	155	38		336	99.9
		143			193				
百分比（%）		14.3	28.0	0.3	46.1	11.3		100	
		42.6			57.4				
重量（kg）		2.1	5.0	0.1	7.3	2.7		17.2	
器类	鬲	17						17	16.8
	鬲足	25						25	24.7
	甗	4						4	4.0
	簋				14			14	13.9
	豆				5			5	5.0
	罐	8						8	7.9
	盆				2			2	2.0
	矮领瓮	7			14			21	20.8
	三足瓮	2						2	2.0
	尊	1						1	1.0
	饼				2			2	2.0
合计		66			35			101	100.1
百分比（%）		65.3			34.7			100	

附表七　贾里村遗址 H4 出土陶片陶系、纹饰、器类统计表

陶质		夹砂			泥质			合计	百分比（%）
纹饰与器类	陶色	灰	灰褐	红褐	灰	灰褐	红褐		
纹饰	中绳纹	50	697	40	251	381		1419	37.01
	旋纹				50	24		74	1.93
	素面	29	168	9	302	322	2	832	21.70
	粗绳纹		74	9	7	37		127	3.31
	交错绳纹	76	486	42	264	292		1160	30.26
	弦断纹	4	72		68	41		185	4.83
	细绳纹				12	16		28	0.73
	麦粒纹		4					4	0.10
	暗纹				3			3	0.08
	方格纹				1			1	0.03
	云纹				1			1	0.03
合计		159	1501	100	959	1113	2	3834	100.01
		1760			2074				
百分比（%）		4.2	39.1	2.6	25.0	29.0	0.1	100	
		45.9			54.1				
重量（kg）		6.8	45.2	2.5	33.9	27.6	0.1	116.1	
器类	鬲		27					27	12.3
	鬲足		55					55	25.1
	甗		25					25	11.4
	盆					20		20	9.1
	簋		13					13	5.9
	豆					4		4	1.8
	罐					16		16	7.3
	矮领瓮		53					53	24.2
	三足瓮		1					1	0.5
	尊					2		2	0.9
	饼		2					2	0.9
	网坠		1					1	0.5
合计		177			42			219	99.99
百分比（%）		80.8			19.2			100	

附表八　贾里村遗址 Y1 操作间出土陶片陶系、纹饰、器类统计表

陶质	夹砂			泥质			合计	百分比（%）
纹饰与器类 ＼ 陶色	灰	灰褐	红褐	灰	灰褐	红褐		
纹饰 中绳纹	17	10		14	2		43	18.7
素面	17	47		42	9		115	50.0
粗绳纹		13		2	1		16	7.0
交错绳纹	17	20		10	6		53	23.0
弦断纹				1			1	0.4
篦纹				1			1	0.4
方格纹				1			1	0.4
合计	51	90		71	18		230	99.9
	141			89				
百分比（%）	22.2	39.1		30.9	7.8		100	
	61.3			38.7				
重量（kg）	2.7	1.5		3.8	1.0		9	
器类 鬲	6						6	9.4
鬲足	18						18	28.1
甗	9						9	14.1
簋				7			7	10.9
盆				4			4	6.3
罐	4			1			5	7.8
矮领瓮				6			6	9.4
三足瓮	3						3	4.7
钵	3						3	4.7
拍	1						1	1.6
砖状物	2						2	3.1
合计	46			18			64	100.1
百分比（%）	71.9			28.1			100	

后　记

贾里村西周遗址的考古发掘，的确很偶然。

清晰地记得，2006 年秋冬之际，在考古队驻地贾里村的新庄基地范围，上下班途中不时会看到暴露的灰坑和墓葬等遗迹。应该说是出于职业的责任吧，领队张天恩博士安排丁岩，到时任主管田野发掘的副所长王占奎研究员办公室，汇报了情况并请示如何应对。王副所长一如既往地风趣，说"搂柴打兔子，一举两得"。这里的"搂柴"，是指当时正在进行的神禾原战国秦陵园发掘，"打兔子"，是讲也要对贾里村西周遗址进行抢救清理。时任所长焦南峰研究员也很是支持和关心，随即安排向省文物局汇报，发掘工作稍后进行。因此，也就有了这部小型发掘报告的问世。

十年后的 2017 年 4 月下旬，我再次去了当年的遗址区域，曾经的发掘场地几乎盖满房屋。进入村中，我看见到处都在忙着盖新房，或者在加高楼层。打听得知，原来是村民们听说村庄要拆迁，就忙着盖楼，以此获得更多的拆迁赔偿。这是多年来城乡结合部等区域的独特风景，很奇怪却并不惊讶，但有点纳闷。当下农村庄基地的房屋建设前，文物考古发掘保护似乎还不是必须的。看来如果错过了十年前的那次发掘，这里大概就不会进行考古发掘，本部考古报告也就无从谈起。

还好，当年的发掘成果尚称丰硕，因此让我们可以了解到在三千年前，居然有一群来自东方的殷商之民，曾在西周王朝的腹地、都城丰镐附近的聚落中繁衍生息。

贾里村西周遗址的规模本来较小，见缝插针的发掘空间更为有限，遗迹数量当然也不多，但对我来说，这却是第一次真正地参加考古发掘报告（不是简报）的编写，也是一次多有领悟的学习过程。这里所遇到的遗迹现象看似不太复杂，发掘当时甚或认为较简单，刮铲遗迹、确认范围、画线找边，清理遗物、照相、记录、测绘、鉴定等等，一切都是按部就班地进行。但是，等回过头来却发现好多细节有所疏漏，到编写报告时才意识到已无法弥补，终成缺憾。

例如：墓圹遗迹的照相角度不理想；骨架清理的干净程度不够；发掘清理者的工作状态没有表现到位；全体工作人员包括领队、技工、工人等没有集体照；一位同志把一座墓葬的熟土二层台给清理掉但后来没补上，也就没有了该墓的全貌照片，等等。这些问题在写报告之际才意识到，往往一边在敲击键盘，一边就在心中念叨：记下这些，下次发掘定要避免。

一次与同事聊天，突然间冒出这次参加编写报告的一点心得：中国田野考古发掘工作，在不长的时间段内能够大踏步的发展，与发掘者多有报告编写的经历，有着很大的关联。将发掘成果编写成报告，是对遗迹、遗物的再一次"发掘"，需要更加深刻地理解，而每次的理解，就是提升下次发掘水平的良机。

本次考古发掘领队是张天恩研究员，参加发掘等工作的有张天恩、丁岩、梁安幼、马金磊、刘峰、杨产亮、史吾善、史全平、郑小洲、郑文斌、石勇、朱志伟、高社科、张德平、王连民、杜红艳以及西北大学陈靓副教授、中国科学院研究生院科技考古系 2005 级硕士研究生尉苗、西北大学 2007 级硕士研究生雷少等。

本报告编写由张天恩、丁岩同志承担。张天恩研究员主要负责第一章的一、二，第二章第一节、第二节、第四节和第四章的一等部分。丁岩主要负责第一章的三、四，第二章第三节，第三章和第四章的二等部分。

史全平、杨久明、周福生、任岁芳、岳友军、马志敬、西北大学 2014 级硕士研究生王素花、陕西师范大学 2015 级硕士研究生刘娟等同志，参加资料的初步整理或绘图等工作。遗迹照片为丁岩拍摄，器物照片由李钦宇等同志拍摄。胡松梅研究员帮助鉴定动物骨骸。

这本考古发掘报告规模虽小，但由于种种原因却延宕了多年，终得面世，这是多届领导、以及参加田野发掘、报告编写等工作的所有人员辛勤劳动成果。

书之于此，以为鸣谢。

丁　岩

2017 年 8 月 10 日

1. H1（北—南）

2.陶鬲（H1∶1）

3.陶鬲（H1∶3）

彩版一　贾里村遗址西周灰坑H1及其出土器物

1. 陶甂（H1：32）

2. 陶罐（H1：2）

3. 陶盆（H1：17）

4. 陶豆（H1：16）

彩版二　贾里村遗址西周灰坑H1出土器物

1. 东—西

2. 西南—东北

彩版三　贾里村遗址西周灰坑H2

1. 陶鬲（H2②：1）

2. 陶鬲（H2②：2）

3. 陶盆（H2②：40）

4. 陶尊（H2②：38）

5. 骨锥（H2②：39）

6. 蚌刀（H2①：4）

7. 蚌镰（H2②：58）

彩版四　贾里村遗址西周灰坑H2出土器物

1. 陶鬲（H3②：19）

2. 陶簋圈足（H3②：3）

3. 陶豆（H3②：22）

4. B型陶矮领瓮（H3②：26）

5. 陶罐（H3①：2）

6. 陶器耳（H3②：33）

7. 陶饼（H3②：40）

彩版五　贾里村遗址西周灰坑H3出土器物

1. 骨笄（H3①：4）

2. 骨笄（H3②：17）

3. 蚌刀（H3②：41）

4. 蚌刀（H3②：35）

彩版六　贾里村遗址西周灰坑H3出土器物

1. 开口（北—南）

2. 清理完（西—东）

彩版七　贾里村遗址西周灰坑H6

1. H4（南—北）

2. 陶鬲（H4②：17）

3. 陶鬲足（H4②：54）

4. A型陶矮领瓮（H4②：19）

彩版八　贾里村遗址西周灰坑H4及其出土器物

1. 陶饼（H4②：15）

4. 骨笄（H4②：126）

2. 陶网坠（H4②：3）

5. H4第2层出土马右髋骨残块

3. 石饰件（H4②：127）

6. H4第2层出土家猪右肩胛骨

彩版九　贾里村遗址西周灰坑H4出土器物及动物骨骸

1. H5（南—北）

2. 陶簋（H5：1）

2. 骨笄（H5：2）

彩版一〇　贾里村遗址西周灰坑H5及其出土器物

1. 骨镞（T1①：1）

2. Y1第3层出土家猪左上颌骨、脊椎骨残块

3. T1地层出土狗左胫骨

4. Y1第3层出土黄牛左掌骨近端、肋骨残块

5. Y1第2层出土獐左掌骨远端

6. Y1第2层出土中华圆田螺

彩版一一　贾里村遗址西周陶窑Y1及其所在探方（T1）出土遗物

1. 整体（南—北）

2. 窑室（西北—东南）

3. 窑室的清理（西南—东北）

彩版一二　贾里村遗址西周陶窑Y1

1. 陶甗（Y1-ht：1）

2. 玉饰（Y1②：9）

3. 陶甗（Y1-cz：58）

4. 陶拍（Y1-cz：1）

彩版一三　贾里村遗址西周陶窑Y1出土器物

1. 陶砖状物（Y1-cz：93）

2. 陶砖状物（Y1-cz：92）

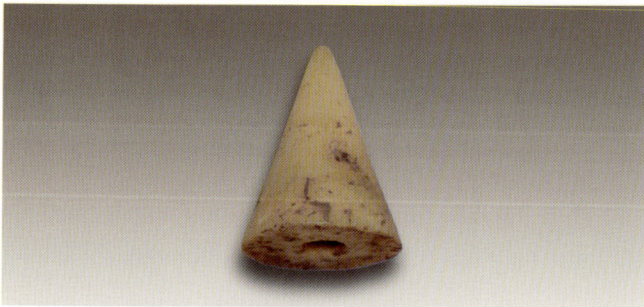
3. 骨笄帽器（Y1-cz：7）

4. 玉饰（Y1-cz：8）

5. 骨铲（Y1-cz：3）

彩版一四　贾里村遗址西周陶窑Y1出土器物

1. M1（南—北）

3. 陶簋（M1：1）

4. 陶罐（M1：2）

2. 陶鬲（M1：3）

5. 海贝（M1：4）

彩版一五　贾里村遗址西周墓葬M1及其出土器物

1. M3（西—东）

2. 陶鬲（M3：1）

3. 陶簋（M3：2）

4. 陶罐（M3：3）

5. 玉饰片（M3：5）

彩版一六　贾里村遗址西周墓葬M3及其出土器物

1. M4（北—南）

2. 陶鬲（M4：1）

3. 陶簋（M4：3）

4. 海贝（M4：4）

彩版一七　贾里村遗址西周墓葬M4及其出土器物

1. M5（北—南）

2. 陶鬲（M5：1）

彩版一八　贾里村遗址西周墓葬M5及其出土器物

1. M6（东—西）

2. 陶鬲（M6：1）

3. 陶罐（M6：2）

4. 陶盆（M6：3）

彩版一九　贾里村遗址西周墓葬M6及其出土器物

1. M8（东—西）

2. 陶鬲（M8：1）

3. 陶簋（M8：2）

4. 海贝（M8：3）

彩版二〇　贾里村遗址西周墓葬M8及其出土器物

1. 陶鬲（M9：3）

2. 陶罐（M9：1）

3. 陶豆（M9：2）

4. 海贝（M9：4）

彩版二一　贾里村遗址西周墓葬M9出土器物

1. M11（东北—西南）

2. 陶鬲（M11：1）

3. 陶鬲（M12：1）

彩版二二　贾里村遗址西周墓葬M11及M11、M12出土器物

1. M13（西南—东北）

2. M13（东北—西南）

彩版二三　贾里村遗址西周墓葬M13

1. 陶鬲（M13：1）

2. 陶鬲（M13：5）

3. 陶罐（M13：2）

4. 陶簋（M13：3）

5. 陶豆（M13：4）

6. 海贝（M13：6）

彩版二四　贾里村遗址西周墓葬M13出土器物

1. M14（东—西）

2. 陶鬲（M14：1）

3. 陶罐（M14：3）

4. 陶豆（M14：2）

彩版二五　贾里村遗址西周墓葬M14及其出土器物

1. M15（东南—西北）

2. M16（东南—西北）

3. 陶罐（M15：1）

4. 陶鬲（M16：1）

彩版二六　贾里村遗址西周墓葬M15、M16及其出土器物

1. M17（东北—西南）

2. 陶鬲（M17：1）

3. 陶鬲（M17：4）

4. 陶罐（M17：2）

5. 陶簋（M17：3）

彩版二七　贾里村遗址西周墓葬M17及其出土器物

1. M18（北—南）

2. 陶鬲（M18：1）

3. 陶豆（M18：2）

4. 陶簋（M18：3）

5. 陶罐（M18：4）

彩版二八　贾里村遗址西周墓葬M18及其出土器物

1. M19（西—东）

2. 石球（M19：01）

3. 海贝（M19：6）

彩版二九　贾里村遗址西周墓葬M19及其出土器物

1. 陶鬲（M19：2）

2. 陶罐（M19：1）

3. 陶簋（M19：5）

4. 陶豆（M19：3）

5. 陶豆（M19：4）

彩版三〇　贾里村遗址西周墓葬M19出土器物

1. M20（东—西）

2. 陶鬲（M20：1）

3. 陶罐（M20：2）

4. 陶盆（M20：3）

彩版三一　贾里村遗址西周墓葬M20及其出土器物

1. M21（南—北）

2. 陶鬲（M21：1）

3. 陶罐（M21：2）

彩版三二　贾里村遗址西周墓葬M21及其出土器物

1. 陶豆（M21：3）

2. 陶簋（M21：4）

3. 海贝（M21：5）

彩版三三　贾里村遗址西周墓葬M21出土器物

1. M22（南—北）

2. 陶鬲（M22：5）

3. 陶鬲（M22：2）

彩版三四　贾里村遗址西周墓葬M22及其出土器物

1. 陶罐（M22：1）

2. 陶簋（M22：4）

3. 陶豆（M22：3）

彩版三五　贾里村遗址西周墓葬M22出土器物

1. M24（北—南）

2. M25（南—北）

彩版三六　贾里村遗址西周墓葬M24、M25

1. 陶鬲（M25：1）

2. 陶鬲（M25：4）

3. 陶罐（M25：3）

4. 陶簋（M25：2）

5. 海贝（M25：5）

6. 陶鬲（M26：1）

彩版三七　贾里村遗址西周墓葬M25、M26出土器物

1. M27（西—东）

2. 陶鬲（M27：3）

3. 陶罐（M27：1）

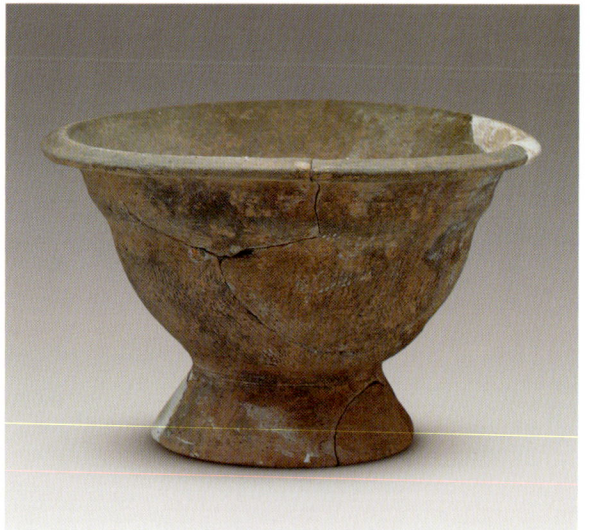

4. 陶簋（M27：2）

彩版三八　贾里村遗址西周墓葬M27及其出土器物

1. M28（西—东）

2. M29（西—东）

3. 陶鬲（M29：1）

4. 陶罐（M29：2）

彩版三九　贾里村遗址西周墓葬M28、M29及其出土器物

1. M30（南—北）

2. 陶鬲（M30：4）

3. 陶罐（M30：3）

彩版四〇　贾里村遗址西周墓葬M30及其出土器物

1. 陶簋（M30：1）

2. 陶豆（M30：2）

3. 海贝（M30：5）

彩版四一　贾里村遗址西周墓葬M30出土器物

1. M31（西南—东北）

2. 陶鬲（M31：1）

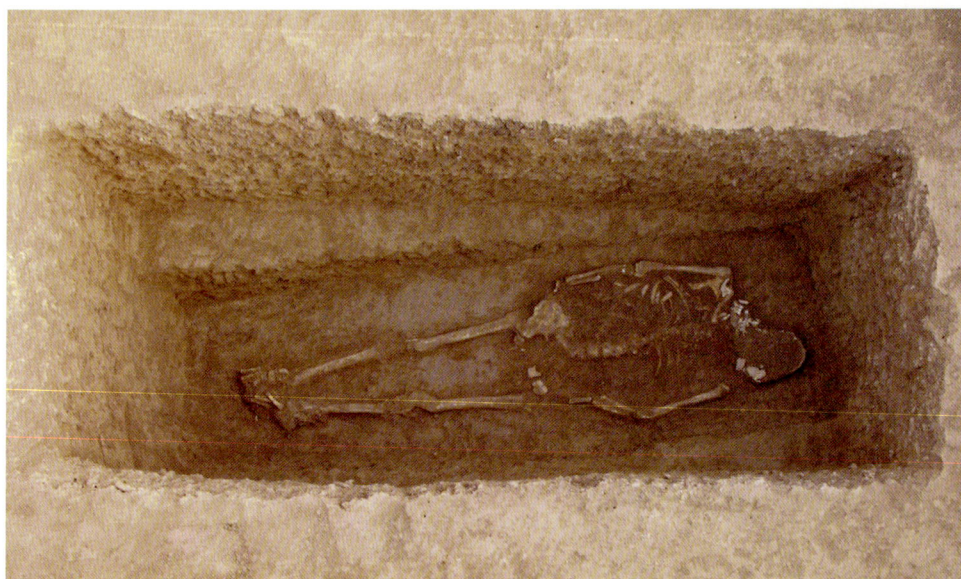

3. M32（西北—东南）

彩版四二　贾里村遗址西周墓葬M31、M32及其出土器物

1. M33（西北—东南）

2. 陶鬲（M33：1）

3. 陶罐（M33：2）

4. 海贝（M33：3）

彩版四三　贾里村遗址西周墓葬M33及其出土器物

1. M34（西南—东北）

2. 陶鬲（M34：1）

3. 陶簋（M34：2）

4. 陶罐（M34：3）

彩版四四　贾里村遗址西周墓葬M34及其出土器物

1. 陶鬲（采：2）

2. 陶鬲（采：3）

3. 陶鬲（采：5）

4. 陶鬲（采：6）

5. 陶簋（采：1）

6. 陶豆（采：4）

彩版四五　贾里村遗址采集器物

1. 秦汉时期陶水管道（西—东）

2. T0403内建筑材料堆积

彩版四六　贾里村遗址秦汉时期遗存

彩版四七　贾里村遗址唐代墓葬M23（北—南）

1. 陶罐（M23：1）

2. 陶罐（M23：2）

3. 瓷渣斗（M23：3）

4. 石注（M23：4）

彩版四八　贾里村遗址唐代墓葬M23出土器物

1. 全景（东南—西北）

2. 随葬器物出土情况（南—北）

彩版四九　贾里村遗址清代墓葬M7

1. 陶盆（M7：1）

2. 瓷碗（M7：2）

彩版五〇　贾里村遗址清代墓葬M7出土器物

1. M2（西南—东北）

2. 铜簪（M2：1）

3. 铜指环（M2：2）

彩版五一　贾里村遗址清代墓葬M2及其出土器物